21195

La bondad insensata

Todos los derechos reservados.
Cualquier forma de reproducción, distribución, comunicación
pública o transformación de esta obra solo puede ser realizada
con la autorización de sus titulares, salvo excepción prevista por la ley.
Diríjase a CEDRO (Centro Español de Derechos Reprográficos,
www.cedro.org) si necesita fotocopiar o escanear algún fragmento
de esta obra.

Título original: *La bontà insensata. Il segreto degli uomini giusti*
Diseño gráfico: Gloria Gauger
© Arnoldo Mondadori Editore, S. p. A., Milán, 2011
This edition is published by arrangement with Grandi & Associati
© De la traducción, Juan Antonio Méndez
© Ediciones Siruela, S. A., 2013
c/ Almagro 25, ppal. dcha.
28010 Madrid. Tel.: + 34 91 355 57 20
Fax: + 34 91 355 22 01
www.siruela.com
ISBN: 978-84-9841-719-7
Depósito legal: M-7.197-2013
Impreso en Cofás
Printed and made in Spain

Papel 100% procedente de bosques gestionados
de acuerdo con criterios de sostenibilidad

Gabriele Nissim

La bondad insensata
El secreto de los justos

Traducción del italiano
de Juan Antonio Méndez

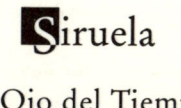

El Ojo del Tiempo

Índice

I La esperanza realista — 13
El espíritu de Marco Aurelio — 13
El Qohéleth y el ciclo perenne de la vida — 16
Los justos — 18

II Tipología de los justos — 22
Al margen de cualquier esquema — 22
El justo imperfecto — 24
La kamikaze arrepentida — 26
La soledad de Peshev, el salvador de los judíos búlgaros — 29
La desilusión de Jiri Pelikan — 32

III Para qué sirven los justos — 37
La memoria poética — 37
Los justos y la esperanza — 39
Empezar en Ruanda — 41
El sueño de Etty Hillesum: un alemán bueno — 43
La purificación moral — 44
El sacrificio de Jan Palach — 45
La honestidad intelectual de Giorgio Napolitano — 46
El paso del testigo — 48
El ejemplo de Giorgio Perlasca en Ruanda — 49
Una herencia fallida — 50

IV Moshe Bejski, el pescador de perlas — 52
Los recorridos de la memoria — 52
La gratitud como responsabilidad — 54
La memoria del bien: un ejercicio espiritual — 57
El itinerario de Liliana Segre — 58
Volver al mundo — 60

La salvación de Dios	**62**
El itinerario de la conciliación	**64**
La memoria del bien en Sarajevo	**66**
La búsqueda de los justos en Turquía	**67**

V Justos no excesivamente heroicos — **69**

El dilema de Moshe Bejski	**69**
¿Qué habría hecho yo en su lugar?	**71**
El caso de Guelfo Zamboni	**72**
Un árabe no suficientemente justo	**74**
La memoria universal	**77**

VI Hannah Arendt en busca del secreto de los justos — **79**

El enfrentamiento con Moshe Landau, juez del proceso Eichmann	**79**
Hacer el mal sin pensar	**83**
Detente y piensa en soledad	**84**
Los justos polacos en los márgenes de la sociedad	**85**
Resistir en soledad en el gulag	**87**
El aislamiento de los hermanos Boris y Gleb	**88**
Avergonzarse en soledad	**89**
La vergüenza de Sócrates	**91**
Los no participantes	**92**
Armin T. Wegner, Sócrates moderno frente a los totalitarismos	**94**
La carta a Hitler	**99**
Zofia Kossak: no me gustan los judíos, pero no quiero convertirme en una asesina	**105**
El juicio: un viaje a la mente de los otros	**110**
Jan Karski, el justo polaco capaz de pensar desde dos puntos de vista	**112**
Juzgar por nosotros mismos sin esquemas preconcebidos	**115**
Jovan Divjak, el general de Sarajevo	**116**
La pérdida de referencias	**118**
En la parte justa, pero con miedo y soledad	**119**
Con Sarajevo, pero no por encima de todo	**121**
El riesgo de la voluntad	**123**

VII El arte del perdón   **125**
La terapia contra los daños imprevistos de nuestras acciones   125
Las modalidades del perdón   126
La fuerza de no odiar   128
La fragilidad del perdón unilateral   130
El valor moral de István Bibó, el intelectual que pidió perdón a los judíos   132

VIII La bondad insensata de Vasili Grossman   **140**
La purificación interior   140
El bien universal   143
La destrucción del alma   145
La delación: cada uno controla el alma del otro   148
El variado panorama de los delatores   150
La delación en la familia   152
El miedo y el terror   154
Los verdugos del alma y del cuerpo   157
La resistencia moral   159
La fotografía del lago de Ginebra   162

IX El sacrificio extremo frente al mal   **165**
La libertad en la muerte   165
Los dilemas morales frente a lo extremo   167
El sacrificio de Pavel Florenski   169
La desesperada protesta de Anna Pavlova   172
La poesía de Mandelstam   180
La red solidaria   182
Vivir sin mentira   186
La polis paralela de Václav Havel   187

Post scriptum   190

Agradecimientos   192
Notas   193
Índice onomástico   208

A Santa

Los justos

Un hombre que cultiva su jardín, como quería Voltaire.
El que agradece que en la tierra haya música.
El que descubre con placer una etimología.
Dos empleados que en un café del Sur juegan un silencioso ajedrez.
El ceramista que premedita un color y una forma.
El tipógrafo que compone bien esta página, que tal vez no le agrada.
Una mujer y un hombre que leen los tercetos finales de cierto canto.
El que acaricia a un animal dormido.
El que justifica o quiere justificar un mal que le han hecho.
El que agradece que en la tierra haya Stevenson.
El que prefiere que los otros tengan razón.
Esas personas, que se ignoran, están salvando el mundo.

Jorge Luis Borges, *La cifra*, 1981

I
La esperanza realista

El espíritu de Marco Aurelio

–Me he dado cuenta de que nunca lograremos erradicar de la historia el mal que unos hombres hacen a otros hombres. A pesar del trauma de Auschwitz, los genocidios y los crímenes contra la humanidad, han continuado en el gulag estalinista, en Biafra, en Ruanda, en Bosnia y los que todavía quedan por llegar, tal y como se percibe a partir del odio que va sembrando el terrorismo fundamentalista.

–Perdón, pero me parece usted muy pesimista.

–No soy pesimista, solo realista.

–¿Es que no cree en la intervención de las instituciones internacionales para defender los derechos humanos?

–Ya me gustaría, desde luego, pero el mal político tiene excesiva fantasía y reaparece una y otra vez en formas nuevas.

–Entonces, ¿no hay sitio para la esperanza en un mundo diferente?

–Algún consuelo nos queda: siempre podemos contar con la obra de los justos que en cualquier época tienen el valor de enfrentarse al mal y salvan siempre al mundo.

–Pero ¿no es eso demasiado poco?

–Mire, esos hombres que he querido premiar por su valor durante la Shoah, en cualquier caso, lo que nos han demostrado es que un mal absoluto jamás vence del todo. De otra manera la humanidad ya habría sido aniquilada. Sus luces desmienten que el mal pueda triunfar en la vida. Desgraciadamente, esas luces son siempre escasas. Esa es la contradicción.

–Pero si los justos constituyen siempre una rareza, ¿qué podemos hacer?

–No veo otro camino que explicar a las nuevas generaciones su secreto y sus valores.

–Es decir, que tienen un secreto...

–En cierto modo, actúan así porque se sienten mejor y pueden sentirse satisfechos de sí mismos[1].

El juez Moshe Bejski, artífice del Jardín de los justos de Jerusalén, me expresó así su testamento espiritual en uno de los últimos encuentros que mantuve con él en octubre de 2006 en una habitación del hospital en Tel Aviv, pocos meses antes de su desaparición.

Habíamos dialogado durante meses en su casa, pero solo en aquella ocasión capté el profundo sentido de una experiencia iniciada en la juventud, cuando acabó por casualidad en la lista de Schindler, librándose de una muerte segura en el campo de concentración de Plaszow, que le llevó en la posguerra a buscar, por espíritu de gratitud, a los que en el mundo se prodigaron en la salvación de los judíos.

Bejski me hizo comprender, a través del balance de su vida, que solo a partir de un pesimismo razonable se puede ser razonablemente optimista.

Nadie como él ha visto lo peor de la humanidad antes de vislumbrar una pequeña luz de esperanza. Su filosofía se basa en el presupuesto siguiente: quien piense que tras el escándalo moral de Auschwitz la persecución de los seres humanos puede ser definitivamente erradicada de la escena pública va a encontrarse con desagradables desilusiones.

Dos grandes escritores supervivientes de los campos de concentración constituyen el trágico ejemplo de una expectativa hecha pedazos: Jean Améry y Primo Levi acabaron dándose muerte porque pensaron que, después de la Segunda Guerra Mundial, era posible el nacimiento de un mundo absolutamente nuevo y se hicieron ilusiones con la supresión de la violencia del corazón de los hombres[2]. Pero hay que aceptar que el mal que provocan los hombres, consciente o inconscientemente, es un ciclo sin fin. En ningún lugar de la Tierra existe el paraíso y, con toda seguridad, nunca existirá.

También el antisemitismo sigue formando parte de la historia. Puede ser controlado, combatido, nunca eliminado por completo. El judío como chivo expiatorio de las contradicciones del mundo, como origen y causa del mal, como elemento corrosivo e inquietante que impide la felicidad al género humano se replantea una y otra vez, en la variante del antisionismo, por parte de los regímenes comunistas y, luego, por los regímenes árabes y por el fundamentalismo islámico. Después de Auschwitz vuelve a plantearse el uso político de la judeofobia a partir de un código cultural tan enraizado que parece formar parte de lo más profundo del inconsciente.

Esta amarga constatación no es, paradójicamente, fruto de una rendición por parte del artífice del Jardín de los justos de Jerusalén, sino el fundamento de una esperanza realista. Bejski se mueve en la lógica de una aguda observación de Marco Aurelio: «No esperes ver establecida la república de Platón; antes bien conténtate con que se promueva un poquito la utilidad pública; ni pienses tampoco que ese pequeño progreso sea escaso fruto para tu trabajo»[3]. El emperador filósofo, en efecto, no se hacía ninguna ilusión acerca de una conversión general de la humanidad o sobre la posibilidad de imponer un estado ideal entre los hombres, sino que se contentaba con la obtención de un progreso mínimo. Le habría gustado eliminar la crueldad del espectáculo de los gladiadores, pero puesto que en su tiempo se trataba de una utopía inalcanzable dado el entusiasmo que provocaba a nivel popular, se fijó como objetivo un resultado accesible: suprimió el uso de armas afiladas entre los luchadores, obligándoles a combatir con la punta redondeada para limitar las heridas[4].

De modo que el juez Bejski no vive la espera mesiánica de un improbable vuelco del mundo, sino que centra su esperanza en la renovación de la presencia en la escena pública de hombres justos capaces de defender la dignidad del hombre, como metáfora de la posible libertad de elegir de cada uno de nosotros.

Esta es la condición humana: un inabarcable campo de batalla en el cual el progreso nunca se da por descontado.

Quizá no sea casualidad, pero Hannah Arendt y Vasili Grossman, los pensadores que de manera más original han contribuido a la definición del concepto de hombre justo en relación con el totalitarismo del siglo XX desde puntos de vista diferentes, han compartido con Moshe Bejski la perspectiva de una esperanza anclada en el pesimismo.

Creen en la posibilidad del hombre aun sabiendo que, la mayoría de las veces, el hombre elige el peor de los caminos.

El peor descubrimiento que hemos hecho, sostiene Hannah Arendt, es que los hábitos morales pueden cambiar de un día para otro y que algunos mandamientos que nos parecían eternos, como no matar, no robar, no mentir, pueden cambiarse como si se tratara de nuestros gustos en el vestir.

Sin embargo, la pensadora de Hannover, que asistió en Alemania a la derrota del hombre frente a la banalidad del mal, se dedica a la búsqueda de los instrumentos interiores que permiten al individuo no sucumbir. Intenta así desentrañar el *secreto* de los hombres justos, en sintonía con el camino emprendido por Moshe Bejski.

Se trata del mismo camino emprendido en la URSS por el escritor Vasili Grossman, que denuncia desesperadamente la implicación de la población y la pasividad de las víctimas frente a los campos nazis y frente a los gulag estalinistas, pero encuentra esperanza contando decenas de historias de ordinaria «bondad insensata» en tiempos del comunismo.

Grossman nos enseña que, una y otra vez, el totalitarismo derrota al hombre pero, a pesar de todo, no logra modificar la naturaleza humana, no destruye el anhelo de libertad que antes o después acaba aflorando a la superficie, como si fuera magma comprimido en el interior de un volcán.

¿Es esto demasiado poco para seguir manteniendo la confianza después de tales horrores? Puede ser.

Pero Moshe Bejski, Hannah Arendt, Vasili Grossman nos proporcionan con su pensamiento una extraordinaria lente de aumento para sacar a la luz pequeñas y grandes historias de resistencia ocultas en las tragedias del siglo XX.

Constituyen una guía para encontrar los justos ocultos en los tiempos modernos y que, de acuerdo con la Biblia, son el pilar sobre el que se alza nuestro mundo, porque en la narración de sus casos puede encontrarse alivio.

Esta y no otra es la razón de mi viaje a través de su pensamiento.

El Qohéleth y el ciclo perenne de la vida

Para comprender los fundamentos de una esperanza sin utopía hay que dar un salto en el tiempo y leer el Qohéleth, escrito en Judea entre el siglo IV y el III a. C. por un autor desconocido.

El redactor del texto bíblico más inquietante, en su sucesión de interrogantes sobre el bien y el mal, excluye la posibilidad de que la humanidad pueda esperar un final feliz. El regalo consiste en la vida tal y como se nos ha dado. Cualquier otro regalo es pura fantasía. El autor deja entender así que jamás ha existido un Dios que se haya propuesto salvar el mundo y, mucho menos, un más allá que haga justicia con las injusticias sufridas aquí y que premie a los mejores. Y constata amargamente que el ciclo humano se repite sin cambios: «Lo que ha sido será y lo que se ha hecho volverá a hacerse. No hay nada nuevo bajo el sol... y lo que está torcido no puede enderezarse, y no se puede contar con lo que no hay»[5].

Pero resulta todavía más sorprendente la consciencia de que los hombres injustos gozan y disfrutan de grandes honores, mientras que los justos sufren y son olvidados.

Los seres humanos son imperfectos, los mismos justos pecan y la vida acaba en tinieblas para todos.

Todo en la vida es vano porque está destinado a corromperse y perecer: polvo al polvo.

Precisamente de este ineluctable trayecto y de esa caducidad nace la esperanza.

Los hombres no tienen otra posibilidad. Para disfrutar al máximo de su tiempo de vida limitado y para suplir su imperfección los hombres tienen que ser solidarios y ayudarse recíprocamente. La salvación está en la relación con el otro. Dar y recibir mutuamente crea el único presupuesto de la fuerza humana. No existe un mesías venido del más allá; sin embargo, un hombre puede llegar a convertirse en mesías de otro hombre. «Mejor ser dos que uno, puesto que dos se compensan mejor en el esfuerzo. Efectivamente, si alguno de ellos cae, el otro le levanta. Ay de quien esté solo; si cae, no cuenta con nadie que le levante.»[6]

Este es el sentido de la referencia al respeto de los mandamientos con la que se cierra el Qohéleth. «Teme a Dios y observa sus mandamientos, porque esto es todo para el hombre.»[7] El decálogo y la ley es el horizonte en el que se explicita la convivencia y la relación entre los seres humanos y exigen, lo primero, la defensa de la sacralidad de la vida (no matar), señalando así el recorrido de la ayuda recíproca entre individuos que ontológicamente necesitan los unos de los otros.

¿Por qué se asocia a Dios con las leyes y por qué hay que temerle?

¿No es acaso una paradoja el temor a un Dios que permite la injusticia y no interviene en los asuntos humanos, dejando que nuestra existencia concluya en el polvo?

El temor de Dios no remite a una realidad trascendente en la que los impíos serán castigados y premiados los mejores, sino que advierte de que en el único mundo en que nos ha tocado vivir, para evitar la catástrofe y la descomposición, solo en el respeto de las reglas éticas hay salvación. Preceptos morales como no matar, no robar, no mentir, no hacer daño a los demás no suponen impedimento alguno para la libertad del individuo, sino que son el presupuesto para una condición humana mejor y para hacer más feliz la vida. Si faltan el amor y el respeto por el prójimo, el hombre construye el apocalipsis con sus propias manos, tal y como sucedió en la Shoah.

Lo que provoca la peor de las consternaciones y debe empujar a los hombres a hacer el bien en relación con los otros es el vacío moral.

Pero el temor de Dios (o, mejor todavía, de la propia destrucción) no solo tiene que ver con el destino del mundo, se refiere también a la vida cotidiana.

El hombre que hace el mal debe temer la devastadora laceración de su propia conciencia. «No puedo vivir con un asesino dentro de mí», puntualiza Sócrates para señalar que un delito puede permanecer impune, pero que el sentido de culpa no puede extirparse del corazón del hombre. Podemos huir de todos, pero no de nosotros mismos.

Por este motivo, como ha comprendido Bejski, a pesar de la cíclica repetición del mal sobre la tierra, siempre habrá hombres justos.

Al final uno debe ser justo por necesidad para no escuchar el implacable remordimiento de la propia conciencia, pero también para su propia realización, para poder actuar junto al resto de los hombres y en sintonía con ellos, para, con los demás, como señala Hannah Arendt, superar la propia parcialidad. Este es el fundamento de una esperanza realista.

El Qohéleth no habla de héroes ni de santos. «No seas demasiado escrupuloso, ni sabio más allá de toda medida, porque puedes arruinarte.»[8] El límite del justo es la limitación de la vida humana y su congénita imperfección. En nombre de la justicia no se le puede pedir al hombre que renuncie al regalo de su breve existencia y a la única felicidad que se le ha concedido, más tarde o más temprano destinada a disolverse en el polvo.

El Qohéleth sugiere que el hombre disfrute de los placeres de la vida porque el tiempo es precioso para todos. Es un deber comportarse como hombres justos, en los límites de la condición humana. Esta es la manera de interpretar la vida de Sócrates que, como había observado Plutarco, vivía y enseñaba la sabiduría, pero sin renunciar a beber, a bromear[9] y a gozar de cualquier momento de la felicidad terrena.

La barrera que puede proponerse y que está al alcance de cualquiera contra el mal, incluso en situaciones extremas, como descubrió Moshe Bejski, es una posible resistencia, no sobrehumana, aun cuando siempre hay hombres dispuestos a renunciar a la vida por mantener su dignidad. El que, por el contrario, exige la justicia absoluta y se coloca a modo de implacable moralizador va contra la naturaleza del hombre. De hecho, la historia demuestra que quien no ha sido consciente de ella ha caído en la ilusión de una posible lucha definitiva contra el mal y, abrazando las revoluciones totalitarias, ha provocado esas carnicerías tan perfectamente descritas por Vasili Grossman.

En nombre de la construcción de un régimen que pretende la imposición de una idea del bien absoluto, ha subrayado el autor ruso, millones de hombres han terminado en los lager y en los gulag.

Pero incluso en la lucha contra el antisemitismo puede caerse, desde otro punto de vista, en el mismo error. El que en Israel piensa extirparlo definitivamente puede llegar a ser demasiado duro con el mundo y con los «enemigos árabes».

Los justos

La reflexión sobre los justos no tiene nada de consolatorio, no es una palanca para elucubrar acerca de una transformación de la realidad, sino un tipo de experiencia que, mirada en profundidad, puede permitirnos ver el mundo con otros ojos.

Es una pequeña llama que ilumina situaciones extremas, que nos impide perder la confianza en el hombre, que deja huellas positivas en las relaciones entre los seres humanos, que permite volver a empezar cuando uno se siente impotente, que nos permite apreciar el papel de personas con un corazón grande que, aparentemente, no parecen obtener resultado alguno.

Todos los hombres –incluidos aquellos que nos parecen más cínicos e insensibles– pueden alzarse contra el mal de una manera inesperada y hasta nosotros mismos, quizá, disponemos de esa fuerza interior para llevar a cabo algunas pequeñas acciones que pueden impedir una injusticia, cuando parece absurdo y completamente imposible tratar de cambiar el curso de algunos acontecimientos que nos superan. No se trata de buscar la excelencia, la coherencia absoluta y el heroísmo, incluso si afortunadamente no faltan individuos al margen de la norma, pero es importante conferir valor a comportamientos de resistencia, a veces de apariencia minúscula, que hacen las veces de límite en relación con el mal que los hombres provocan.

La imagen del hombre justo no puede ser la de un superhombre que libra una batalla infinita contra los atropellos, como si se tratara de un Don Quijote en inacabable lucha contra los molinos de viento. Tiene algo de caricatura pensar en una figura, en alguien, capaz de combatir de la mañana a la noche por todos los derechos humanos, contra todas las desigualdades, contra todas las dictaduras, contra todos los genocidios, que se sienta comprometido en todas las batallas posibles y que, encontrándose en una situación extrema, sea protagonista de una resistencia integral hasta el agotamiento. Piénsese, por ejemplo, en la costumbre de algunos intelectuales a los que les gusta firmar una toma de postura tras otra contra los males del mundo y que no dejan de apoyar cualquier manifestación de protesta: contra la pena de muerte en los Estados Unidos, contra la mafia, contra la represión en América Latina, por la libertad del Tíbet, por la verdad acerca del asesinato de Politkovskaia. Son absolutamente ridículos porque no suelen tener otro objetivo que el de parecer mejores que los demás, demostrando que son portadores del bien. Les gusta impartir lecciones a las personas «injustas», para erigirse como pavos reales sobre el pedestal de su superioridad, mientras que el verdadero acto moral es el que afecta a una persona en profundidad y la cuestiona.

La limitación de la vida[10] es, en el fondo, la medida del juicio, porque la implicación moral no puede darse en una lucha infinita contra todas las injusticias. Por el contrario, puede convertirse en «justo» incluso quien una sola vez en toda su existencia, en un solo día de su vida, frente a un solo atropello, frente a un solo hombre perseguido, a una sola mentira, tiene el valor de romper con el conformismo y llevar a cabo un único acto de bien, de amor o de justicia. Lo que define a un acto de bien es el esfuerzo interior y la asunción de la responsabilidad.

Se trata, por lo tanto, de una posibilidad al alcance de todos, porque un gesto de solidaridad y de valor puede iluminar la existencia de una persona. Con frecuencia puede suceder que quien rompe un muro de silencio y tiene la fuerza de realizar un examen de conciencia resulta luego condicionado por ello para todo el resto de su vida porque ve el mundo con otros ojos.

Una acción justa puede cambiar la existencia entera de un ser humano.

No es necesario ser santos y anular el propio yo en un espíritu de abnegación total respecto de los demás hombres para llevar a cabo actos morales significativos.

Esta es la gran intuición de la ley de Yad Vashem, que en Israel sustituyó en 1953 los criterios de la memoria de la Shoah cuando señaló que el título de justo se atribuye a cualquiera que haya salvado la vida de un solo judío durante la persecución nazi[11].

Para la institución de los justos de Jerusalén no importa la radiografía política[12] o moral de una persona, sino la responsabilidad que un individuo tiene el valor de manifestar públicamente, acudiendo en auxilio de otro hombre.

Este es el clamoroso caso de Oskar Schindler, en torno al cual se desarrolla uno de los debates más significativos de la comisión de Yad Vashem.

El mercader que, en una sociedad normal, cualquiera juzgaría inmoral por su falta de escrúpulos en la utilización de mano de obra judía, se demuestra, por el contrario, una persona moral porque frente a la solución final no renuncia al principio de la sacralidad de la vida.

De manera que se hace así digno de un árbol en el Jardín de los justos el que no acepta renegar del fundamento del decálogo que prohíbe matar a otros hombres y posee la fuerza de seguir siendo humano en un contexto en el que las leyes inhumanas justifican la eliminación de los individuos considerados nocivos y superfluos.

Como subraya Jan Patočka, el filósofo que estuvo en Praga entre los artífices del movimiento de Charta 77, hay situaciones en las que para defender los valores fundamentales merece la pena sufrir, porque las cosas por las que eventualmente se sufre son aquellas por las que merece la pena vivir.

Así, durante la Shoah, para defender a los judíos, merece la pena poner en peligro la vida. De manera que el que socorre está arriesgando no en busca de una *santidad*, sino en defensa de su propia esencia: la *humanidad*.

Pero si la idea de que los justos son «santos» da lugar a equívocos, lo que hay que hacer es observar que quien acude en auxilio de alguien perseguido manifiesta un acto de amor hacia otro hombre que suple la falta de una justicia humana.

En su *Ética nicomáquea*, Aristóteles escribe que los amigos entre sí no tienen necesidad de ser justos, porque en una relación de amistad uno le da al otro independientemente de lo que se recibe. «Cuando los hombres son amigos, ninguna necesidad hay de justicia, pero aun siendo justos, sí necesitan de la amistad, y parece que son los justos los que son más capaces de amistad [...] la amistad es no solo necesaria, sino también hermosa.»[13]

Un verdadero amigo es el que se convierte en apoyo del otro cuando se encuentra en dificultad y el mundo no le manifiesta el debido respeto. Asume así una responsabilidad que puede transmitir alegría o cicatrizar heridas, mucho más allá de las posibilidades mismas de la justicia.

En el fondo, el justo es ese que, en determinadas circunstancias, es capaz de convertirse en amigo de alguien desconocido y que asume la tarea de reparar los errores cometidos. Lleva a cabo así una auténtica acción mágica: transforma en amigo a un extraño y lo toma a su cuidado.

Es decir, remedia una injusticia y va más allá de la justicia como un acto de amor.

La parábola del buen samaritano es quizá el ejemplo más evidente en la tradición cristiana. Mientras que dos sacerdotes que viajan de Jerusalén a Jericó miran para otro lado ante un judío apaleado y robado, el samaritano, considerado una especie de hereje en los ambientes religiosos de la época, se detiene y toma a su cuidado al herido. El «enemigo», por lo tanto, se comporta como un amigo y remedia la injusticia sufrida por el desconocido, «vendándole las heridas, echándoles aceite y vino» y pagando con su dinero la habitación de un albergue. Jesús lanza así un mensaje: hay que extender al prójimo perseguido el tipo de amistad descrita por Aristóteles.

Así hacen los justos de entre las naciones que arriesgan su vida por la salvación de los judíos. De modo que justo no es solo aquel que se niega a hacer el mal, sino el que asume una tarea en relación con el otro: se convierte en su guardián. Va mucho más allá de las enseñanzas del gran rabino Hillel el Viejo, que nos invita a «no hacer a los demás lo que no quieres que te hagan a ti». Es decir, no considera que su moralidad dependa exclusivamente de la observancia del precepto de *no hacer daño al prójimo*. Si solo se limitara a su integridad moral, aunque pecando de indiferencia, podría permanecer al margen del mal cometido por los otros. ¿Qué consideración tendría entonces de sí mismo?

Por eso da un salto cualitativo y razona de acuerdo con la máxima «haz a los otros lo que quisieras que los otros te hiciesen a ti». Poniéndose en el punto de vista del otro e imaginándose qué sentiría si estuviera en su lugar, decide intervenir en su ayuda. Esta variación entre el «no hacer» y el «hacer» a los demás lo que se desea para sí, observa Salvatore Natoli[14], parece mínima a nivel conceptual, pero es enorme en el plano de la acción. Se trata del significado de cuidado y de misericordia: el justo no se encierra en sí mismo, no espera que la justicia de los hombres arregle el error, sino que actúa en primera persona para corregir el curso de los acontecimientos.

En este dilema se encontraron todos los que socorrieron a los judíos durante el nazismo: ¿cómo comportarse frente a las leyes raciales? ¿No dejarse corromper en la vida por la ideología antisemita, intentando personalmente no hacer el mal a los judíos o, en el marco de sus modestas posibilidades, convertirse en el propio custodio de los perseguidos? De hecho, mucha gente pretendía no tener sentimiento hostil alguno respecto de los judíos, pero luego permanecían pasivos y no se atrevían a arriesgarse y acudir en su ayuda.

II
Tipología de los justos

Al margen de cualquier esquema

Los justos –tal y como lo entendía Yad Vashem en 1953– no pertenecen a ningún campo político, social, económico o militar privilegiado. Pueden ser tanto nazis como antinazis, comunistas o anticomunistas, fundamentalistas islámicos o antifundamentalistas, carceleros en una prisión o en un campo de concentración o víctimas y prisioneros, miembros del ejército de ocupación de un país como de la resistencia contra ese mismo ejército, pueden ser tanto ladrones, canallas, prostitutas como personas honestas e irreprochables.

Son esos que en un determinado punto de la vida, frente a la injusticia o la persecución de seres humanos, son capaces de acudir valerosamente en ayuda de los que sufren, interrumpiendo así, con un acto inesperado en su espacio de responsabilidad, la cadena del mal de la que son testigos.

Esquemáticamente podemos dividirlos en tres categorías: los salvadores de vidas humanas, los defensores de la verdad y de los derechos humanos, y los que mantienen la propia dignidad, aunque, con frecuencia, las circunstancias de la vida producen multitud de nuevas figuras y experiencias no fácilmente clasificables.

Los primeros son los individuos capaces de un acto de altruismo en relación con los perseguidos por su propia nacionalidad, por un motivo político o por sus ideas. Es típico el comportamiento de quien salva vidas en situaciones extremas, como los genocidios o las situaciones de guerra, en las que se cometen crímenes contra la humanidad.

Los segundos son los que aparecen en la escena pública para defender la verdad y la libertad en los regímenes y en las realidades en las que se niegan la democracia, la pluralidad humana y el derecho del individuo a ser artífice de su propio destino. Es peculiar, en el régimen comunista, la figura del disidente o del opositor que tiene el valor de defender la verdad contra la mentira del régimen. Lo recuerda con una metáfora Elena Bonner: «Cuando todos estaban obligados a afirmar una falsedad y a decir que la alfombra es roja, había, sin embargo, un alma solitaria que tenía el valor suficiente para salir del coro y gritar el verdadero color, consciente de las consecuencias de su gesto. Mi marido,

Andrei Sajarov, se puso así en peligro el mismo día en que comenzó a luchar por la democracia»[1].

Hoy es particularmente significativa la defensa de los derechos humanos, tanto en las dictaduras como en los regímenes fundamentalistas islámicos, por parte de los que luchan contra la misoginia impuesta por la tradición y en defensa de la libertad.

La tercera categoría está representada por cuantos tienen la fuerza de defender la propia dignidad en circunstancias extremas o en condiciones en las cuales la persona está obligada por una imposición política a sofocar su propia individualidad.

Primo Levi y Varlam Shalamov cuentan que en los campos de concentración nazis y en el gulag los prisioneros tenían que hacer un tremendo esfuerzo para mantener el respeto consigo mismos y preservar su humanidad frente al frío, el hambre y la despiadada competencia por la vida. Es un enorme desafío no convertirse en un delator en el gulag, no denunciar, en aras de la propia supervivencia, a otros prisioneros, no robar un trozo de pan a los otros. Resistir como seres humanos frente a los verdugos es la más problemática de las cuestiones existenciales. Nada puede hacerse para cambiar el estado de las cosas, lo único que se puede hacer es intentar desesperadamente no dejarse corromper.

Por eso Primo Levi, en una de sus más conmovedoras páginas, escribe con vergüenza que en los campos nazis la mayoría de las veces sobreviven los peores: «Los salvados del lager no eran los mejores, los predestinados al bien, los portadores de mensaje. Todo cuanto yo había visto y vivido demostraba exactamente lo contrario. Sobrevivían preferentemente los peores, los egoístas, los violentos, los insensibles, los colaboradores de la zona gris, los espías. No se trataba de una regla absoluta (ni había ni hay, en las cuestiones humanas, reglas absolutas), pero era, sin embargo, una regla»[2].

La defensa de la propia dignidad no solo está relacionada con situaciones límite en las que se lucha cotidianamente contra la muerte. En las dictaduras y en los países totalitarios la moralidad de una persona no depende exclusivamente del comportamiento con respecto a los demás, sino de la actitud en relación consigo mismo. Un individuo vive siempre en un campo de batalla: dejarse homologar y permanecer en silencio o, por el contrario, mostrar el valor de levantar la cabeza.

La organización de la disidencia de Praga, Charta 77, nace de una gran intuición en el clima de apatía y resignación que se vive en Praga en los años oscuros de la normalización, tras la intervención de los tanques soviéticos. De hecho, la población hacía ya mucho tiempo que había perdido la confianza en cualquier tipo de cambio y ya no había nadie que se atreviera a reivindicar la vuelta a un sistema político democrático. Por el contrario, el que suscribe la Carta decide salir del anonimato y exponerse en primera persona, manifestando así la voluntad de no agachar la cabeza frente al poder totalitario. Con su firma, el ciudadano de Praga asume la primera tarea del hombre en relación consigo mismo: el deber de defender «la humanidad en su propia persona», tal y como afirmaba Kant en su «Doctrina de la virtud», sin la que nada sería posible.

Jan Patočka lo anuncia en el primer documento de la disidencia checoslovaca[3].

«La Carta recuerda de manera explícita lo que ya se había subrayado hace 180 años en un preciso análisis conceptual: todos los deberes morales consisten en lo que puede definirse como *el deber del hombre en relación consigo mismo* que, entre otras cosas, incluye el deber de defenderse contra cualquier arbitrariedad llevada a cabo en relación con él.»

Patočka define la defensa de la propia humanidad como una *obligación*, a la que el individuo debe someterse si quiere volver a ser un ciudadano activo y convertirse así en ayuda real para una transformación de la sociedad[4]. Se trata de un imperativo que emplaza al hombre al encuentro con su autoestima, que ha dejado de aceptar, en nombre de una vida tranquila, mentirse a sí mismo y renunciar a su autenticidad; que ha dejado de establecer una relación con los demás como un ser inferior y redescubre, por el contrario, el placer de saberse finalmente igual; que ha dejado de comportarse como un esclavo respecto del poder y está obligado a suprimir su sufrimiento.

Pero el filósofo checo lanza un mensaje que va más allá de la ética de Kant: el hombre en cuanto hombre tiene derechos jurídicos reconocidos a nivel internacional, como la libertad de expresión, el derecho a la información, el derecho de asociación o la libertad religiosa. Cuando estos derechos no se respetan, el hombre tiene respecto de sí mismo el deber de luchar para obtener su aplicación.

Así nace en Praga, en 1977, la extraordinaria idea de una solidaridad activa entre hombres que reivindican, en voz alta, el deber de luchar todos juntos en defensa de la propia humanidad.

Y empieza una gran fiesta: Patočka define Charta 77 como «una manifestación de la alegría de los ciudadanos»[5].

Los jóvenes de Praga con los que me encuentro en el Puente Carlos en los años ochenta, mientras cantan y recuerdan la, para las autoridades, aborrecida figura de John Lennon, tienen un rostro sonriente; están contentos de mostrar sin miedo su autenticidad: se han encontrado a sí mismos[6]. Es el punto de partida para empezar de nuevo, luego llegará la Revolución de terciopelo.

El justo imperfecto

Existe una categoría especial de justos cuyo comportamiento nace de cuestionar su propio ser, cuando no, digamos, de un auténtico arrepentimiento. En cierto modo actúan porque sienten el deseo de purificarse y llevan a cabo actos morales que inciden en la realidad de una manera sorprendente. De hecho, en los regímenes totalitarios o en circunstancias extremas, ha sucedido que representantes del poder o funcionarios empleados en trabajos sucios, cuando se han planteado interrogantes morales acerca de sus atribuciones, han tenido más posibilidades que otros de modificar el curso de los acontecimientos y de ayudar a otras personas.

Esas iniciativas han tenido en ocasiones un resultado positivo porque el puesto que ocupaban les ofrecía unas posibilidades de maniobra de las que otros carecían. Pero hay algo más que no suele ser suficientemente apreciado: el deseo de redención ha movido fibras ocultas y ha hecho aparecer un coraje que nadie hubiera imaginado. A pesar de todo, sus historias, con frecuencia complicadas y ricas en claroscuros, nunca encuentran el debido reconocimiento. En el juicio de la gente, lo que cuenta es su pertenencia, su discutible pasado, el legado de sus itinerarios políticos, más que el valor de una inesperada acción que alborota los papeles.

En cierto modo, se trata de una situación paradójica. El que vive en un régimen dictatorial o ve amenazada su propia vida, más que esperar una intervención del exterior, confía siempre en que exista algún funcionario que, en el último momento, se arrepienta y escuche su grito de dolor. Confía en que haya alguien al otro lado que se acuerde de que es un hombre[7].

Sucede, sin embargo, que cuando inesperadamente alguno de entre los verdugos o los dictadores cambia de rumbo y lleva a cabo acciones meritorias, no siempre se reconoce el valor de una conversión y con frecuencia se encienden venenosas polémicas.

Durante muchos años, en Italia, hasta el descubrimiento de la verdad acerca de Giorgio Perlasca, las acciones excepcionales de los «fascistas» o de aquellos funcionarios del régimen que acudieron en ayuda de los judíos no gozaron de mucha consideración. Solo los «antifascistas» podían pertenecer al grupo de los justos. También en la Europa centro-oriental han sido demasiado pronto olvidados los comunistas que, en el momento de la crisis de 1989, se alinearon con los disidentes y apoyaron la transición hacia la democracia. De no haber existido políticos como Gorbachov, que se negaron a utilizar las armas contra las manifestaciones y que no bloquearon la destrucción del Muro, muy probablemente la revolución del Este no habría sido pacífica, sino que habría supuesto un nuevo y terrible baño de sangre en Europa.

¿Cómo se explica este prejuicio que impide que el reconocimiento de un acto de bien pueda nacer, incluso, de quien se ha movido en el terreno del mal? ¿Por qué quien ha estado en el lado equivocado permanece siempre y en cualquier caso atrapado en su pasado, haga lo que haga después? Quizá uno se siente más seguro imaginando que solo los inocentes son capaces de acciones morales, suprimiendo la molesta idea de que todos los hombres pueden llegar a convertirse en presa de la fascinación de las ideologías y de la tentación del mal. Se pierde así de vista el milagro de la metamorfosis y la posibilidad del hombre de invertir su papel. En lugar de sentir alegría, se hacen severos exámenes morales a estos justos imperfectos, si no es que se les olvida o se les deja en soledad.

La kamikaze arrepentida

Desde este punto de vista resulta ejemplar la trayectoria de Arin Ahmed, una joven y culta palestina, estudiante en la universidad de Belén y especialista en ordenadores[8].

Cuando le llegó la noticia de la muerte de su novio, Jad Salem, pulverizado por un cohete lanzado desde un helicóptero del ejército israelí mientras conducía un coche cargado de explosivos destinados a un sangriento atentado, confió a sus amigos el deseo de vengarle y de emprender su mismo camino de combatiente.

Pocos días después la buscan algunos miembros de la organización terrorista Tanzim, dirigida por Marwan Barghouti[9], y le proponen convertirse en kamikaze. Está indecisa, pero decide reunirse con ellos porque son amigos de Salem. Le hacen un lavado de cerebro: tiene la oportunidad de convertirse en una heroína del pueblo palestino y como recompensa por su sacrificio podrá volver a abrazar en el paraíso al hombre que ama. Se convence así de que quien se convierte en mártir y mata al mayor número posible de enemigos lleva a cabo un auténtico acto moral.

Para ella se trata de una extrema prueba de amor por el primer muchacho que le ha hecho soñar.

Finalmente, llega el día de la gran prueba. Era el 22 de mayo de 2002.

Ibrahim Sarahne, un militante de la organización, va con ella desde Belén a la ciudad israelí de Rishon LeZion, junto con Issam Badir, un muchacho teñido de rubio. Le explican que tiene que esperar que ese muchacho salte por los aires y luego, cuando en el lugar del atentado se haya concentrado la multitud, será su turno.

Vestida al modo occidental, como una muchacha israelí, con pantalones vaqueros y una amplia camisa de colores, nadie se dará cuenta de su presencia, de modo que tendrá todo el tiempo que quiera para decidir el momento justo para tirar del cordón del detonador. No solo va a matar a un enemigo, sino a una multitud de ellos.

Arin Ahmed se pone el cinturón con el explosivo, lo esconde bajo la camisa y parte hacia su destino. Pasan unos minutos interminables, pero empieza a dudar de lo que está haciendo. Por la plaza pasean muchachos y muchachas de su misma edad. Le parece que son jóvenes iguales a los de Belén. En ese momento, de repente, los enemigos adquieren rostro humano. ¿Tiene algún sentido morir de esa manera?

Llama con el walkie-talkie a Ibrahim y le dice que ha cambiado de opinión.

—Estás loca si tratas de echarte atrás. No sabes la gloria que te espera con la bomba que llevas en tu regazo.

—Ya lo he decidido, me vuelvo a Belén.

—Si vuelves a casa te quedará la marca del traidor.

La decisión de Arin es irrevocable, corre hasta Issam, que se encuentra a unas decenas de metros y le invita a desistir. Cuando vuelven al coche Ibrahim está furioso: desde su punto de vista Israel ha vencido; para Arin, por el contrario, es más importante su vida y las vidas de las personas que hay en la plaza.

Sin embargo, el joven muchacho que estaba dispuesto a desistir, se lo piensa y tras haber sido recriminado, baja por segunda vez del coche y a los pocos minutos explota entre los paseantes su bomba asesina. Junto a él mueren tres personas y en la plaza deja una treintena de heridos.

De vuelta a Belén, la vida para Arin se complica. Nadie quiere hablar con ella. Es una mujer culpable, ha perdido el honor y ha traicionado a su amor. Los militantes vuelven a la carga y tratan de convencerla de que si quiere redimirse solo le queda una posibilidad: participar en una nueva acción terrorista. Pero Arin vuelve a negarse y desafía la ola de desprecio entre sus amigos.

Unos días más tarde es arrestada por agentes israelíes que han descubierto la célula terrorista.

Binyamin Ben-Eliezer, ministro de Defensa israelí, lleno de curiosidad por el asunto, acude a la cárcel el 29 de mayo para tratar de entender la trayectoria de esta terrorista. Muchos piensan que está mintiendo para evitar una pesada condena.

—¿Por qué decidiste cometer un atentado suicida en Israel? ¿Lo hiciste por motivos religiosos?

—No. Fue una reacción personal. Estaba deprimida. Habíais matado, vosotros, los israelíes, a mi novio. Llevábamos juntos un año y medio.

—¿Es decir, que has querido matar inocentes para vengar su muerte?

—No sé muy bien lo que quería, me encontraba muy mal y estaba llena de rencor. Tenía amigos de la universidad activistas de Tanzim. Los frecuentaba y salía con ellos. Una noche estábamos sentados todos juntos y les oí decir que querían organizar una acción de represalia en respuesta a las acciones militares israelíes. Cuando les oía pensaba en mi Jad y de repente les dije que quería convertirme en una terrorista suicida.

—¿Qué pasó luego?

—Yo creí que la preparación militar iba a durar unos meses, pero lo que ocurrió es que cuatro días después vinieron a verme unos militantes de Tanzim y me comunicaron su decisión: «Te hemos elegido. Enhorabuena, te convertirás en una terrorista suicida».

–Estaba muy nerviosa, pero no me dejaron pensar demasiado y me convencieron para que me preparara para la misión: «Tendrás una posición especial entre las mujeres terroristas. Te convertirás en una heroína. Te reunirás con tu novio en el paraíso».

–¿Tu familia estaba al corriente?

–El día de la partida escribí una carta de despedida pero no pensaba en ellos, solo en mi novio.

–¿Y cómo es que luego cambiaste de idea?

–Cuando me bajé del coche, la plaza no era exactamente como la había visto en el plano. Había mucha gente. Mujeres con niños, chicos y chicas. Me acordé de una muchacha joven israelí con la que había hecho amistad. De pronto comprendí lo que estaba haciendo y me dije a mí misma: ¿cómo puedo hacer una cosa así? Cambié de idea.

–También Issam quería renunciar, pero era un muchacho sin preparación y le persuadieron para no desistir. También conmigo probaron de todas las maneras imaginables. Estaban furiosos. Trataron de convencerme para que hiciera otro intento en Jerusalén. Pero yo ya había tomado una decisión definitiva. Luego habéis llegado vosotros para detenerme.

–Y ahora, ¿qué piensas?

–Fue un error. No es justo matar de esta manera a la gente, a los niños. La conciencia nos prohíbe hacer esas cosas. No volveré a intentarlo.

–¿Qué harás cuanto te soltemos?

–Dejaré mi ciudad y me iré a vivir a Jordania con mi madre. Quiero romper definitivamente con el pasado y empezar una nueva vida. Sí, me equivoqué, pero ha sido un paso en falso. No era yo. Fui arrastrada a esa situación, pero ahora vuelvo a ser yo misma. Quiero licenciarme y llevar una vida normal.

El ministro de Defensa israelí quedó impresionado por aquel encuentro. Pensaba que iba a encontrarse frente a una terrorista que había renunciado por miedo y, por el contrario, se reunió con una mujer que le confesaba su arrepentimiento.

–Lo admito. Quedé impresionado ante Arin. Me hablaba con total sinceridad, pero no podíamos liberarla. Si hubiera vuelto a casa quizá la habrían convencido para que volviera a intentarlo.

Comienza así, para la joven palestina, desde aquel mismo día, una extraña soledad. Se encuentra en un mundo sin referencias. No puede volver a Belén porque está marcada con el sello de la cobardía y la traición; sin embargo, en Israel está procesada porque, en cualquier caso, sigue siendo una terrorista «fallida».

Ninguna de las dos partes del conflicto la ama y, sin embargo, con su gesto se ha convertido en un símbolo de paz.

Arin es el ejemplo de una extraordinaria metamorfosis. Una bomba viviente ha decidido salvar a decenas de judíos. Ha cambiado su concepción del mundo. Le habían enseñado que un palestino digno era el que se inmolaba para golpear al mayor número de israelíes. Para hacerlo se requería valor, porque no basta la promesa de la gloria y del paraíso para vencer el instinto de supervivencia. Pero para escuchar su conciencia y explicar a sus amigos de Belén que no se construye un mundo mejor matando indiscriminadamente una multitud de inocentes también se necesita un valor enorme. No hay ninguna causa justa que pueda perseguirse con métodos injustos.

La soledad de Peshev, el salvador de los judíos búlgaros

Esa misma soledad es la que sintió en Sofía, en la posguerra, el vicepresidente del Parlamento búlgaro Dimitar Peshev.

No hay ningún miembro de la comunidad judía que se atreva a ir a su casa en la calle Neofit Rilski. Sobre él pesa la mancha indeleble de su pasado en un gobierno filonazi.

Murió el 22 de febrero de 1973, sin que jamás recibiera ninguna señal evidente de gratitud. Solo su amigo Buko Lazarov, emigrado a Israel, lo recuerda y le hace llegar por correo algún pequeño regalo.

Sin embargo, Peshev es el gran artífice de la salvación de los judíos búlgaros. Gracias a su intervención, en el último momento, la máquina de la deportación, preparada ya para transportar a Auschwitz a toda la comunidad judía, quedó bloqueada.

También él, como Arin Ahmed, vive una transformación humana y política. No se trata de un arrepentimiento instantáneo sino de un recorrido más complejo y profundo, que le lleva a modificar radicalmente su papel.

Efectivamente, Peshev participa con entusiasmo en un gobierno autoritario que prohíbe los partidos políticos, porque piensa que es la mejor manera de eliminar la corrupción. Está convencido de que la alianza con el Tercer Reich es un bien para el país.

El 19 de noviembre de 1940 preside, sin ninguna objeción, la sesión del Parlamento que aprueba las leyes raciales[10].

Los judíos quedan excluidos del mundo búlgaro, pero Peshev parece no darse cuenta. Acepta esta terrible injusticia por oportunismo, tal y como él mismo admite en sus memorias: «Aprobé aquellas medidas porque consideraba que eran importantes para cimentar nuestra alianza con Alemania y proteger así nuestros intereses nacionales. Nunca pensé que aquellas disposiciones pudiesen llegar a ser permanentes y asumir las proporciones de las aplicadas en Alemania»[11].

Cuando el ejército alemán entrega a Bulgaria las tierras de Tracia y Macedonia hace un elogio de Hitler en el Parlamento y le define como el más grande de los dirigentes de nuestros tiempos, «empeñado con sus propias fuerzas en romper las cadenas del pasado para construir una comunidad internacional más justa y más feliz»[12].

Pasarán tres años antes de que Peshev empiece a vivir una transformación interior.

Cuando el 7 de marzo de 1943 recibe en su casa a Jako Baruk, un viejo amigo judío de su misma ciudad natal y le informa de la inminencia de su deportación. Peshev se muestra reticente.

–No es cierto eso que dices. Es mentira[13].

–Estás mal informado. Mira la carta que he recibido de Kjustendil.

–No es posible. Yo como vicepresidente del Parlamento tendría que estar al corriente. Hace muy poco he hablado con el ministro de Interior Gabrovski y él mismo ha negado que estuvieran sucediendo cosas por el estilo.

–Pues Gabrovski te ha engañado. Estamos seguros de que ya está preparado en Kjustendil el lugar donde se va a meter a los judíos. Han llevado agua y víveres. Ya está todo preparado para la deportación. Prueba a telefonear al gobernador de distrito de la policía de Kjustendil. Así sabrás la verdad.

Luego, enfrentado a sus responsabilidades, Peshev intenta un compromiso.

–Te daré un salvoconducto, así podrás salvarte tú con toda tu familia.

–Te lo agradezco, pero no he venido aquí para ocuparme de mi integridad, sino para pedirte ayuda para bloquear la deportación de todos los judíos búlgaros.

Tras este inesperado encuentro, Peshev vive un sufrimiento interior: ¿lavarse la conciencia tratando de poner a salvo a sus amigos judíos de Kjustendil, o asumir para sí una responsabilidad política en su calidad de vicepresidente del Parlamento búlgaro? No existen fuentes que nos permitan indagar cuáles fueron sus preocupaciones durante aquellas horas. Pero la proximidad de las detenciones le empuja a no perder más tiempo. Faltan dos días para la hora X (la operación está prevista para el 9 de marzo) y Peshev está profundamente inquieto. Se le ocurre una estratagema. Convoca a algunos diputados y amenaza con hacer pública la decisión de la deportación no aprobada por el Parlamento y, además, en contra de la constitución búlgara.

Luego, con una delegación de parlamentarios, se presenta en la oficina del ministro de Interior Petar Gabrovski y en un dramático encuentro le anuncia un escándalo público para el caso de no revocar la orden de deportación. Apretado contra las cuerdas, el ministro de Interior le promete la suspensión del procedimiento en curso. A pesar de todo, Peshev sigue sospechando y le obliga a telefonear en su presencia a todas las comisarías para dejar en libertad a los judíos que ya han sido transportados a los centros de reunión.

Su intervención tiene éxito, pero no es suficiente.

Peshev es consciente de que la situación de los judíos está todavía en la cuerda floja, puesto que la orden de deportación solo está en suspenso. Intuye que se necesita una señal política del Parlamento búlgaro para que el gobierno no vuelva a ceder a las presiones de Alemania.

Convence a cuarenta y dos diputados de la mayoría filonazi para que firmen un documento en el que se solicita al zar y al gobierno que no se hagan cómplices de tan cruel delito.

La entrega de los judíos a los alemanes habría significado la impresión de una marca infamante para los siglos venideros en la propia historia nacional. El nacionalista Peshev le da la vuelta al discurso patriótico. No se puede uno convertir en cómplice de un genocidio por ambiciones territoriales. La amputación «moral» es mucho más grave que la amputación «territorial».

La llamada de la vergüenza, así podría llamarse el documento[14] de Peshev, hace saltar por los aires las falsas coartadas, las justificaciones, las formas de desorientación moral que caracterizan a los protagonistas de la escena búlgara.

El zar y el primer ministro Filov habían pensado, efectivamente, en superar la vergüenza moral de una decisión tan cruel llevando a cabo una operación secreta, pero Peshev, haciendo que el mal fuese visible para todos, los coloca ante sus propias responsabilidades.

De modo que el 31 de marzo de 1943, el zar Boris III en su encuentro con Hitler se ve obligado por sus propios círculos políticos a rechazar las presiones alemanas, a pesar de que un mes antes había dado el beneplácito a la deportación.

El asunto Peshev es, por lo tanto, un caso ejemplar de metamorfosis política que crea un inesperado milagro en los acontecimientos del Holocausto: un gobierno filonazi, en el último momento, bloquea los trenes destinados a Auschwitz debido a la crisis de conciencia de un hombre. No hay una historia parecida en toda Europa.

Peshev fue perseguido también en la Bulgaria comunista. Primero escapa a una condena a muerte por antisemitismo, como había sucedido con otros miembros del Parlamento, firmantes de su documento de condena; además, después de algunos años de prisión, se ve obligado a vivir en arresto domiciliario en su propia casa hasta el fin de sus días.

Está anclado a una culpa de la que no puede escapar y siempre se le ha considerado un filonazi que aprobó las leyes raciales.

Lo que hiciera después no cuenta nada. Uno de los judíos salvados, el comunista Fidel Baruch, en un artículo sobre la revista de la comunidad judía de Sofía en los años setenta, se las ingenia para encontrar una motivación ideológica con el fin de disminuir el valor de la iniciativa de

Peshev[15]. De acuerdo con su tesis, el vicepresidente del Parlamento había actuado exclusivamente por razones electoralistas. Frente a las duras exigencias de los habitantes de Kjustendil se había visto obligado a tener en cuenta la voluntad de su circunscripción, el caladero de votos que le había permitido obtener su sillón parlamentario. De modo que se había movido por motivos de conveniencia.

Si esta era la explicación contingente que desvelaba el origen de su gesto, existía, además, una razón política que de repente le había despertado contra su propia voluntad: el terror a un próximo cambio de régimen. Peshev había tomado buena nota, con seguridad, de las extraordinarias victorias del Ejército Rojo en Stalingrado y de la probable victoria de los comunistas. Así que solo por oportunismo fue contra el régimen. Su conciencia no existía, se trataba solo de una marioneta cuyos hilos eran manejados por los auténticos sujetos de la historia. Por lo tanto, seguía siendo un reaccionario obligado por los acontecimientos, en absoluto una persona radicalmente cuestionada y que se hubiera atrevido a pensar y actuar con valor.

De manera que Peshev murió con ese sello político infamante.

La desilusión de Jiri Pelikan

Después de 1989, muchos ex comunistas de los países de la Europa del Este que combatieron por la democracia y que con su coraje contribuyeron a la caída del Muro de Berlín, experimentaron la misma incomprensión.

Otra vez cuenta más la marca de su pasado y las responsabilidades que tuvieron durante el viejo régimen que la capacidad de cambiar que demostraron a lo largo de los años.

«Si eres un ex, siempre tienes encima una culpa, incluso en el caso de que hayas contribuido a cambiar el mundo.»[16] Con estas palabras me transmite su tristeza la actriz Jitka Frantová, la mujer de Jiri Pelikan, uno de los protagonistas de la Primavera de Praga que, después de la invasión de Checoslovaquia, se ha convertido en Europa, en calidad de diputado europeo, en uno de los más importantes paladines de las batallas de la oposición política en los regímenes totalitarios.

Pelikan, exiliado en Italia desde abril de 1969, esperó durante veinte años la liberación de su propio país del régimen comunista. Con su pasión creó una red de solidaridad activa con los disidentes del Este cuando muchos, en nombre de la distensión entre las dos superpotencias hacían la vista gorda. Miles de jóvenes de nuestro país que solo prestaban atención a las luchas de liberación del Tercer Mundo y a las dictaduras en América Latina conocieron la condición humana en los países totalitarios a través de sus apasionadas intervenciones.

Dada su actividad, fue sometido a una campaña de calumnias y de denigración por parte de los soviéticos y de las autoridades checas. Tras la invasión de Praga el mismo Breznev llegó a exigir su destitución inmediata de la dirección de televisión donde, mediante sus programas, había apoyado con entusiasmo el nuevo curso de Dubcek. En Italia los servicios secretos checoslovacos trataron de desacreditarle poniendo en circulación falsas informaciones sobre un supuesto pasado de colaboración con los nazis. Para amenazarlo le llegaron a enviar a su casa un paquete con explosivos. El mensaje estaba claro: si quería vivir tranquilamente tendría que dejar de ocuparse de su país.

Pero Pelikan no se dejó intimidar.

Cuando finalmente vuelve a Praga, después de la Revolución de terciopelo encabezada por Václav Havel, espera volver a desempeñar un papel importante en el nuevo gobierno, sin embargo, su pasado de ex comunista resulta una tarjeta de visita incómoda[17].

«En Checoslovaquia muchos seguían considerándole un privilegiado», cuenta Jitka Frantová. «Las malas lenguas decían que mientras los exponentes del disenso se habían visto obligados a hacer de limpiacristales y barrer las calles a modo de castigo, él vivía en una bonita casa en Roma, a dos pasos del Panteón y viajaba cómodamente por toda Europa como diputado.»[18]

Con lo cual se insinúa la duda de que el protagonista de la Primavera haya descrito la misma parábola de muchos comunistas reciclados: antes del 68 es un hombre del poder y luego, como «disidente», encuentra una vida cómoda como diputado europeo. ¿Dónde está entonces el mérito –dicen sus detractores– respecto de quienes, por el contrario, sufrieron en Praga, firmando el manifiesto de Charta 77, emblema de la victoria moral del país?

Luego llega el jarro de agua fría. Los periódicos publican de manera escandalosa algunas revelaciones de su pasado comunista. Le acusan de haber gestionado las depuraciones de estudiantes en la universidad en 1948, cuando era presidente del Comité de Acción del Frente Popular para los institutos universitarios de Praga. El jovencísimo Pelikan, considerado un hombre de confianza del régimen, desarrollaba entonces con pasión cualquier actividad que considerara justa para la construcción de la sociedad comunista: «purificaba» las escuelas de la presencia de jóvenes «burgueses» y «reaccionarios».

Se había mostrado orgulloso del papel que había jugado en una carta escrita el 20 de marzo de 1949 al secretario del partido Rudolf Slansky:

«Mediante las verificaciones que hemos realizado entre los estudiantes nos hemos quitado de en medio a todos los vagos y a los eternos estudiantes entre los cuales se reclutaban en las universidades los elementos reaccionarios y enemigos del pueblo. Con nuestro trabajo realizaremos un esfuerzo para que las universidades preparen para la vida pública y para el aparato estatal y económico a especialistas altamente cualificados, capaces de navegar, por encima de su propia disciplina, en la indispensable ciencia de todas las ciencias, el marxismo leninismo»[19].

Sobre Pelikan sobrevuela la sospecha de que haya sido uno de los responsables de la expulsión del cargo de rector del economista Karel Englis, tras la ocupación de la Universidad Carlos que había dirigido personalmente[20]. El famoso académico, acusado de ser un representante de la burguesía, fue considerado enemigo de la planificación socialista. Fue humillado y obligado a vivir bajo vigilancia en su aldea natal, mientras sus libros eran retirados de todas las universidades.

Con estos «éxitos»[21] Pelikan tiene los papeles en regla para comenzar la ascensión al poder comunista. En mayo de 1948, efectivamente, es el diputado más joven que entra en la Asamblea Nacional; en 1953 resulta elegido secretario general de la Unión Internacional de los estudiantes hasta llegar a convertirse, diez años más tarde, en el poderoso dirigente de la televisión checoslovaca. De modo que comenzó su carrera persiguiendo personas inocentes. Ese es, precisamente, su pecado original.

Pelikan escucha con tristeza esas acusaciones, pero en absoluto evita reconocer sus culpas juveniles.

Admite haber avalado la represión desencadenada en Checoslovaquia tras el golpe de Estado de los comunistas, durante el cual, de acuerdo con la comisión Piller, acabaron encarceladas por razones políticas 16.010 personas, de las que 253 fueron condenadas a muerte entre 1948 y 1952 y 178 ajusticiadas.

«Asistimos con indiferencia (y lo considero también culpa mía personal) a la condena a muerte de personas como la dirigente del Partido Socialista Nacional Milada Horáková, el escritor Zavis Kalandra, así como algunos representantes socialdemócratas, católicos y tantos otros.»[22]

Reconoce que se planteó los primeros interrogantes sobre los procesos estalinistas cuando se desencadenó la represión en 1952 en el interior de las mismas filas comunistas, pero entonces, a pesar del malestar subsiguiente, lo primero era no oponerse a la verdad política del partido.

«Pude asistir a una sesión del proceso Slansky en 1952 y escuché a aquellos compañeros protagonistas de la lucha antifascista declararse espías. Conocía el valor que habían demostrado contra la Gestapo y no lograba entender que declarasen en falso. Solo en 1956 Artur London, uno de los pocos acusados supervivientes me explicó el tipo de torturas y las presiones psicológicas con las que le habían arrancado las confesiones. Para mí fue un período de profunda depresión, porque ya no me identificaba con la línea del partido, a la que consideraba en contradicción con el ideal socialista en que todavía creía. Pero al mismo tiempo no podía y no quería ir en contra del partido, que para mí era un instrumento de lucha por una sociedad más justa contra la guerra.»²³

Cuenta que frente a las primeras perplejidades acerca de la línea del Partido Comunista, siempre había seguido los consejos de su hermano Vladimir, que le había iniciado en la lucha política: «Cuando tengas alguna duda, mantén la confianza en la Unión Soviética y en el partido: ellos saben lo que hay que hacer»²⁴.

Se había hecho comunista a los dieciséis años durante la ocupación nazi de Checoslovaquia. Detenido por la Gestapo por sus actividades en la resistencia antihitleriana, había resistido las torturas para no revelar los nombres de sus compañeros de lucha. Su esperanza en un mundo que eliminase las injusticias y las discriminaciones se había reforzado después de la trágica muerte de su madre, de origen judío, en el campo de concentración de Auschwitz.

«Más que de reflexionar, más que de dudar o escuchar opiniones matizadas, de lo que yo tenía necesidad era de creer en algo.»²⁵

Pelikan no elimina la responsabilidad de su pasado juvenil. Pensando que trabaja por la imparable causa del bien llega a ser, en los años cincuenta, uno de los muchos estalinistas intolerantes, entusiasta del golpe de Estado comunista que, en 1948, deja fuera de juego a los partidos democráticos y que inicia una limpieza social centrada en quienes piensan de manera distinta.

«Sí, me equivoqué», repite muchas veces en sus libros, «pero precisamente a través de un recorrido interior he empezado a ver el mundo con otros ojos.» Inicia así su metamorfosis. Cuando en 1963 llega a ser director de la televisión estatal checoslovaca sorprende a todos introduciendo por primera vez un debate plural en un órgano de información sometido a la rígida censura del Partido Comunista. Sus programas de información se convierten así en la caja de resonancia para el gran laboratorio de ideas de la Primavera de Praga. No es casualidad que el primer edificio atacado por los tanques soviéticos, el 21 de agosto de 1968, fuera el de la televisión.

Tras la invasión, Jiri Pelikan lleva a cabo la elección existencial más difícil de toda su vida. Enviado a Roma con el cargo de consejero cultural de la embajada de Dubcek, en ese momento convertido en rehén de los soviéticos, renuncia a su cargo cuando el gobierno de Praga legitima la intervención rusa.

«He elegido el exilio en Roma porque no podía avalar la tesis de que la intervención soviética no podía calificarse de invasión, sino que había que referirse a ella como "ayuda fraterna".»

Emprende así su batalla para dar a conocer en Italia la suerte, frecuentemente olvidada, de los disidentes del Este europeo. Confía en la eventual comprensión de la militancia del Partido Comunista Italiano, pero su carta a Berlinguer quedará para siempre sin respuesta y Lucio

Lombardo Radice le acusa de hacer el juego a los imperialistas, fomentando la resistencia contra las tropas del Pacto de Varsovia[26]. Convertido en diputado europeo en las filas del Partido Socialista, pronuncia palabras y juicios que muy pocos en Europa tienen el valor de expresar. Ha dejado de creer en la posibilidad de reformar el sistema comunista y pelea como un león para que la Comunidad Europea considere interlocutores propios a los movimientos de oposición, polemizando con políticos que solo mantienen relaciones con los partidos en el poder.

Cuando en Polonia el régimen lleva a cabo el golpe de Estado contra la oposición de Walesa, exige a la Internacional Socialista la interrupción de las relaciones con el general Jaruzelski y la elección de Solidarnosc, la Iglesia católica y los disidentes laicos como Jacek Kuron y Adam Michnik como referencias políticas. Para Pelikan está ahora absolutamente claro que, frente a los regímenes totalitarios, hay que tomar una decisión inequívoca.

Pelikan recorre así, en el arco de veinticinco años, un itinerario que le lleva a cuestionar su fe ideológica. Si durante la Primavera de Praga creía en una regeneración de los partidos comunistas, ahora piensa que sólo la creación de una democracia occidental es capaz de cambiar la situación.

Pero su trayecto humano, en 1989, no encuentra acomodo en el país que reconquista la libertad después de cuarenta años de totalitarismo comunista. Las sospechas y las incomprensiones le hieren profundamente y Jiri Pelikan carece ya de fuerza para encontrar una colocación en la Praga a la que ha dedicado sus largos años de exilio.

Queda profundamente sorprendido cuando el Parlamento checo, en 1993, aprueba una ley (la llamada *lustrace*) que, condenando el régimen totalitario prohíbe la participación en la vida pública a los ex dirigentes del Partido Comunista, sin hacer ninguna distinción entre los promotores de la Primavera de Praga que lucharon contra la normalización.

El último capítulo de su existencia lo vive en Italia en una peculiar condición de «exiliado» que nunca habría podido imaginarse.

A su muerte, el 26 de junio de 1999, Jitka Frantová lleva las cenizas de su marido a su aldea natal en Bohemia.

Hasta hoy nadie ha pensado en dedicarle una calle, pero Jitka no se ha rendido a la ingratitud y ha escrito un monólogo teatral que ella misma recitó, en marzo de 2009, en Brno y en Praga.

«Mi marido constituye un clarísimo ejemplo de cómo una persona, a través de un recorrido interior, puede cambiar y contribuir a cambiar el mundo.»

III
Para qué sirven los justos

La memoria poética

Los acontecimientos relacionados con los justos con frecuencia resultan invisibles y de escaso interés para los historiadores porque se refieren a comportamientos que dejan pocas huellas y no parecen modificar el curso de los acontecimientos.

Son aparentemente inútiles, porque la mayor parte de las veces no parece que cambien el estado de las cosas. Si no hay alguien que los recoge y los cuenta, pronto se olvidan.

Por eso la Biblia habla de los justos ocultos que hacen cosas bellísimas, pero que, con frecuencia, nadie aprecia ni conoce.

Esas ocho personas[1] que en 1968, en Moscú, después de la invasión de Checoslovaquia, se manifiestan durante dos minutos en la Plaza Roja, antes de ser llevados en volandas por los agentes de paisano, por ejemplo, nunca serán consideradas decisivas para el final del imperio soviético. Sin embargo, asumen una responsabilidad personal, frente al silencio de una nación aterrorizada y engañada, porque quieren lanzar un mensaje moral de condena. Saben perfectamente que tras el gesto pagarán las consecuencias, pero a pesar de todo lo hacen para que el mundo sepa de una voz diferente desde Rusia y para expresar su solidaridad con los ciudadanos checoslovacos. Ese día se sienten depositarios de la conciencia moral de la nación. Están solos en su patria, pero actúan como si de ellos dependiera un futuro mejor.

Con ese mismo espíritu se mueve en Varsovia el joyero polaco[2] tan querido por Moshe Bejski. Nada puede hacer contra los ocupantes nazis ni contra la persecución de los judíos. No tiene fuerzas para empujar a sus compatriotas a ser más solidarios con los judíos, encerrados en el gueto y día a día diezmados por los traslados a Auschwitz. Pero cuando un judío escapado de un campo, acorralado por los nazis y abandonado por los polacos le pide ayuda, lo esconde en la bodega de su tienda durante toda la guerra. En la joyería se siente dueño de su existencia y decide que en su casa carecen de valor las leyes raciales antisemitas impuestas por los nazis. De manera que cuida de él, le proporciona alimento y le convence de que en su casa existe un mundo diferente.

Con la misma determinación se comporta en Pekín el estudiante solitario que intenta inútilmente detener los tanques que, en 1989, ahogan en sangre las manifestaciones de los estudiantes en la plaza de Tian'anmen. Ese joven que durante largos e interminables segundos bloquea el avance del tanque, es consciente de que no puede detener al ejército que ha invadido la plaza, pero de todas formas intenta hacer oír su disidencia a voz en grito y da inicio así a la más increíble de las danzas, hasta el punto de subirse al tanque para pedirle al soldado que dé marcha atrás. Su gesto es tan sorprendente que el conductor del vehículo acorazado se abstiene de atropellarlo y no se atreve a apretar el gatillo. Todavía hoy, nadie conoce su nombre.

Los protagonistas de estas acciones de valor moral nunca actúan con la idea de modificar las agujas de la Historia, sino con el propósito de ejercer su responsabilidad en el espacio del que son soberanos. Si pensaran que una acción se mide por las posibilidades de derribar un muro (las leyes raciales o el comunismo) no harían nada y encontrarían miles de motivos para justificar su impotencia frente a una injusticia que, en ese momento, parece imposible remediar.

¿Por qué razón estas acciones permanecen con frecuencia en el olvido, yacen en los abismos o no se las tiene en cuenta para nada?

Se da por descontado que son otras las acciones que impulsan al mundo hacia delante, mientras que el testimonio humano es un detalle ínfimo. Parece que solo la gran política, la economía, incluso la guerra, es lo que, de vez en cuando, crea las condiciones materiales de la felicidad y el bienestar de los seres humanos.

Estamos demasiado acostumbrados a valorar todo aquello que resulta funcional en relación con la idea del progreso histórico. Por el contrario, lo que nos parece fabricación y realización de «algo» lo excluimos de nuestra mirada[3].

Para los historiadores no es cuantificable un gesto que coloca en primer lugar el valor del otro y que plantea como fin de una acción el bien de una persona y no una meta concreta y material.

Un acto concreto de «bondad insensata»[4], en nombre de la verdad y de la justicia, carece de importancia para los políticos y para los cronistas porque parece que nada modifica. No existe una estadística en la que insertar el peso de acciones invisibles y las huellas de un comportamiento espiritual y moral.

¿Quién puede, entonces, sacar a la luz las acciones de humanidad de los individuos en los oscuros tiempos de la Historia y convertirlos en parte reconocida de la experiencia humana?

Probablemente, esa capacidad solo la tienen los poetas o los que son capaces de pensar y conmoverse poéticamente, porque tienen el don y la sensibilidad para *sentir* las acciones humanas; las preservan y las aman porque no se plantean el problema de valorarlas desde el punto de vista del resultado. Para ellos, simplemente, el humano es el auténtico protagonista de la Historia y de los acontecimientos.

Para los poetas un comportamiento moral tiene un valor estético, es testimonio de la belleza del alma, que Sócrates describe como más importante que la belleza física[5]. Del mismo modo que podemos asombrarnos frente a un cuadro de Leonardo o de Piero della Francesca, o probar el placer de sumergirnos en el universo[6] y sentirnos parte de un todo (ese sentimiento de anulación que Romain Rolland ha llamado sentimiento oceánico), o temblar escuchando música de Bach, así podemos permanecer fascinados, como permanece Homero, ante el sacrificio de Héctor en la guerra de Troya y ante los individuos que consideran las relaciones humanas, la dignidad, el gusto por los demás, el bien más preciado de nuestra existencia.

Hannah Arendt, refiriéndose a Walter Benjamin, ha propuesto un concepto que describe muy bien el papel de los poetas como buscadores del bien sumergido y oculto. Es la imagen del pescador de perlas[7] que se sumerge en el pasado y saca a la luz, desde el fondo de los abismos, donde sobreviven en formas cristalizadas e inmunes a los elementos, pensamientos y acciones de los hombres que tienen un valor universal. Está en disposición de rescatar del olvido a quien en las situaciones trágicas sabe escuchar al otro y es capaz de compasión, al que combate por la verdad y no acepta compromisos con la mentira política, al que preserva la memoria del mal cuando se la quiere eliminar y olvidar, al que es capaz de pensar con autonomía frente a la zozobra moral de las costumbres, al que no intercambia su propia supervivencia con la liquidación de otro ser humano, al que intenta preservar la integridad moral incluso en condiciones de gran soledad, al que no renuncia a su propia capacidad de juicio, al que siente sobre sus hombros la responsabilidad del mundo y quiere proteger a la humanidad en el espacio en el que cada uno es soberano.

El pescador de perlas lleva a cabo una verdadera metamorfosis. Transforma al hombre justo derrotado por los acontecimientos y por la Historia en un potencial vencedor en el tiempo presente, porque lo propone como ejemplo moral. Los narradores de los justos cumplen esa función: llevar hasta la Historia y la memoria, con fuerza, a los hombres invisibles y sus actos de amor.

Los justos y la esperanza

Los justos no cambian el mundo, pero salvan la esperanza en la humanidad. Los primeros en darse cuenta de eso son las propias víctimas que, gracias a ellos, encuentran una razón para continuar viviendo después de la humillación sufrida.

Primo Levi conoció a Lorenzo Perrone en Auschwitz, un albañil italiano que trabajaba como civil en una cantera no muy lejos de la prisión. Para el escritor turinés es un alivio en el infierno en que vive. Aquel trabajador, quizá por solidaridad con un italiano, sin muchas reflexiones lleva a cabo algunos pequeños gestos de ordinaria piedad. Durante algunos meses le lleva todos los días un trozo de pan, los restos de su rancho y apiadado por el inmenso frío, le ofrece a Primo Levi su jersey de punto.

No le preocupa el hecho de que sus atenciones para con un judío puedan molestar a los alemanes. Usa una tarjeta postal para hacer llegar a la familia de Levi noticias sobre su estado de salud y le lleva feliz y contento la carta de respuesta de la familia. Con ese gesto le ofrece la única ocasión para comunicar con el mundo exterior.

Otros civiles cercanos a las alambradas, recuerda Primo Levi, tienen por el contrario un gusto sádico frente a los sufrimientos de los prisioneros de modo que se divierten, como si estuvieran delante de animales encerrados en una jaula, echándoles algún bocado para asistir a la pelea que se inicia entre los detenidos para hacerse con un pedazo de pan.

Perrone está hecho de otra pasta. No le mira como a un animal, no siente repulsión ante su degradación física, sino que le trata como a un ser humano.

Su presencia en aquel universo de horror da fuerza al prisionero Levi para resistir: no la que depende exclusivamente del instinto de supervivencia del propio cuerpo, sino la que alimenta el soplo vital del alma de todo ser viviente de esta tierra: es el calor de otro ser humano, sin el cual un hombre se derrumba en un vacío absoluto.

Lorenzo Perrone le hace comprender dos cosas de las que estaba a punto de olvidarse: que fuera del campo sigue existiendo un «mundo justo»[8], «algo y alguien todavía puro e íntegro, no corrupto y no salvaje, ajeno al odio y al miedo»[9] y de paso le recuerda que también él, Primo Levi, sigue siendo un hombre.

Recibe así en Auschwitz un inesperado regalo que nunca podrá olvidar.

Por esa razón, cuando vuelve a Italia después de la guerra, decide llamar a sus dos hijos, en un acto simbólico de gratitud, con los nombres de Renzo y Lisa Lorenza. Lorenzo había llegado a ser el otro dentro de sí y ahora ese otro tenía que permanecer para siempre en el corazón de sus hijos.

Los prisioneros del gulag sienten el mismo asombro frente al gesto inesperado de quien todavía les considera seres humanos. Así, un sencillo saludo durante el trabajo, recuerda Varlam Shalamov, prisionero durante diecisiete años en las minas de Kolymá, transmite una emoción inolvidable.

«La habíamos saludado y nos había parecido extraordinariamente bella: era la primera mujer que veíamos en tres años. Nos había hecho un gesto con la mano, luego había señalado al cielo, a un rincón del firmamento y nos había gritado: "¡Ya falta poco, muchachos, falta poco!". Le había contestado un grito de alegría. Nunca volví a verla, pero durante toda mi vida jamás olvidé cómo supo comprendernos y consolarnos. Cuando señalaba el cielo en absoluto pensaba en el más allá. No: lo único que quería decir era que el invisible sol caía hacia occidente y que la jornada de trabajo estaba a punto de terminar.»[10]

Empezar en Ruanda

También la escritora Esther Mujawayo Keiner, después de haber visto su existencia devastada por el terrible genocidio de Ruanda, vuelve a encontrar esperanza en el recuerdo de los justos.

En menos de cien días, un millón de tutsis son exterminados en medio del ensordecedor silencio del mundo. El destacamento militar de Naciones Unidas presente en la capital tiene órdenes de no moverse, a pesar de las reiteradas peticiones de su comandante Romeo Dallaire que denuncia la inminencia de la masacre. El presidente Bill Clinton calla. La Iglesia permanece en silencio. La palabra genocidio no se pronuncia en las embajadas de Kigali. Las instancias internacionales están indiferentes, tal y como sucedió con el exterminio de los judíos.

Esther se ve asaltada en todos sus afectos fundamentales. Su marido es asesinado por sus mismos alumnos hutu en la escuela donde ha enseñado durante años; su hermana es asesinada junto a su marido y sus tres hijos; su madre y su abuela son obligadas a desnudarse y a exponerse al sol para hacerlas morir de sed; decenas de sus amigos son masacrados por un pueblo instigado por los verdugos. Ella se salva por un extraño capricho del destino.

«He tenido suerte porque he sobrevivido sin sufrir un solo golpe de machete, pero ¿cómo he sobrevivido? ¿Cómo es que no he sido golpeada? No lo sé. Es un milagro. Conmigo han permanecido mis tres hijos, pero mis amigos no han tenido esa suerte. No me han contagiado de sida porque no he sido violada, pero soy del cinco por ciento de mujeres que no han sufrido violencia, porque el resto de las que han sobrevivido al genocidio se han contagiado de sida y ahora están a punto de morir.»[11]

Esther se siente en deuda por ese milagro y cuenta en mil conferencias viajando por el mundo la crueldad de los verdugos y el silencio de las instituciones internacionales.

«Un superviviente tiene obligación de dar la palabra a todos aquellos que no tienen la oportunidad de hablar. Tiene que convertirse en portavoz de las víctimas y pedir justicia, porque esa es la tarea de los pocos afortunados como yo.»[12]

Pero todavía tiene otra deuda que saldar por el milagro de su supervivencia: la gratitud respecto de las personas que la ayudaron. Solo ella tiene la posibilidad de contar esas historias de bondad, de otra manera se acabarán perdiendo para siempre. «Si no lo hago yo, nadie va a hacerlo y, entonces, esa tragedia será todavía más terrible.»[13]

Descubre así, con asombro, que recobra la serenidad a través del ejercicio de una memoria diferente.

«Siempre me acordaré de aquella anciana que me escondió junto con mi madre y mis hijos. Fui a verla y le pregunté por qué lo había hecho. Su respuesta fue lapidaria: ¡porque sois seres humanos! Y todavía hoy me sigue asombrando el hecho de que, en aquellas circunstancias, hubiese alguien que pensara así, cuando todos nos consideraban serpientes o insectos a los que aplastar. A ella le dediqué mi primer libro.»[14]

Todavía recuerda emocionada cuando buscó refugio en un convento de monjas y le contestaron que no había sitio para una mujer hutu, que ensuciaría los dormitorios. De pronto se adelantó un soldado de guardia que, horrorizado frente a esa afirmación, empuñó la pistola y obligó a las monjas a abrir las puertas.

«¿Por qué motivo aquel hombre arriesgó su vida por mí y por tantas mujeres aterrorizadas que, sin la amenaza de su pistola, las monjas jamás habrían acogido? Es un misterio.»[15]

Incluso en uno de los momentos más trágicos de toda su vida, cuando obligaron a desnudarse a su madre y a su abuela y las dejaron morir de hambre y sed, encontró una pequeña luz.

Todas las noches un joven se acercaba a aquellas pobres mujeres y a escondidas les llevaba un cubo de agua para calmar su sed. Cuando fue descubierto y amenazado por los soldados, estupefactos de que uno de los suyos se comportara de aquella manera, les repondió sin vacilar: «Esas mujeres no han hecho nada, si queréis podéis matarme, pero no voy a cambiar de idea»[16].

El gesto de piedad de aquel muchacho dejó una huella en la vida de Esther, que ahora trabaja en Bélgica como educadora.

«No sé si yo, en circunstancias parecidas, lograría mostrar el mismo valor, pero una cosa es cierta: he decidido enseñar a los jóvenes a correr en ayuda de cuantos son objeto de humillación y prevaricación, porque son demasiado gordos, demasiado flacos, porque van mal vestidos o porque se trata de inmigrantes con dificultades con la lengua. Se empieza con estas cosas de poca importancia, pequeñas tonterías que cuando se suman la una a la otra pueden llegar al genocidio.»[17]

A través de retratos de personas de buen corazón reconstruidos en su mente, Esther volvió a encontrar el sentido de su vida: enseñar el bien.

El sueño de Etty Hillesum: un alemán bueno

«Si me encuentro un alemán bueno viniendo en nuestra ayuda, yo también le ayudaré.»

Este es el compromiso que asumió, el 15 de mayo de 1941, la joven escritora judía Etty Hillesum, mientras la catástrofe arrastra a sus mejores amigos y conduce al abismo a centenares de judíos de su ciudad.

Etty acababa de encontrar entre los papeles un apunte de su analista y amante, el psiquiatra Julius Spier que simplemente dice: «Basta que exista una persona digna de este nombre para poder creer en los hombres»[18].

Dejándose llevar por su fantasía imagina encontrarse en Amsterdam a un alemán bueno que ayuda a los judíos. Intuye que ese hombre quizá pueda cambiar la percepción de los acontecimientos y facilitarle el reencuentro con la esperanza de un mundo mejor en medio de aquella desolación total. Etty logra así, con su imaginación, un momento de serenidad: que exista un alemán de ese tipo quiere decir que la idea de humanidad no está completamente muerta, que alguien la mantiene viva, incluso entre nuestros enemigos. Ese hombre puede quizá rescatar la dignidad de la nación que ha engendrado a los verdugos.

Como si ese alemán hubiese entrado milagrosamente en su habitación, sin vacilar, le hace una promesa: ella como judía que es, asume una responsabilidad para con él. Le defenderá con todas sus fuerzas de los alemanes que le hostigan y le consideran un traidor; luego irá donde sus amigos judíos y les dirá que se equivocan odiando a todo un pueblo, porque no todos los alemanes son iguales. Ese alemán imaginado hace un pequeño milagro: ayuda a quien sufre a comportarse de manera diferente a sus verdugos.

Luego Etty anota en su diario la alegría que le ha proporcionado el vuelo de su fantasía y explica así la necesidad de no odiar, ocurra lo que ocurra: «… El gran odio hacia los alemanes nos envenena el espíritu. Expresiones como "que los ahoguen a todos, canallas, que se mueran gaseados" forman parte de nuestra conversación cotidiana; a veces, hasta hacen que uno pierda las ganas de vivir en estos tiempos. Y, mira por dónde, de pronto, hace algunas semanas, ha surgido el pensamiento liberador, parecido a un vacilante y jovencísimo brote en un desierto de hierbajos: si quedara un solo alemán decente, este único alemán merecería ser defendido contra esa banda de bárbaros y, gracias a él, no tendríamos derecho a volcar nuestro odio sobre todo un pueblo. Esto no significa que uno sea indulgente con determinadas tendencias, hay que posicionarse, indignarse con determinadas cosas en momentos determinados, intentar comprender, pero ese odio generalizado es lo peor que existe. Es una enfermedad del alma»[19].

Etty no pudo cumplir su promesa porque murió en Auschwitz, sin encontrar nunca al hombre que alimentó la esperanza en su imaginación.

Sin embargo, sin haber podido vivir esa experiencia en primera persona, entiende su profundo significado. Intuye que, cuando el mundo se libre de esa podredumbre, el deber de las víctimas será el de no olvidar a quien se haya comportado de otra manera. Es el único modo de evitar la infinita cadena de odio sobre las ruinas del mal.

De modo que el hombre justo deja un regalo de diferentes aspectos. No solo lleva socorro al perseguido, sino que crea también las condiciones para que la víctima, o quien recoja su herencia, pueda tener la capacidad de matizar y no hacer generalizaciones: son los justos quienes posibilitan la reconciliación. Etty Hillesum, en el curso de su propia tragedia, comprendió su significado.

La purificación moral

Los justos, salvo muy raras excepciones, no eliminan el mal político, solo consiguen limitar los daños en el marco de un espacio en el que son soberanos.

Juzgados desde un punto de vista del resultado final, desde el punto de vista de la Historia que acaba mal, se trata de *vencidos*. Si no acaban encerrados en la jaula de su tiempo, si acaban convirtiéndose en ejemplo moral para las nuevas generaciones, se trata, por el contrario, de *vencedores*.

Tienen sobre todo un papel pedagógico importante en los países que se han dejado arrastrar en las complicidades de un genocidio.

Cuando se cuentan sus historias y se hacen de dominio público pueden desempeñar un papel catártico, contribuir a una función purificadora moral y de conciliación con las mismas víctimas.

En el proceso a Eichmann, causó un enorme impacto el testimonio de Abba Kovner, el judío lituano que el 31 de diciembre de 1941 trató de movilizar a los habitantes del gueto de Vilna, invitándoles con una proclama a no dejarse degollar como ovejas en el matadero.

Cuenta que había logrado escapar de una muerte segura con la desinteresada ayuda de un sargento del ejército alemán que le proporcionó documentos falsos y le llevó a un lugar seguro en una camioneta. Sus palabras, escribe Hannah Arendt, provocaron un silencio de muerte, como si el público hubiese decidido observar un minuto de recogimiento en memoria de aquel hombre.

El sargento se llama Anton Schmidt. Se ocupa de reasignar a nuevas unidades los soldados alemanes huidos que circulan por la ciudad de Vilna. Ha asistido a los terribles fusilamientos en masa de judíos en Ponary y está desorientado. Escribe a su mujer que su conciencia le empuja a hacer algo en favor de los judíos: «Tú sabes lo sensible que es mi corazón. No soy capaz de pensar en no hacer nada para ayudarles». Decide así liberar y esconder a los judíos que trabajan en las oficinas bajo su mando; se prodiga en hacer llegar, con mil subterfugios, provisiones de alimentos; gracias a él 250 judíos sobrevivieron a aquel infierno.

Su resistencia solitaria dura demasiado poco. Descubierto por sus superiores es detenido el 25 de febrero de 1942 y ajusticiado el 13 de abril, acusado de alta traición.

En 1967, Israel le dedica un árbol en el Jardín de los justos de Jerusalén, pero será en Alemania, el 8 de mayo de 2000, donde ocurre el hecho más importante: el ministro de Defensa alemán, Rudolf Scharping, decide nombrar en su memoria un cuartel del ejército en Rendsburg, en Schleswig-Holstein. Allí tuvo lugar una verdadera catarsis para Alemania. El edificio estaba hasta entonces dedicado al general Günther Rüdel, héroe nacional de entreguerras, pero luego responsable de la muerte de centenares de personas cuando, en calidad de juez del «tribunal del pueblo», condenaba a los responsables del atentado contra Hitler. Sin embargo, ahora se propone como héroe a quien ha desobedecido las órdenes y ha ayudado a los judíos.

De esa manera las nuevas generaciones alemanas hacen cuentas con el pasado y recuperan el honor perdido con quien, como Anton Schmidt, Oskar Schindler o Willy Brandt, se enfrentó al nazismo y a la deportación de los judíos.

Es el milagro de la narración de los justos.

El sacrificio de Jan Palach

También Jan Palach es el vehículo de una regeneración moral para su gente y para quien, en aquellos años en Italia, es insensible a su trágica desaparición.

Después de haber esperado tanto de la Primavera de Praga, Jan se siente un joven derrotado. Seiscientos mil soldados, seis mil tanques y centenares de aviones del Pacto de Varsovia truncan el sueño de una Checoslovaquia libre y democrática. Jan confía a su amigo Hubert Bystrican que después de la invasión soviética para él ha muerto toda esperanza. Ya no vale la pena hacer nada en Praga porque cualquier intento no logra siquiera el mínimo resultado. Es la peor condición en la que puede encontrarse un ser humano.

Si la vida carece de sentido, razona Palach, quizá la muerte puede servir para algo. A los veinte años se inmola en la plaza de San Wenceslao convertido en una antorcha humana. En una carta deja escrito que se sacrifica para despertar la conciencia de un pueblo resignado y desesperado. Se trata de la antorcha número uno, otras le seguirán. Toda la ciudad asiste a sus funerales, pero el luto colectivo no conmueve al gobierno surgido de los tanques.

La lápida construida por sus amigos es eliminada a los pocos días y su tumba es profanada por órdenes superiores.

El régimen se las ingenia para borrar su memoria. Pretende demostrar que su sacrificio ha sido completamente inútil, ya nada tiene que cambiar.

Tendrán que pasar diez años antes de que el pueblo de Praga se sacuda el sopor de encima.

El mensaje de Jan Palach es recogido por los firmantes del movimiento Charta 77 que invita a la población a reaccionar y a salir de su estado de resignación.

El lugar del martirio vuelve a ser lugar de peregrinación para los jóvenes de la ciudad. Una vela es repetidamente encendida para recordar que aquella antorcha humana no ha sido un gesto inútil.

En 1989 Praga se libera, también por obra de Jan.

En el aniversario de su muerte, esa llama sigue ardiendo cuarenta años después.

Mario Capanna y otros antiguos representantes del movimiento estudiantil que en los acontecimientos del 68 se demostraron insensibles a las batallas por la libertad que en aquellos mismos años se libraban en los países de la Europa central, llevan a cabo una acción de purificación moral. Van en peregrinación a Praga para reconocer con un acto público el silencio «culpable» de aquellos años. Es un viaje lejos de los focos, fundamentalmente realizado para sí mismos. Consideraban entonces que aquel trágico acontecimiento de Jan Palach podría dañar la mítica visión del socialismo en el que creían, de modo que miraron para otro lado y evitaron así plantearse cuestiones molestas.

Hoy se dan cuenta de que aquel tímido joven de Praga se había sacrificado también por ellos.

Cuando un transeúnte asombrado me pregunta cómo es que, después de casi medio siglo, un grupo de italianos va a colocar un ramo de flores en la plaza de San Wenceslao, por un instante me siento desconcertado.

Luego le contesto: «Es posible que usted no lo entienda, pero quería darle las gracias a Jan».

La honestidad intelectual de Giorgio Napolitano

También Giorgio Napolitano, presidente de la República Italiana, quiso dar las gracias a quienes en los regímenes comunistas lucharon por la verdad y la dignidad del hombre. Para él, con un pasado comunista que ocupa toda una vida, no es una tarea fácil, pero su honestidad intelectual le impulsa a llevar a cabo sinceros actos de reparación moral. El viejo PCI ya no existe, ha cambiado varias veces de nombre, ha revisado el juicio sobre la historia de los países del Este, pero Napolitano no hace como si aquella historia no fuera con él.

El 23 de noviembre de 2007, lejos de los medios de comunicación, recibió en el Quirinal a Luciana De Marchi, la valerosa mujer que, en Moscú, desde los catorce años, dedicó su existencia a la rehabilitación de su padre Gino, comunista italiano que, en 1921, fue enviado a Rusia castigado por el partido, y que sería luego fusilado, en 1938, en el polígono de Butovo acusado de espionaje.

Desde muy joven, Luciana se resiste a renegar de su padre, como era práctica común y corriente en el régimen estalinista, cuando uno de los padres era acusado de ser enemigo del pueblo. Lo defiende con coraje, delante de todos los estudiantes de su clase, negándose a seguir el ejemplo del joven Pavlik Morozov, convertido en héroe por haber denunciado a su propio padre a las autoridades comunistas.

Así que no traiciona sus afectos más queridos y no se doblega ante la mentira y la lógica del Estado soviético. Arriesga mucho conservando durante años, en su habitación, los documentos y cartas de su padre. En tiempos de Stalin el que no se adecua al asesinato de la memoria de las personas eliminadas por el régimen, paga un alto precio en la vida diaria y puede acabar en un gulag delatado por cualquier vecino.

Aquella solitaria batalla, con los años, le lleva a descubrir una amarga verdad: su padre fue fusilado por la NKVD a consecuencia de una delación de los comunistas italianos.

Su valentía ahora resulta incómoda incluso en Italia para quien ha ocultado los crímenes del comunismo. No existen responsabilidades exclusivamente ideológicas, en la medida en que muchos dirigentes del PCI en Moscú, en los años treinta, trabajaron activamente en la máquina de represión estalinista.

Cuando entra en la sala del Quirinal, Luciana De Marchi está radiante, mientras que Napolitano da muestras de una insólita timidez. Los papeles parecen invertidos. Luciana se siente en su casa, mientras que Napolitano parece el invitado. Ella intenta abrazarle mientras él se retrae.

Detrás de la incomodidad de Napolitano puede leerse su sincera conmoción. Se encuentra frente a una mujer valiente que ha resistido como un roble en ese sistema político en el que él había creído tanto.

Por eso se muestra emocionado y no consigue pronunciar todas las palabras que desearía. Pero ese día lo que cuenta no son las declaraciones, sino los actos humanos: se siente cercano a esa mujer que en su modestia ha resistido al régimen comunista.

Es un momento de purificación personal.

Con ese mismo espíritu, el 27 de septiembre de 2006, en el cincuentenario de la revolución húngara, se había arrodillado en Budapest, sobre la tumba de Imre Nagy.

«Me ha parecido necesario», declara a la prensa, «no solo cumplir un deber de Estado, sino también político, moral y personal». Quiso expresar así su disgusto por no haber defendido en su ejecución al líder del levantamiento de 1956[20].

El paso del testigo

«Los hombres pasan y las ideas permanecen, permanecen sus tensiones morales y seguirán caminando sobre las piernas de otros hombres.» Así había comentado Giovanni Falcone, antes de ser asesinado, el sentido de su lucha contra la mafia. Si él no lo lograba, otros recogerían el testigo. Todo lo que se ha sembrado se convierte en ejemplo moral para los demás hombres: un relevo sin fin sobre el que se alza la esperanza.

Las historias de los justos tienen esa característica: dejan huellas que pueden ayudar a los hombres a asumir una responsabilidad en situaciones diferentes.

Eso sucedió en Bosnia, durante la limpieza étnica.

La historia de un justo ayudó a Lazar Manojlovic a proteger a sus alumnos. Se identificó con un salvador de los judíos y acabó sintiéndose en buena compañía.

Cuando era joven, leí algo acerca de un director de un instituto de Belgrado y del valor que había demostrado durante la persecución de los judíos durante la Segunda Guerra Mundial. Al director de aquella escuela se le ocurrió distribuir entre los estudiantes judíos documentos con nombres nuevos. Con eso salvó la vida a numerosas personas al mismo tiempo que arriesgaba la suya propia. Pero el altruismo nada sabe del egoísmo. Salvar una vida significa ayudar a la humanidad.

«Cincuenta años más tarde, como director de instituto de enseñanza media en Bijeljina, en Bosnia Herzegovina, intenté hacer todo lo posible para ayudar a las personas perseguidas por los bandidos de Karadzic. Pretendían que solo dejara frecuentar la escuela a muchachos de etnia serbia. A ningún croata, a ningún bosnio, a ningún… A sus pretensiones, delante de la cámara de una televisión extranjera, respondí que en la escuela solo existen dos nacionalidades: la de los estudiantes y la de los profesores.»[21]

Lazar no se doblega y empieza una larga resistencia en la escuela.

«Hacía como si no oyese y no obedecía las órdenes. Había creado una pequeña isla impermeable al odio y era muy difícil echarme de allí porque contaba con el apoyo de la mayoría de los alumnos, de los profesores y de los padres.»[22]

Su escuela se convierte así en un mundo aparte: un minúsculo baluarte de tolerancia en medio de la limpieza étnica.

Lazar resiste con sus alumnos, cuando el presidente de la comunidad ortodoxa, el pope Nedeljko Pajic, manda una delegación de sacerdotes a la escuela para imponer el estudio obligatorio de la religión ortodoxa.

«Cuando Karadzic tomó la decisión de introducir la enseñanza de la religión me opuse a la entrada de los sacerdotes en mi escuela. Ellos tendrían que impartir las clases de religión. Lecciones que cínicamente llamaban "ciencia de la fe". Karadzic y la Iglesia estaban enfrentados... Reuní todo mi valor para convencer a estos canallas de que bajo mi dirección jamás podría existir una escuela serbia, musulmana o croata. Porque entonces ya no sería una escuela, sino un centro nacionalista y chovinista para jóvenes.»

Junto a sus alumnos se niega a derribar la estatua de Radojka Lekic, un héroe de la Segunda Guerra Mundial a quien estaba dedicada la escuela que, para los hombres de Karadzic, tenía el gran defecto de no tener una entidad serbia.

«Les contesté que ni yo ni ninguna otra persona de mi escuela derribaríamos aquella estatua, porque enseñar a los jóvenes a demoler monumentos no es más que vandalismo y crimen. Pero asesinar a Radojka Lekic por segunda vez es un crimen todavía mayor.»

Aquella escuela empezaba a resultar excesivamente incómoda para que continuara en funcionamiento. Llega una banda armada y toma posesión de la escuela. El responsable del campo de concentración de Batkovic se autoproclama director, expulsa a Lazar a punta de pistola y le deja sin trabajo, excomulgado de la Iglesia ortodoxa.

Sin embargo, Lazar Manojlovic, a pesar del sufrimiento, no cede, igual que el director que ayudaba a los judíos.

«El precio que he pagado por mi desobediencia es pequeño si lo comparamos con el hecho de que salvé mi conciencia, nunca me doblegué ante nadie y permanecí correcto y orgulloso, a pesar de estar completamente solo.»

Después de la guerra continúa con su trabajo de educador enseñando a los jóvenes de Sarajevo, fundamentalmente, que no existe una etnia que sea mejor que otra.

El ejemplo de Giorgio Perlasca en Ruanda

Pierantonio Costa, cónsul italiano en Ruanda, conocía muy bien la historia de Giorgio Perlasca. Había leído la historia de su vida y había quedado fascinado, porque le parecía increíble que un fascista convencido, que había participado en la guerra de España del lado de Franco, se hubiera autonombrado cónsul en Hungría para salvar con documentos falsos a centenares de judíos húngaros.

Todavía no sabía que, cincuenta años después de los acontecimientos de Budapest, cuando era cónsul de forma real, iba a repetir en un contexto diferente una increíble operación de salvamento.

Desde el 6 de abril al 21 de julio de 1994, en su coche consular y a través de una red diplomática, puso a salvo, lejos de la frontera de Ruanda, a 2.000 tutsis, de los cuales 375 eran niños condenados a una muerte segura.

«Decidí que lo haría así. Me vestiría siempre de la misma forma para ser reconocible: pantalón oscuro, camisa azul, chaqueta gris. Distribuidos en los bolsillos –y siempre de la misma forma– billetes de banco de 5.000 francos ruandeses (unos veinte euros), de 1.000, de 500 y, finalmente, de 100 francos, con el fin de estar preparado para sacar siempre la cantidad exacta, sin tener que contar el dinero. La propina había que darla en la medida apropiada; si ofrecías demasiado, te mataban para robarte; si demasiado poco, no pasabas. En la bolsa llevaría siempre conmigo algunos folios con el membrete del consulado de Italia y en el todoterreno, las indefectibles banderas italianas. En cuanto a la duración de las incursiones más allá de la frontera, evitaría en la medida de lo posible, dormir en Ruanda y viajar de noche.»[23]

¿Por qué lo hizo? Perlasca había contestado: «En definitiva, tuve una ocasión y la aproveché.» Pierantonio Costa, casi glosándolo, añade: «Me limité a responder a mi conciencia. Lo que se hace hay que hacerlo».

Casi un milagro. El cónsul Costa ha recogido en otro tiempo y en otro lugar la herencia paduana por lo justo.

Como en una carrera de relevos, el testigo de la responsabilidad moral ha pasado de un hombre de buena voluntad a otro.

Una herencia fallida

Olga Sedakova, poetisa rusa que por su actividad cultural fue internada por Breznev en un manicomio, se pregunta acerca de los motivos por los que ese relevo moral no ha funcionado en la Unión Soviética en los años del totalitarismo.

Los individuos que fueron capaces de defender la dignidad del hombre y que no se plegaron al poder, pagando un precio altísimo por ello, si no con la propia vida, han permanecido invisibles[24] hasta el ocaso del comunismo.

Pero ¿quiénes son estos invisibles?, se pregunta la poetisa.

«Podrían calificarse de confesores de la dignidad (o también de la nobleza) del hombre: del hombre que piensa, del hombre capacitado, del hombre que busca la belleza y el significado, del hombre –por utilizar una expresión de Pushkin– consciente de su propia dignidad, o sea, resumiendo, del hombre de cultura, el *Homo sapiens*, el *Homo humanus*.»[25]

Los justos han permanecido «invisibles» porque las diferentes generaciones que se han sucedido en la URSS, a causa de la censura del régimen y del aislamiento en que se encontraron, no sabían nada de los episodios de resistencia moral que habían tenido lugar en los períodos anteriores, casi todos ellos acabados en los gulag estalinistas.

De modo que quien tenía el valor de pensar por sí solo y quería defender la «verdad» carecía de referencias morales a las que agarrarse para resistir.

Sin embargo, también en la población había un efecto inducido del régimen.

La gente prefería no seguir los pasos de los hombres que levantaban la cabeza para poder así justificar su propia pasividad. Se habían acostumbrado, efectivamente, a seguir el curso de los acontecimientos, como si se tratara de hechos ineluctables, ininteligibles e independientes de su voluntad.

Desde el punto de vista estadístico uno podía encontrarse siendo víctima, «enemigo del pueblo» *sin ningún motivo*[26], o también *sin saber por qué* y con idéntica inconsciencia podía participar en la represión de otros.

Así que la gente prefería no hacerse preguntas, dejando patente la incomodidad que producían las personas que se comportaban de modo diferente. De esa manera se encontraba justificación pensando que, en el fondo, «todos eran así».

Sin embargo, Sergei Averincev, amigo de la poetisa, gran estudioso ruso de la cultura griega y bizantina, observa que aunque el régimen había extendido una cortina de humo sobre cualquier forma de resistencia, había quien defendía la libertad y la dignidad pensando en Aristóteles y Plutarco, «sintiéndose en secreta y apasionada conexión con hombres de otras épocas» y uno podía enfrentarse al «todos lo hacen así» recordando que «Sócrates no lo hizo así… que Pascal no lo hizo así»[27].

Pero eran pocos los que poseían este tipo de imaginación e iban a buscar esos ejemplos morales en la historia de la humanidad.

El auténtico secreto de la moral estriba en la capacidad de pensar por sí mismo.

Los justos dejan huellas, los pescadores de perlas las cuentan y los contemporáneos tienen luego la posibilidad de agitar en un sentido o en otro.

Se nos entrega una herencia, pero, como dice el poeta René Char, nunca hay un testamento preciso que nos diga qué es exactamente lo que tenemos que hacer.

Al final, los hombres están llamados a decidir y a arriesgar en soledad.

IV
Moshe Bejski, el pescador de perlas

Los recorridos de la memoria

A la ética de una memoria responsable y no encaminada a la búsqueda de un privilegio moral por el dolor sufrido, se llega por muchos caminos, todos ellos igualmente indispensables: tratar de conseguir justicia, el recuerdo de las víctimas, la responsabilidad en el tiempo presente.

Moshe Bejski, en el curso de su particular experiencia, intuyó una nueva dimensión de la memoria que hasta ahora no ha sido suficientemente comprendida: el agradecimiento a los justos.

El primer recorrido lo explica Simon Wiesenthal, judío polaco, milagrosamente escapado a la muerte en el campo de concentración de Mauthausen, que se pone a rastrear las huellas de 1.100 criminales nazis, entre ellos el ciudadano argentino Ricardo Klement, alias de Adolf Eichmann, y Karl Silberbauer, responsable de la detención de Anna Frank.

En una entrevista concedida al *New York Times* de febrero de 1964, narra la visita a un superviviente de su mismo campo. Este ha iniciado una nueva vida como joyero en Estados Unidos y le pregunta a Wiesenthal por qué no ha vuelto a ejercer como arquitecto, su profesión de antes de la guerra. En su pregunta aparentemente ingenua hay toda una filosofía de vida: es tiempo de mirar hacia delante y retomar la existencia porque aquel terrible pasado ya no puede cambiarse. Wiesenthal, para explicar que no hay futuro sin memoria, responde con una parábola: «Tú eres religioso, crees en Dios y que hay vida después de la muerte. Yo también. Cuando lleguemos al otro lado y millones de judíos muertos en los campos de concentración nos pregunten: "¿Qué habéis hecho?", obtendrán muchas respuestas. Tú dirás: "Me convertí en joyero". Otro dirá: "He construido casas". Pero yo diré: "Yo no os he olvidado"».

Para Wiesenthal no olvidarles significa llevar ante la justicia a los asesinos y a los responsables del genocidio. Las víctimas ya no pueden hacer nada, pero los supervivientes tienen la posibilidad de rescatarlas. Con ese espíritu inicia su solitaria búsqueda de los verdugos nazis huidos. Sin ligarse directamente ni a Israel ni a ningún país de los vencedores de la Segunda Guerra Mundial, su mensaje se hace universal. Todos los hombres de esta tierra tienen la obligación de no olvidarse de los responsables de los crímenes contra la humanidad. El Tribunal de La Haya, que juzgó a los verdugos de la limpieza étnica en la antigua Yugoslavia, recogió su herencia.

La poetisa Anna Ajmátova, en su obra más famosa, *Requiem*, explica cómo ha madurado en ella el deseo de dar testimonio del sufrimiento de las víctimas de las purgas estalinistas. Ha sentido el impulso de hacerse cargo de su memoria después de que una mujer, a la que conoció a las puertas de la cárcel de Leningrado, le expresara su temor a que cuanto estaba sucediendo cayese en el olvido y no fuera contado por nadie. Por entonces, una víctima carecía de esperanza, solo podía imaginar que un día hubiera algún testimonio que hiciera público su dolor, las injusticias que se cometían y las transmitiera a las nuevas generaciones.

«En los terribles años de la *yezhovzhina*[1] pasé diecisiete meses en las colas frente a las cárceles de Leningrado. Un día alguien me reconoció. Entonces, una mujer de labios morados que ocupaba su lugar detrás de mí y que, por supuesto, jamás había escuchado mi nombre, pareció despertar del letargo en el que permanecíamos sumidas y me preguntó al oído (porque allí todos hablaban en voz muy baja): "¿Usted podrá describir esto?".

»Y yo repuse: "Sí, puedo".

»Entonces una especie de sonrisa se deslizó por lo que alguna vez había sido su rostro.»[2]

Anna Ajmátova estaba preocupada por si se olvidaban los nombres de las víctimas y que así los verdugos pudieran ocultar la dimensión de sus fechorías. A los fusilados ya no se les podía devolver la vida, pero era necesario, al menos, no olvidar sus nombres. Este era el segundo deber del testigo. «Quisiera llamarlas a todas por su nombre, pero me han quitado la lista de las manos y no sé qué hacer. Con los débiles sonidos que he escuchado de ellas he tejido un amplio manto. Las recordaré allí donde vaya.»[3]

Anna Ajmátova había intuido la enorme tragedia de Rusia. Hasta 1989 estuvo, efectivamente, prohibido el acceso a los campos de Butovo y Levashovo, donde miles de cadáveres del terror estalinista de 1938 estaban amontonados en fosas comunes sin inscripción alguna.

Ha sido preciso el trabajo artesanal del historiador Anatoli Razumov[4] y de decenas de investigadores para que les fuese adjudicado un nombre a los cuerpos y se reunieran las biografías de los desaparecidos en un gran volumen titulado, por expreso deseo de Anna Ajmátova, «Nombres restituidos».

El 1 de noviembre de 1950, David Rousset, superviviente de Buchenwald y autor de varios libros sobre el sistema concentracionario nazi[5], hace un llamamiento desde París en el *Figaro littéraire* a todos los ex prisioneros de los campos alemanes, para que denuncien ante el mundo el sistema soviético de los gulag.

Se considera un «especialista» en los campos y quiere ofrecer su experiencia profesional totalmente particular para ayudar al mundo a comprender lo que está pasando en la Unión Soviética.

Para explicar el origen de su sentido de la responsabilidad, Rousset propone el ejemplo siguiente: tratemos de imaginar qué hubiéramos sentido en la plaza mayor de Buchenwald, a la luz de los focos y bajo la nieve, escuchando a la orquesta, a la espera de pasar lista, con la muerte ante los ojos, si por casualidad hubiéramos sabido de otros deportados puestos en libertad, que habían contado al mundo sus sufrimientos pero habían callado los nuestros. Les habríamos maldecido por haberse olvidado de nosotros y por no haber hecho nada para salvarnos. Esa es la sensación que deben tener hoy los prisioneros del gulag, viendo que los supervivientes del nazismo no se preocupan de su suerte y los dejan morir. Pensarán que nuestra experiencia no les ha enseñado nada si permanecemos sordos a su condición. Por eso, precisamente, nosotros los supervivientes, que hemos sido marcados por el nazismo y nos hemos convertido en «especialistas» en los campos, tenemos que estar en primera fila en la denuncia de los nuevos horrores que sacuden el mundo.

En cierto modo es una responsabilidad sin fin, que se presenta una y otra vez a cada generación que se ha librado de los crímenes contra la humanidad. El que se ha salvado expresa su agradecimiento por el milagro de su propia salvación, ofreciendo ayuda a quien se encuentra en su misma condición. El otro perseguido que sufre en nuevas circunstancias le parece un viejo compañero de cárcel, porque tiene una sensibilidad mayor que otros hombres para comprender ese tipo de infierno que ha conocido tan de cerca.

La gratitud como responsabilidad

El juez Moshe Bejski, por el contrario, elabora una nueva cuestión moral: una víctima, como por lo demás un pueblo martirizado, no solo puede pedir y exigir justicia por sus propios sufrimientos, sino que debe expresar gratitud a quien le ha ayudado. En sintonía con David Rousset, coloca el imperativo de los deberes de los supervivientes junto al de sus derechos.

Todo nace de su experiencia personal.

Durante la ocupación nazi en Polonia, Moshe vivió una situación paradójica. Hecho prisionero por los alemanes, logra afortunadamente escapar del campo de trabajo de Podgorze, en las proximidades de Cracovia, pero sus esperanzas enseguida se frustran, porque ningún polaco de los que encuentra en su huida quiere compartir la suerte de un judío. Incluso un viejo compañero de colegio le cierra la puerta en las narices y hasta cuando finalmente encuentra refugio, el que trata de protegerle se ve obligado a desistir cuando le amenazan los vecinos de la casa. Frente a la perspectiva de ser fusilado por el camino, Moshe decide sabiamente volver al campo alemán.

Nunca hubiera imaginado que los polacos, en guerra con los alemanes, considerasen a los judíos como enemigos. No hay nada peor para un ser humano que no encontrar solidaridad en quien padece idénticos sufrimientos.

Cuando fue trasladado al terrible campo nazi de Plaszow, Moshe Bejski tiene la inmensa fortuna de encontrarse con el último alemán «bueno» que queda en la faz de la tierra.

Oskar Schindler le estrecha la mano, incluso le da los buenos días y le deja encima de la mesa unas colillas de las que puede todavía aspirar algo de humo.

«Para mí y para el resto de los prisioneros Schindler era el único alemán bueno, el único alemán al que no teníamos miedo, el único al que un judío podía pedirle un favor. Era un alemán anormal, en comparación con la normal y cotidiana crueldad e indiferencia de los alemanes que administraban el campo.»[6]

Ese extraño alemán le saca del infierno del lager y le incluye en la lista de obreros de su fábrica «especial».

Acabada la guerra, Moshe se sintió en la obligación de ocuparse de él. «Si estoy vivo, se lo debo a su coraje y me siento responsable de él.»

De manera que se compromete a sostener económicamente a Schindler cuando, después de la guerra, sigue comportándose como un arriesgado empresario y, como resultado de uno de sus numerosos negocios, queda al borde de la bancarrota.

Para homenajearle, junto con todos los miembros de la «lista», le invita a Israel. Pero no tarda en darse cuenta de que tiene que defenderle de sus detractores. Hay quien todavía duda de su buena fe. «¿Cómo es que un manipulador como él se ha comprometido en la salvación de los judíos?», se preguntan.

Bejski responde que lo importante, lo más importante, no es el ADN de la persona, sino lo que ha hecho: «¿Dónde estaban los alemanes llamados biempensantes frente a Auschwitz?».

Moshe comienza así su primera batalla contra la ingratitud. Cada judío, incluso si ha sufrido las penas más terribles, tiene el deber de valorar y tratar de cuidar, según él, a cualquiera que le haya ayudado. Aquel que solo recuerda a los verdugos y a los indiferentes, pero se olvida de quienes le ayudaron, es portador de una memoria truncada, repite orgullosamente a sus amigos.

Cuando es elegido presidente de la Comisión de los justos, acoge los testimonios de una operación de salvamento con una fórmula ritual que contiene el principio de una pequeña polémica: «¿Dónde has estado todos estos años? ¿Por qué no has venido antes?».

Para él, la comisión es un instrumento para despertar a los desmemoriados del letargo de la ingratitud. No es un desafío fácil, porque los salvados nunca recuerdan con gusto los tiempos en los que estaban reducidos a la impotencia y a la dependencia: recordárselo reaviva para ellos un pasado humillante.

Muchos supervivientes han necesitado años para ser capaces de recordar los escasos destellos de bien que se manifestaron en la oscuridad por la que atravesaron. De modo que no es casualidad que la memoria de los que socorrieron haya llegado a ser un hecho público relevante solo recientemente.

No hay que olvidar que, psicológicamente, en estas circunstancias se tiende a pensar que un bien recibido forma parte de la normalidad de las relaciones entre las personas y se olvida con demasiada rapidez, mientras que una afrenta sufrida permanece impresa en la mente de manera imborrable, hasta el momento en que la sociedad crea las condiciones para una posible reelaboración del duelo.

Finalmente, hay un elemento político que se refleja en el trabajo que Bejski lleva a cabo durante treinta años en el marco de la Comisión de los justos. El estado judío, para reivindicar su derecho a combatir el antisemitismo en el mundo considera prioritario documentar lo más visiblemente posible el genocidio y, por lo tanto, no concede demasiada importancia al trabajo del cazador de justos.

Por eso Moshe Bejski se enfrenta a muchos prejuicios: Raul Hilberg, historiador de la Shoah, le acusa de «producir reconocimientos a ritmo industrial y de recoger testimonios poco fiables»; teme que la memoria del bien pueda ensombrecer la del mal y dar pie a coartadas en esos países que no quieren hacer las cuentas hasta el fondo con su historia. El presidente Ezer Weizman[7], héroe militar de la guerra de independencia israelí, declara públicamente que solo podrá hablarse de salvadores cuando el mundo se haya arrepentido por sus responsabilidades en el Holocausto.

Bejski me confió su polémica con Simon Peres en 1988, cuando el actual presidente del Estado era ministro de Hacienda. «Cuando le pedí que garantizara a los justos que habían decidido vivir en Israel igualdad de derechos, me respondió que no se podía, porque se necesitaba modificar la ley de retorno, de acuerdo con la cual solo se concedía la ciudadanía a los judíos de la diáspora.»

Frente al rechazo del ministro, Moshe se irrita tanto que sale de su despacho sin despedirse, dando un portazo. «Sentí crecer en mi interior una especie de rechazo por aquel israelí, tan seguro de sí mismo que no había comprendido nada del Holocausto, nada de aquellos tiempos, absolutamente nada de los que habían arriesgado la vida por nosotros. Para mí era una vergüenza insoportable.»

La relación entre los dos personajes no se recompondrá ni siquiera cuando, en 1994, se aprobó en el Parlamento una ley que asegura asistencia médica a los justos reconocidos por Yad Vashem.

Unos meses antes de su desaparición escribe en su testamento espiritual, con amargura y tristeza, que no logró ganar su batalla de Sísifo contra la ingratitud.

«No creo que todos los salvados hayan recompensado debidamente a sus salvadores y pienso que tampoco lo ha hecho el pueblo judío respecto de aquellos justos que en su vejez tuvieron, y en algunos casos todavía tienen, necesidad de ayuda.»[8]

La memoria del bien: un ejercicio espiritual

¿Cómo puede un hombre recuperar la sonrisa después de haber sufrido maldades y humillaciones por parte de personas innobles que se cruzaron en su camino? ¿Cómo puede evitar perder la confianza en los demás y no dejarse llevar por el pesimismo, encerrándose en sí mismo y arriesgándose así a una depresión?

Existe una terapia, por supuesto, aunque no tiene resultado inmediato y requiere mucho esfuerzo: tratar de descubrir y recomponer en su propia existencia todos los fragmentos del bien recibido de los demás y sentir placer en la expresión del reconocimiento a las personas que han regalado alegría, amor y solidaridad.

El vaso que parece completamente vacío vuelve así a aparecer medio lleno. Con un acto de voluntad se dan los presupuestos para un nuevo equilibrio.

Moshe Bejski, con el tiempo, descubre que este procedimiento puede proporcionar alivio a los supervivientes. El deber de la gratitud para con esos pocos que les ayudaron no es solo una obligación moral, sino que sobre todo ayuda a las víctimas a encontrar la fuerza necesaria para empezar de nuevo.

Para Bejski, la memoria de la bondad recibida es un particular ejercicio del alma que permite a los judíos reconciliarse con el mundo. «Cada vez que descubría una historia de salvamento me sentía mucho mejor y descubría una fuerza para seguir con mi trabajo. Me di cuenta de que no había un solo lugar en el mundo donde no hubiese alguien que hubiera tratado de ayudar. Tenía un doble sentimiento. En cualquier espacio, ya se tratara de un Parlamento, de una habitación, de una fábrica, de una oficina, incluso de un campo de concentración, siempre existía la posibilidad de hacer algo para salvar judíos. Esa era mi aflicción. Pero siempre había alguien que lo había intentado, de manera que volvía a tener esperanza.»[9]

Cada vez que un superviviente recuerda a su salvador, el proceso que se repite ante Bejski se convierte en el trámite a través del cual un judío puede reabrir el mundo y reencontrar la satisfacción con los demás y con su propia existencia.

En cierto modo, recuperar el bien recibido recuerda a un ejercicio espiritual de los clásicos de la antigüedad, con el fin de reencontrar la serenidad y el amor por el mundo.

El filósofo Pierre Hadot lo llama «la mirada desde lo alto»[10]: un ejercicio de la imaginación con el que se representan las cosas desde un punto de vista superior, que se alcanza elevándose por encima de la tierra, con frecuencia gracias a un vuelo del espíritu en el cosmos. Así se ve la vida desde una perspectiva diferente, porque se calibran las miserias de la condición humana y, sintiéndose parte de la naturaleza, se aprecian detalles que normalmente escapan a nuestra mirada[11].

Por lo que se refiere a las víctimas de la Shoah, la mirada desde lo alto cumple otra función. Puede permitir a quien ha sido maltratado y traumatizado por la maldad de los humanos descubrir y valorar las escasas acciones de los hombres justos. En un principio se trataba de débiles destellos en la oscuridad, ahora quizá sean estrellas que proporcionan calor y nos hacen pensar en que todavía existe la bondad sobre esta tierra.

El riesgo es muy alto y es el dilema que entrevera la diáspora judía y la política de Israel después del trauma de la Shoah. Cerrarse en sí mismos, convertirse en cínicos, pensar que la separación del resto del mundo mediante un Estado fuerte o un ambiente cerrado parecen en el fondo las únicas posibilidades de salvación de los judíos frente a los nuevos peligros. «Nos valemos solo de nosotros y permanecemos solo entre nosotros frente a los antisemitas. Esa es la lección de la Shoah», piensan los que han perdido la confianza.

El enclaustramiento nacionalista es un riesgo que no se cierne solo sobre los judíos, sino sobre todos los pueblos afectados por un genocidio o por crímenes contra la humanidad.

A pesar de todo, la alternativa es seguir creyendo en la convivencia con los demás y volver a intentar la reintegración en cuanto sea posible.

El itinerario de Liliana Segre

Liliana Segre, deportada a Auschwitz el 30 de enero de 1944 cuando era una niña, ha tenido fuerza, como recomienda Bejski, para recuperar la memoria del bien recibido.

Superviviente de aquella terrible experiencia, Liliana, con una obstinación que recuerda a Primo Levi, dedica mucho tiempo a contar en las escuelas la experiencia de su vida.

Cuando habla transmite un sentido de angustia y de gran severidad. Quizá no haya ninguna otra víctima del Holocausto en Italia capaz de hacer revivir a través de su narración el sufrimiento del pasado. Liliana se expresa sin retórica, sin hacer nunca concesiones a nadie. Quien la escucha siente un profundo pasmo que arroja a los presentes en ese «otro planeta» que nadie quisiera conocer nunca, como dijo el escritor polaco Yehiel Dinur[12] durante el proceso de Eichmann.

Ella misma admite que ese pasado continúa torturándola y reaparece continuamente en su existencia.

«En la mente de todo superviviente, los recuerdos no dan tregua. Basta un color, un olor, un hilo de humo, un perro lobo y vuelves a estar allí, en ese universo del mal... Te desdoblas en el antes y el después. Nadie puede entenderlo.»[13]

Liliana está atormentada por los pequeños y grandes verdugos que marcaron su adolescencia en el campo de Auschwitz.

«¿Cuántos hombres y cuántas mujeres han pegado, torturado y asesinado sin un solo remordimiento, sin un solo estremecimiento, sin una sola duda, ebrios de poder y de crueldad? ¿Cómo perdonarles? ¿Cómo olvidar sus ojos gélidos, sus diabólicas sonrisas y sus delirios de omnipotencia?»[14]

Solo hay una cosa que le calma y le permite recuperar la sonrisa cuando los peores recuerdos la torturan y la vuelven a arrojar a su pasado: el recuerdo de las personas con corazón que ayudaron a su familia antes de ser deportada.

«Yo no he conocido a justos que salvaran vidas, pero sí héroes del día a día que deseaban ayudar, confortar, estando ellos mismos y sus familias, con sus casas abiertas. Recuerdo rostros, lugares, señales de afecto recibidas cuando era una niña de trece años que se escondía, antes de que me encerraran en la cárcel milanesa de San Vittore y me deportasen a Auschwitz.»[15]

Liliana se siente mejor recordando al señor Pozzi, que vino a llevársela en su motocicleta para que se escondiera en su modesta casa de Valsassina y la protegió y se ocupó de ella con inmenso amor, hasta que los alemanes siguieron su pista y su padre se vio obligado a buscar otro refugio.

«Su familia me trataba como a un huésped importante, cuando, en realidad, en aquella época era la última de la tierra... Nunca se lo he agradecido lo suficiente a la familia Pozzi. Después de la guerra les perdí de vista y solo al ser adulta he comprendido la belleza de su gesto. Pero ya era tarde para encontrarles.»[16]

El recuerdo del bien continúa con el recuerdo de dos personas valientes, Luigi Spinola y Paolo Civelli, que organizaron la huida de la familia Segre a Suiza, arriesgándose más de una vez a ser detenidos por los alemanes y por los fascistas en la Italia ocupada. Su desinteresada ayuda, a pesar de todo, se demostró inútil, porque en Suiza su familia fue descubierta y expulsada. Sin embargo, Liliana, a pesar de aquella desafortunada experiencia, no se olvida del señor Corradini, un conocido de su padre que, al verlo traumatizado por el terror, se ofreció a acompañarle a la frontera suiza.

«Al amanecer, le vimos llegar a la cabaña de los contrabandistas en la frontera. Quería despedirse de nosotros. Quería vernos pasar a Suiza antes de volverse y decir a nuestros amigos: "Lo consiguieron, ya han pasado".»[17]

Pero la persona que más le conmueve es Susanna, la sirvienta encargada de cuidar de sus abuelos hasta el final, sin preocuparse de estar trabajando para los judíos. Incluso los acompañó hasta el tren que, en 1944, los llevó a Auschwitz y fue una verdadera casualidad que no se la llevaran también a ella.

Liliana Segre, haciendo un esfuerzo en absoluto fácil, ha logrado poner en la balanza de la memoria el bien recibido junto al mal. No se siente mejor a causa de ese pasado de Auschwitz que no pasa, pero sí en parte aliviada gracias a las personas valientes en las que piensa con afecto.

No ha prestado testimonio ante la comisión de Yad Vashem, pero ha llevado a cabo en su corazón el ejercicio espiritual que Bejski recomendaba.

Volver al mundo

El que encara de manera más radical las intuiciones de Moshe Bejski es, sin ninguna duda, el filósofo Hans Jonas.

Su encuentro con los justos le lleva a interrogarse acerca de dos cuestiones fundamentales: ¿Se puede, después de Auschwitz, seguir confiando en la integración en el mundo o, por el contrario, es preciso huir de todo y refugiarse en Palestina, como si se tratara de la única posibilidad de una isla feliz? ¿Se puede, después de Auschwitz, tener confianza en el mismo Dios y en un sentido de la vida?

Todo empieza a partir de una experiencia vivida en Italia.

Un testimonio de gran humanidad influye profundamente en su vida. «He guardado esta historia como si se tratara de un compromiso sagrado. Congelaba definitivamente ese amor que antes, en tiempos felices, sentía por los italianos. He contado muchas veces esta historia y siempre debía de contenerme para no ser superada por la emoción.»[18]

Durante cinco años Jonas combatió contra los alemanes en la Brigada judía del ejército británico y, finalmente, tras la derrota del nazismo, el pequeño ejército, integrado por la población judía de Palestina y por judíos de los países ocupados por los nazis, llega a Tarento. Desde allí, a la espera de embarcar hacia el destino final, Palestina, recorre la península tratando de convencer a los judíos italianos de que vayan con ellos.

Como todos los soldados de aquella unidad, muestra con orgullo su uniforme con la estrella de David tratando así de ser más fácilmente reconocible por los supervivientes de los alemanes. Es portador de un mensaje político: «Dejad la Europa que os ha traicionado y venid con nosotros a Palestina, donde se está construyendo un nuevo mundo para los judíos».

Se trata de una incitación a la reconquista que nace, sin embargo, de las masacres y de la desilusión. A los judíos no les queda otra posibilidad que marcharse, porque el antisemitismo es un mal incurable. La promesa es que podrán vivir bien en un país solo para judíos.

A Jonas, ahora más propagandista que soldado, se le acercan, sobre todo, mujeres que salen de sus escondites y le cuentan sus vicisitudes. Se entera así de historias de horror y miedo, pero también de algunos sucesos conmovedores y de gran generosidad.

Una mañana, mientras pasea por Udine vestido con el uniforme de combatiente «sionista», en la plaza del mercado, dos ancianas se le acercan: «Nosotras no queremos emigrar a Palestina, queremos vivir con los italianos».

«Pero ¿están ustedes seguras, después de todo lo que ha sucedido?»

No tienen ninguna duda y le cuentan en perfecto alemán su experiencia durante la guerra. Son dos hermanas de Trieste, pertenecientes a una familia austriaca que vivían tranquilamente en su ciudad hasta la llegada de los alemanes.

Cuando les llega la noticia de que han empezado las deportaciones de judíos hacen sus maletas a toda velocidad, recogen sus joyas y se van corriendo a la estación de ferrocarril. Pero parece que ya es demasiado tarde para huir. En la estación hay milicianos fascistas controlando la documentación. Paralizadas por el miedo ven a un funcionario de la estación que, tratando de no dejarse descubrir, les hace señas desde lejos y por señas las guía hacia una vía no vigilada desde la que pueden acceder al tren.

Están a salvo.

Cuando llegan a Udine piensan que están en una ciudad en la que nadie puede reconocerlas como judías. Alquilan una casa y empiezan a vender sus joyas para amueblarla como pueden. Aquí llega la sorpresa. Delante de su habitación se detiene un camión del que se descargan dos camas, luego trabajosamente llevadas hasta su piso.

Piensan que se trata de un error. Pero lo que pasa es que reciben el más inesperado de los regalos: un regalo del arzobispo que, enterado de su situación, desea que se encuentren cómodas en la nueva casa.

Viven en el anonimato vendiendo sus joyas una a una para sobrevivir.

Un día compran un trozo de tocino a un precio exagerado. Es el único alimento disponible, de modo que aceptan un intercambio verdaderamente desventajoso. Pero ni siquiera tienen tiempo para recriminaciones. Bien entrada la noche, alguien llama a su puerta y se presenta la misma mujer que acaba de engañarlas en el mercado negro.

«Perdónenme, por favor. Esta mañana, cuando les vendí el tocino no sabía quiénes eran. Me lo han dicho después y he venido a disculparme. No quiero nada de ustedes.» Luego deja en sus manos un sobre con el dinero y se marcha corriendo. Era una ladrona arrepentida por haberse aprovechado de los judíos[19].

Parece una fábula, pero esa fábula contada en el verano de 1945 deja una huella imborrable en un filósofo nacido en la Alemania de Hitler. Por casualidad había descubierto el antídoto necesario contra el desprecio de su corazón frente a la convulsión de la Shoah.

Jonas, después del trauma sufrido, empieza a pensar que vivir en una fortaleza no es la única solución para el futuro de los hebreos. Uno puede irse a vivir a Israel y seguir abierto al mundo exterior. Se puede seguir creyendo en la humanidad y vivir en la diáspora. Efectivamente, al cabo de unos años, Jonas, convertido en artillero del nuevo ejército de Israel, acaba dejando el Estado judío y empieza su carrera en las universidades americanas. Se siente ligado a la historia de Israel, pero encuentra fuerza para vivir en otro lugar.

La salvación de Dios

El inicio de aquella reflexión suya sobre los justos le lleva todavía más lejos. Jonas se interroga sobre un problema religioso que ha desconcertado a todos los judíos.

¿Cómo se explica el silencio de Dios en Auschwitz? ¿Por qué Dios, frente a un crimen tan monstruoso contra el pueblo con el que había establecido una alianza, no interviene? ¿Por qué no actúa «con mano firme y brazo tenso» como hizo en tiempos del éxodo de Egipto?

A estas preguntas religiosas Jonas da una respuesta laica. El desconcierto por la ausencia de un milagro frente al extremo conduce, efectivamente, a una pérdida de la confianza en la vida y en el mundo y se hace necesario repensar a Dios desde una perspectiva diferente.

Jonas lo que pretende es salvar el concepto de Dios como referencia moral. Su ausencia conllevaría una descomposición ética y la desesperación abriría las puertas a los peores egoísmos.

En la tradición judía se atribuyen a Dios tres características: es omnipotente, porque es el creador del mundo; bueno, porque cuida de los seres humanos; comprensible porque se ha revelado al mundo en la Torá y en las tablas de la ley.

Después de Auschwitz se hace dramáticamente evidente que ya no puede proponerse la coexistencia de los tres elementos (absoluta bondad, absoluto poder y comprensibilidad).

Cada judío, con el Holocausto, revive los interrogantes de Job y resulta difícil para él creer en la existencia y en la bondad de Dios.

Dos son los caminos para salir de ese callejón sin salida.

Si quiere salvarse la imagen de un Dios bueno y omnipotente, hay que renunciar a la idea de que los seres humanos pueden entender el significado de sus actos. De manera que Dios pasa a ser entonces un misterio que, en Auschwitz siguió un plan incomprensible para nosotros.

Pero llegado aquí, ¿dónde queda su bondad y su cuidado de los hombres? Y si no puede ser entendido, ¿qué tipo de referencia puede ser Dios para los seres humanos?

Para conservar la idea de un Dios bueno y comprensible, es preciso renunciar, entonces, a la de su omnipotencia. Dios no intervino no porque no quisiera, sino porque no podía. Dios no es capaz de purificar al mundo del mal. Con el acto de la creación ha llevado a cabo su tarea, y concediendo la libertad al mundo ha donado a los hombres la vida y la responsabilidad de lo creado.

«Después de haberse confiado al mundo», observa Jonas, «Dios ya no tiene nada que dar: ahora le toca al hombre. Y el hombre puede dar si en los caminos de su vida tiene cuidado de que no suceda, o de que no suceda con demasiada frecuencia, y no por su culpa, que Dios tenga que arrepentirse de haber entregado [a los hombres] el devenir del mundo.»[20]

Consecuentemente el bien y el mal ya no dependen de él sino de las elecciones que hacen los seres humanos. A ellos se les ha confiado la tarea de mantener con vida el espíritu de Dios que había renunciado a su poder, para que los hombres pudieran existir.

Lo había intuido, poco antes de su deportación, Etty Hillesum, que no se planteaba la pregunta de si Dios podía o no acudir en ayuda de los judíos, como había hecho en Egipto, sino, por el contrario, si en esas trágicas circunstancias el hombre era capaz de ayudar a Dios.

«Una cosa es para mí cada vez mas evidente, es decir, que tú no puedes ayudarnos, sino que somos nosotros los que tenemos que ayudarte y así, de esta manera, nosotros nos ayudamos a nosotros mismos. Lo único que podemos salvar de estos tiempos y, a la vez, lo único que verdaderamente cuenta es una pequeña parte de ti en nosotros mismos, Dios mío. Y quizá podamos así lograr desenterrarte de los corazones de los otros hombres.»[21]

A la misma conclusión ha llegado, aunque por diferentes caminos, Marek Edelman, el gran protagonista de la revuelta del gueto de Varsovia, recientemente desaparecido después de haber dedicado toda una vida a la memoria de los judíos asesinados en Polonia ante la indiferencia de los polacos y del mundo en general.

El comandante de la insurrección judía era un laico socialista convencido, dudaba mucho de la existencia de Dios y siempre tenía palabras críticas para los rabinos. Sin embargo, así había confiado a su querido amigo Konstanty Gebert su relación con la religión:

«La fe me es extraña, no me gusta cuando se hace ostentación de ella. Yo todavía no sé si creer en Dios, pero lo más importante es que Dios pueda creer en ti, que pueda creer que no serás malvado, que no huirás de tus responsabilidades, que no traicionarás el bien, independientemente del hecho de que tu creas o no creas»[22].

Así pues, en Auschwitz no es el milagro de Dios lo que ha fallado, sino que fueron los hombres quienes le traicionaron y negaron su presencia. Dios ha permanecido en silencio porque los hombres no le han protegido y no han sido dignos de él, como subrayó el comandante Edelman.

A pesar de todo, hubo excepciones que nos indican dónde pueden rastrearse los únicos milagros posibles frente a un mal extremo.

Jonas, siendo un joven soldado, las había conocido en su viaje a Italia. Las dos hermanas de Trieste le recordaron que, a pesar de todo, había alguien que se había ocupado de custodiar el espíritu de Dios:

«Los milagros fueron únicamente obra de los hombres: se trató de las acciones de esos justos, pertenecientes a otros pueblos que, en forma aislada y a menudo desconocida, aceptaron el sacrificio extremo, para salvar, aliviar y, si no podía hacerse otra cosa, compartir la suerte de Israel»[23].

Esos hombres de buena voluntad le permitieron entender el enigma de los treinta y seis justos descritos en el Talmud, que nunca deberían faltar para salvación de la humanidad. Incluso cuando el mundo conoce un destino funesto, «con su santidad tienen la fuerza de compensar una incalculable culpa, saldar las cuentas de una generación y salvar la paz en el reino de lo invisible»[24].

¿El motivo? Son portadores de la mayor de las esperanzas porque, a pesar de todo, protegen la presencia de Dios en el mundo. Dios renace con ellos, así que no ha muerto del todo en Auschwitz. Cuando se le encuentra se tiene más fuerza para tratar de sumergirse otra vez en el mundo y no encerrarse desesperados en la fortaleza de la Masada[25].

El itinerario de la conciliación

La memoria del bien es una terapia no solo para individuos traumatizados, sino también para Estados y naciones que han sufrido horribles crímenes contra la humanidad.

He usado anteriormente el concepto de *ejercicio espiritual,* para aludir a un recorrido que tiene que ver con la conciencia de cada uno. Frente a experiencias terribles puede encontrarse el equilibrio y el gusto por la vida recuperando, de entre los propios recuerdos, actos de personas que se han comportado humanamente y no han dejado de practicar la solidaridad.

Hay, sin embargo, otro aspecto: el público y político.

Cuando una nación «víctima» reconoce a quien en el campo contrario ha defendido la dignidad de los propios ciudadanos, evita marcar al pueblo del que provienen los verdugos con el estigma de la *culpa colectiva*. Enseña así a la gente a juzgar los acontecimientos a partir del principio de la responsabilidad individual: siempre hay amigos entre los enemigos.

El Jardín de los justos de Yad Vashem representa la primera institución de un Estado moderno que ha realizado este tipo de itinerario; mediante la búsqueda de los que ayudaron, un pueblo entero aprende, después de la Shoah, que no todos los alemanes, los italianos, los húngaros o los polacos se comportaron del mismo modo: es un *ejercicio espiritual colectivo* que enseña a no generalizar.

Se crean así anticuerpos que pueden impedir la sedimentación del odio y una cadena sin fin de enfrentamientos frontales. El planeta se hace de este modo más hospitalario porque en el imaginario de las personas (sobre todo en las nuevas generaciones) cambian los «mapas» de los países y la historia pasada puede leerse desde otro punto de vista, a través de la valoración de los actos de bondad.

Es como cuando se amplía una foto y se descubren detalles aparentemente insignificantes que, poco a poco, muestran una nueva dimensión de la imagen. Lo que antes había quedado completamente oculto adquiere un valor y vive su propia vida. El resultado puede ser sorprendente: una memoria pública del bien puede ser una importante contribución al proceso de conciliación con los viejos enemigos.

«Mi intención fue», me confiesa Moshe Bejski, «tender un puente ideal entre los judíos supervivientes y los que considero la élite de la humanidad en los tiempos de la Shoah. Los justos son un trámite para la recuperación del diálogo y para cicatrizar las heridas».

El reconocimiento de la culpa por parte del país que ha perpetrado el genocidio es, naturalmente, la condición indispensable para que este proceso llegue a buen puerto. El ejemplo más importante es el de Alemania que, después de la guerra, asumió sin reticencias, la responsabilidad histórica por el genocidio de los judíos. Con la construcción del memorial de la Shoah en el centro de la ciudad de Berlín, a pocos pasos del Bundestag y de la Puerta de Brandeburgo, el Estado alemán muestra a sus ciudadanos que no pretende eliminar su pasado y que asume para su recuperación moral un compromiso perenne en la lucha contra el antisemitismo.

Ha sido el último acto de un recorrido, iniciado tras el proceso de Nuremberg, que ha posibilitado a Alemania, mediante una serie de actos políticos, la normalización de las relaciones con los judíos y con el Estado de Israel.

Así que podemos observar que la reconciliación entre dos pueblos marcados por un genocidio puede ser el punto de llegada de un camino común en el que una nación –responsable– reconoce el daño y una nación –mártir– valora el bien recibido por los que en la otra parte fueron contracorriente. Para recuperar la amistad perdida se requiere reciprocidad.

La memoria del bien en Sarajevo

En Sarajevo, en un contexto diferente de la Shoah, Svetlana Broz ha entendido el significado innovador de una memoria pública del bien. Svetlana Broz ha construido en torno a la documentación de los actos del bien y de la compasión durante la limpieza étnica, los fundamentos para una batalla moral en favor de la reconciliación entre los pueblos de la antigua Yugoslavia.

Para reconstruir un recorrido de integración entre las naciones heridas por la guerra civil y por los odios interétnicos, ha imaginado que una nueva identidad colectiva tiene que partir de una *memoria positiva*.

Svetlana es nieta de Tito. De su abuelo heredó un físico poderoso. Cuando se mueve parece un general de división, cuando habla tiene siempre un tono severo y autoritario. A primera vista parece que tiene nostalgia del pasado comunista, cuando Yugoslavia estaba unida por un puño de hierro, pero sus palabras son absolutamente de otro tenor: enseña valor, respeto y amor por lo diferente a los jóvenes de Bosnia.

Llegó a Sarajevo durante la guerra en calidad de médica cardióloga. En el Belgrado de Slobodan Milosevic ya no se sentía en su casa y quería ayudar a la población sometida al asedio ejerciendo su profesión. Luego, una vez terminada la guerra, escribió un libro que cambió su vida. En el libro recoge testimonios de personas que se ayudaron entre sí, al margen de su origen étnico, y lo tituló *Dobri ljudi u vremenu zla* (Hombres buenos en tiempos malvados)[26].

Me confiesa que cuando presentó su libro en Goraze, una pequeña ciudad de Bosnia Herzegovina sobre el río Drina, un joven de unos treinta años quiso a toda costa hablar con ella en privado.

«Disculpe, señora Broz, quisiera decirle algo que, en mi opinión, puede ser muy importante para usted. Mire, he combatido en esta guerra empuñando el fusil, defendiendo la ciudad de Goraze de las fuerzas serbias. Las odiaba profundamente por lo que nos habían hecho, pero, luego, su libro me ha hecho reflexionar. Solo teníamos un ejemplar, pero pasó de mano en mano porque todos teníamos curiosidad por saber qué pensaba la nieta de Tito. Me quedé sorprendido porque muchos empezaron a pensar de otra manera. Por primera vez hablaban de los otros dos pueblos (serbios y croatas) y dejaron de culpabilizarlos. Estaban dispuestos a aceptar la vuelta de los serbios que no hubieran hecho nada malo. Me pareció que la gente de Goraze estaba menos irascible y más propensa que antes a unirse a los vecinos y a hablar con ellos de acuerdo con las viejas costumbres. Usted nos ha enseñado que entre ellos había buenas personas.»

Svetlana cambia de oficio, decide que en Bosnia es prioritario curar el alma de la gente para empezar de nuevo. Funda Gariwo Sarajevo, el Jardín de los justos de Sarajevo, y crea una organización encaminada a conseguir la conciliación y la educación de los jóvenes. Intuye que el victimismo es el mayor obstáculo para la recuperación del diálogo entre las naciones de la antigua Yugoslavia: cada una de las distintas comunidades se centra en su propio dolor y en las injusticias sufridas a lo largo de la historia, de manera que el enclaustramiento en la propia experiencia trágica incita, en un interminable círculo, a un odio mutuo nunca recomponible.

«Cuando se ha sufrido una injusticia tan terrible como es la limpieza étnica, uno tiende a considerar que todo un pueblo es portador de una culpa colectiva. Exigir justicia», observa Broz, «ya no significa pedir el castigo de los responsables, sino la culpabilización de toda una comunidad nacional. Cada serbio se ha transformado así en un enemigo potencial. Esa es la razón de que la valoración de los hombres buenos en el campo contrario elimine las coartadas y los fundamentos de un odio generalizado.»

Nacen así en Sarajevo, bajo su dirección, las escuelas de la tolerancia y del valor civil para recuperar la memoria feliz en las relaciones entre las diferentes etnias.

La búsqueda de los justos en Turquía

En una realidad completamente distinta, Pietro Kuciukian y Raymond Kevorkian llegaron a las mismas conclusiones que Svetlana sobre la capacidad de la memoria del bien como vehículo de reconciliación. Se trata de los dos primeros investigadores que iniciaron la búsqueda de los justos en el genocidio armenio[27].

La falta de reconocimiento de responsabilidades históricas por parte de Turquía ha generado un profundo resentimiento en la diáspora armenia. Aunque ya ha pasado casi un siglo, las huellas de aquella violencia han dejado heridas todavía sin cicatrizar.

Los armenios, a diferencia de los judíos, aseguran que no han recibido satisfacción del Estado que estuvo en el origen de sus sufrimientos. Parece que sigue siendo una utopía inimaginable el día en que un armenio pueda visitar, en una plaza del centro de Estambul, un museo en memoria del genocidio, tal y como puede hacer hoy un judío en la capital alemana.

Así junto a las legítimas reivindicaciones históricas, se alimenta un nacionalismo ambiguo, que lleva a algunos círculos de la diáspora a ver en Turquía un «enemigo» irreductible y a culpabilizar a todo un pueblo.

Para obviar este cortocircuito, los dos investigadores han iniciado una original obra de saneamiento cultural en el imaginario colectivo de la diáspora Armenia. Han estudiado y puesto de relieve las figuras otomanas que durante el genocidio se esforzaron para salvar vidas armenias.

Ali Souad bey, Naim Sefa bey, Selim agha, Rachid bey, Husein Nesimi bey eran cinco funcionarios que transgredieron las directrices del triunvirato de los Jóvenes Turcos para defender la dignidad de hombres considerados indignos de vivir.

Una extraordinaria metáfora acerca de las heridas de los seres humanos (como sucedió a la terrorista palestina) es el caso de Mustafa agha Azizoglu, alcalde de Malatya, que trató de impedir las matanzas en su ciudad y escondió en su casa a unos cuarenta armenios. Fue destituido de su cargo y luego asesinado por su hijo, militante del partido de los Jóvenes Turcos, que sostenía que era un delito grave no secundar la razón de Estado. Padre e hijo chocaron hasta las últimas consecuencias sobre lo que debía considerarse justo o injusto para los turcos. El segundo sostenía que la eliminación de los armenios servía a la pureza de su pueblo; el primero, por el contrario, opinaba que salvar la vida de otro tenía que ser el fundamento de la dignidad turca.

«Estudié con pasión las historias de los turcos que vinieron en nuestra ayuda», observa Pietro Kuciukian, «porque creo que pueden servir para superar los prejuicios en nuestra comunidad y algún día puedan llegar a hacer de puente en un proceso de reconciliación entre turcos y armenios.»

El artífice del primer Jardín de los justos de Erevan quiere demostrar así que no existe una división perenne entre turcos y armenios, sino una línea de separación entre hombres buenos, mediocres y malvados. Esa es la razón por la que la reconciliación es posible.

«Al final, con esfuerzo vence la verdad del bien.»

Kuciukian propuso al museo del genocidio de la capital armenia hacer un gran acto simbólico: honrar por primera vez a un justo turco, Hassan Amdja[28], con una ceremonia pública.

Sigue esperando una respuesta, pero no desiste.

V
Justos no excesivamente heroicos

El dilema de Moshe Bejski

«¿Debemos considerar característica específica de un justo el riesgo de su vida, o bien valorar que existen otros parámetros de juicio para no tener que exigirle a un ser humano tareas que le superan?» Este es el dilema al que Moshe Bejski se enfrenta a los largo de los treinta años en la dirección de la comisión, que le lleva con frecuencia a cuestionar una visión excesivamente heroica de la cualidad del que socorre a un judío.

La ley de Yad Vashem de 1953 había establecido un principio: «Un justo es un no judío que ha arriesgado su vida para ayudar a los judíos».

Con esta formulación el Parlamento israelí quiso subrayar que durante la ocupación nazi el que prestaba ayuda a un judío ponía en juego su propia existencia, porque los alemanes castigaban hasta con pena de muerte a cualquiera que entorpecía su obra. Era una expresión de gratitud[1] para los que habían ayudado asumiendo riesgos personales, sobre todo en los países centrorientales, donde las leyes alemanas eran implacables.

En el curso de su trabajo, Moshe Bejski llegó a la conclusión de que una interpretación literal de esa ley corría el peligro de transformarse en dogma. Se valoran y se buscan hombres que hayan arriesgado su vida y no se concede demasiada importancia a los que no se han demostrado suficientemente héroes. Una vez más, también para los justos de la Shoah se manifiesta la necesidad ontológica de los seres humanos de referirse a comportamientos de excelencia fuera de la norma.

La discusión que tiene lugar en la comisión sobre el asunto de un aduanero suizo es emblemática.

Paul Grüninger es un oficial de la ciudad fronteriza de San Gallo. Tras la anexión de Austria por parte del Tercer Reich, una multitud de refugiados empieza a presionar en la frontera suiza, tratando de cruzarla. Suiza trata de sellar sus fronteras, pero Paul Grüninger, en desacuerdo con la orden impartida, decide mirar para otro lado y permite que muchos judíos crucen la frontera.

Cuando se descubre lo que está haciendo, el oficial es procesado y declarado culpable por el tribunal de San Gallo en 1940. Despedido y sin derecho a pensión, se le impide el acceso a cualquier empleo estatal.

Sin embargo, los miembros de la comisión de Yad Vashem miran con cierto escepticismo a ese hombre, que con su valor civil fue determinante en la salvación de tantísimas vidas, porque Grüninger, «en la época de los hechos, entre 1938 y 1939 –antes del estallido de la guerra y de la Shoah– en ningún momento vio amenazada su vida, ni por parte del gobierno suizo ni del alemán».

Moshe Bejski adopta una postura contraria a este formalismo y, en calidad de presidente, impone a la comisión tratar el concepto de riesgo de manera algo más amplia. No solo existe el riesgo en relación con la vida, sino también el riesgo del aislamiento, la pérdida de la respetabilidad, el despido del puesto de trabajo o el abandono de los amigos.

Así, tras un animado debate, se le reconoce a Grüninger el título de justo. Con su marginación, por tener conciencia, pagó un alto precio.

«Estoy orgulloso», observa Bejski, «de que no se aplicara una visión tan limitada. No tengo ninguna duda acerca del hecho de que no hay que atenerse a una interpretación estrictamente literal, que puede desembocar en conclusiones absurdas... Una postura rígida nos habría impedido reconocer a muchas personas que actuaron, ayudaron a los judíos (sin por ello desafiar a la muerte). Nos habría impedido, por ejemplo, el reconocimiento a esos funcionarios diplomáticos de espíritu noble que, gracias a su posición y en contra de las órdenes recibidas, procuraron a los judíos documentos para entrar o atravesar sus respectivos países, arrancándolos así de la muerte»[2].

Efectivamente, personajes hoy conocidos en todo el mundo, como Giorgio Perlasca, Arístides de Sousa Mendes, Sempo Sugihara nunca hubieran sido reconocidos de no haber existido ese precedente.

Sin embargo, Bejski no plantea solo un problema formal acerca de la interpretación de la ley de Yad Vashem, sino una cuestión más profunda.

Para combatir un mal extremo no basta contar solo con los héroes. Hay que contar también con las personas normales. A los hombres de buena voluntad es indispensable pedirles lo posible, no lo imposible.

«Si prevalece una visión elitista en la memoria del bien, con un espacio exclusivamente reservado a los casos extremos, a los héroes sin mácula dispuestos a renunciar a su vida», piensa Bejski, «lo que damos a entender a sus contemporáneos, pero también a las generaciones venideras, es que el nazismo solo podía combatirse con el sacrificio supremo de la vida y con un comportamiento más allá de las cualidades normales de los hombres».

De esa manera lo único que hacemos es crear coartadas para aquellos que prefirieron mirar para otro lado frente al drama de los judíos. En realidad si un significativo número de individuos hubiera sido capaz de dar un pequeño paso de solidaridad, el número de los supervivientes habría sido mucho mayor.

Incluso en las circunstancias más difíciles para todos existe la posibilidad de crear un pequeño margen de resistencia.

¿Qué habría hecho yo en su lugar?

Bejski se interroga acerca de un problema ético de no fácil solución.

¿Hasta qué punto es posible pretender de un ser humano un sacrificio extremo frente a un mal del que no es directamente responsable? ¿Es justo pedir que uno arriesgue, y hasta pierda su propia vida, para salvar a otro?

El presidente de la comisión vive en su propia piel este terrible dilema. Como ya hemos contado, cuando, en 1942, logra escapar del campo de concentración de Podgorze en Polonia, busca en vano ayuda y hasta es expulsado por su compañero de clase. Finalmente encuentra refugio en la casa de un viejo amigo, Marian Wlodarczyk, que durante muchos días le muestra una extraordinaria ternura y comparte el pan con él como si se tratara de un hermano[3].

La situación cambia cuando los vecinos de la casa, sospechando que Marian está escondiendo a un judío, le hacen comprender que si no se libera de ese hombre, le denunciarán. Moshe Bejski se da cuenta de que su protector empieza a ponerse nervioso y agitado. No se imagina cuál pueda ser su reacción frente a la presión que se ejerce sobre él. Tiene miedo de su familia, aunque Marian, en cualquier caso y a pesar del peligro que supone para ambos, le pide que se quede. De manera que Bejski decide abandonar la casa, porque se siente incapaz de pedirle al amigo que ponga en peligro su vida y la de su familia.

En aquellos días es una víctima sin esperanza (volverá desesperado al campo de trabajo), pero asume una responsabilidad respecto de su protector. Una cosa es pedir a una persona un riesgo tolerable, otra cosa muy distinta es pretender un sacrificio total.

Superviviente del Holocausto, Bejski se comporta de forma coherente con su intuición. En calidad de presidente de la Comisión de los justos, propone que a aquel hombre se le conceda la distinción. Considera suficiente lo que Marian ha hecho por él, incluso si luego se dejó intimidar por los vecinos. Ese amigo fue capaz de afrontar una posible resistencia y para Bejski eso es suficiente.

El juez del tribunal, cuando llega a enterarse de casos de gran heroísmo por parte de algunos protectores de los judíos que desafían voluntariamente a la muerte, se plantea con frecuencia la siguiente pregunta: «Si la situación fuese la contraria, ¿cómo se comportaría un judío en relación con un gentil perseguido? Yo, probablemente, no hubiera tenido valor».

Un caso extremo[4] le hace reflexionar. Tuvo lugar en Holanda. Una patrulla alemana entra en la casa de un guardia forestal para recabar información acerca de un grupo de partisanos judíos que se esconden en la zona. Los soldados alemanes presionan duramente a aquel hombre, conscientes de que, con sus gemelos, controla a diario todo el territorio. El guardia se resiste a las presiones con entereza, incluso imaginando la suerte que le espera. Efectivamente, los alemanes, una vez agotada su paciencia, después de haberle golpeado de mala manera, empuñan la ametralladora y lo matan sin piedad. Luego se encaran con la mujer, amenazándola ahora a ella. Están convencidos de que, frente al cadáver ensangrentado del pobre marido, se derrumbará; por el contrario, lo que decide la mujer es defender a los judíos fugitivos a toda costa. A pesar de los golpes, no abre la boca. Finalmente, las SS acaban matándola.

«Probablemente, si me hubiese encontrado en el lugar de ese matrimonio, yo habría hablado. No soy un héroe; así que, como presidente de la comisión, ¿cómo puedo pretender que todos los hombres se conviertan en héroes frente a la persecución de los judíos? Solo se debe pedir lo posible.»

El realizador cinematográfico Quentin Tarantino, en la primera secuencia de su película *Malditos bastardos,* deja bien clara la cuestión de Moshe Bejski. Un coronel de las SS, durante la ocupación en Francia, entra en la cabaña de un campesino que esconde bajo las vigas del pavimento a una familia de judíos franceses. En un largo y extenuante diálogo le hace comprender que si no colabora antes del registro se arriesga a acabar, junto con sus hijas, igual que las personas a las que protege. El campesino que ha considerado su deber moral hacer todo lo posible para ayudar a los judíos, comprende que no le queda solución. Habla y se deja llevar por un sumiso llanto cuando las SS ametrallan el suelo. Ese llanto representa su desesperación por un sacrificio más allá de lo humano.

El caso de Guelfo Zamboni

Moshe Bejski no logró vencer su batalla. Cuando en 1995 deja el cargo, sus sucesores no recogen sus indicaciones sobre la bondad posible y replantean, a lo largo de los años siguientes, el carácter prevalente de la memoria de un bien heroico en relación con otro más banal, al alcance de todos.

El asunto de Guelfo Zamboni, cónsul general en la Grecia ocupada por los alemanes, adquiere tintes policíacos.

Rodeado de valerosos colaboradores, como el capitán Lucillo Merci, el vicecónsul Riccardo Rosenberg, el capitán Emilio Neri, logra salvar a 350 judíos de Salónica con documentos, muchos de ellos falsificados, que dan fe de su nacionalidad italiana.

Durante más de sesenta años el hecho ha permanecido en la sombra, hasta que Daniel Carpi, un investigador israelí de origen italiano, cuenta su historia en un ensayo dedicado a la tragedia de los judíos de Salónica[5]. El estudioso encuentra en la Farnesina el archivo del cónsul general de Italia en Salónica y reconstruye los dos años y medio que transcurren entre la llegada de los alemanes a la ciudad, el 9 de abril de 1941, y la casi total destrucción de la comunidad judía. Con sorpresa descubre que Zamboni, aunque podía haberse limitado a la protección de los judíos italianos, logra ampliar, hasta donde le es posible, la categoría de los compatriotas a los que puede salvar[6]. Existía, de hecho, un acuerdo del 27 de enero de 1943 entre el gobierno alemán y el italiano que concedía a Italia la posibilidad de repatriar a los judíos de origen italiano que estaban en la Europa ocupada por la Alemania nazi.

Zamboni no solo utiliza hasta el fondo las posibilidades de esta cláusula para llevar a casa a los 281 judíos italianos sin excepción, sino que, frente a la disposición alemana que no garantiza la inmunidad de los judíos italianos de Salónica más allá del 15 de julio de 1943, se dedica a reconocer la ciudadanía a muchos judíos no italianos. Así, su número pasa de 281 a 350 y el consulado facilita el paso de judíos turcos, españoles y portugueses desde Salónica a la zona ocupada por el ejército italiano.

En su diario, el colaborador Lucillo Merci recuerda más de una vez los enfrentamientos entre el cónsul con Dieter Wisliceny, comandante de las SS en Salónica y con Max Merten, el jefe de la administración alemana de la ciudad que intentan boicotearle por todos los medios.

El 30 de abril de 1943 amenaza con un incidente diplomático si a la lista de los judíos italianos no se les garantiza su seguridad. Se trata de un falso alarde político, pero no por eso deja de asumir un riesgo personal. Desde Roma jamás ha llegado indicación alguna de proteger a los judíos: Zamboni actuó por su cuenta, haciéndoles creer lo contrario a las SS.

Todo este asunto no habría tenido gran repercusión en Italia por el simple motivo de que un protector de los judíos, fascista y funcionario del gobierno, no formaba parte de los esquemas de la memoria antifascista. El cónsul italiano era uno de los participantes en la marcha sobre Roma para combatir el «desorden comunista»: este era su pecado original.

Además, Zamboni tiene la misma modestia que Perlasca y no le gusta recordar públicamente lo que para él había sido un comportamiento normal. Ni siquiera sus padres sabían nada del asunto. Cuando su nieto Gigi Zazzeri, casualmente enterado del episodio, le pregunta por el motivo de su generosidad con los judíos, le contesta: «Cumplí con mi deber».

En 1992, finalmente, se rompe el silencio, cuando la embajada israelí en Roma le entrega una medalla por su trabajo, pero fue precisa la obstinación de Antonio Ferrari, corresponsal del *Corriere* en Grecia, para que la historia de Zamboni se convirtiera finalmente en un gran acontecimiento público en Italia[7]. El periodista, asombrado por el olvido de los historiadores italianos, publica en 2008 los documentos ministeriales que dan fe de la obra del cónsul[8]. El texto, editado por la embajada italiana en Atenas, incluye toda la correspondencia diplomática cruzada entre el consulado general de Italia y el ministerio de Asuntos Exteriores en Roma, en la que se describe el esfuerzo de Zamboni y de Merci para obtener de los alemanes un salvoconducto para los judíos de Salónica de origen italiano.

Sin embargo, entre los nombres de los justos italianos reconocidos en Jerusalén falta el de Zamboni, al que no se le ha reconocido como «justo entre las naciones», aunque sí se le dio una medalla de reconocimiento por su obra en favor de los judíos de ciudadanía italiana repatriados desde Salónica.

El motivo de esa decisión es que no hay pruebas de que haya arriesgado su vida en el curso de su obra. Zamboni, se afirma ante Yad Vashem, cumplió con su deber de cónsul y utilizó los acuerdos diplomáticos entre Italia y Alemania para conseguir salvoconductos. Como diplomático que era, jamás estuvo en peligro y, además, fue trasladado a Italia antes de que el convoy con los italianos dejara Salónica. Por lo tanto no estuvo presente en el momento de mayor tensión con el mando alemán.

Las motivaciones son un tanto contradictorias, porque todos los diplomáticos reconocidos como justos por Yad Vashem estaban protegidos por su estatus privilegiado y podían trabajar a favor de los judíos sin necesidad de arriesgar su vida. Este escepticismo ante la audacia de Zamboni es una forma entre otras de negar radicalmente la voluntad de Bejski de premiar la resistencia posible de los hombres contra el mal.

Un árabe no suficientemente justo

Idéntica discusión se replantea en el caso de Khaled Abdul Wahab, un tunecino que había tenido todo de la vida.

Rico, guapo, culto, elegante, podía seguir viviendo sin problemas incluso en los días de la ocupación italiana en su país, pero se disgustó con el tratamiento que las SS daban a las mujeres de origen judío.

Cuando los nazis invaden Túnez, en noviembre de 1942, actúan respecto de los judíos con los mismos procedimientos aplicados en los países europeos. Inmediatamente promulgan las leyes raciales que imponen a la minoría judía llevar la estrella de David y se dedican a requisar sus bienes. Antes de la liberación de Túnez por parte de las tropas británicas, los nazis envían a 5.000 judíos a los campos de trabajo, a la espera de organizar su deportación a Europa. Solo un repentino giro de la situación impide que los judíos de Túnez sean completamente aniquilados, como está ocurriendo con los de Europa central. Hitler, efectivamente, ha encargado a un auténtico especialista organizar la solución final en el país árabe. Se trata del coronel Walter Rauff, inventor de los camiones convertidos en cámaras de gas, precursores del más sofisticado mecanismo utilizado luego en los campos.

Khaled nunca expresa públicamente su desprecio por la persecución antisemita, que contradice el tradicional clima de respeto de que disfrutaba la minoría judía en Túnez, pero no pierde tiempo cuando se le informa de que algunos viejos amigos de su familia se encuentran en peligro. Se comporta igual que tantos protectores de los judíos que reaccionan frente al mal cuando afecta a personas que le son próximas. Se entera de que a Jakob Boukris, un buen amigo de su padre, le ha sido confiscada su casa por los nazis y de que la familia se ha trasladado a una vieja almazara donde luego encontrarán refugio otros judíos perseguidos. Khaled se apresura a visitarlos y les informa de que están en grave peligro y deben abandonar ese refugio lo antes posible. Sin vacilar, ofrece protección no solo a los Boukris, sino a todos los judíos escondidos con ellos. Es consciente de que, por su condición de prestigio, los alemanes no iban a detener tan fácilmente a las personas a las que estaba protegiendo.

Sin embargo, el impulso que le empuja a actuar es muy particular.

Khaled frecuentaba los burdeles y es consciente de que los nazis han creado uno para su uso y consumo, donde hacen cosas despreciables y a donde llevan mujeres judías.

Un coronel alemán le ha dicho que la próxima presa es una bellísima mujer judía, Odette Boukris, la mujer de Jakob. Se indigna: una cosa son los burdeles, otra la violencia y el estupro contra una mujer de bien. Empieza así su resistencia contra los nazis.

Durante años se perdieron las huellas de estos acontecimientos, en parte porque la ocupación en Túnez no duró mucho, en parte porque los protagonistas nunca hicieron pública la historia de solidaridad humana de la que fueron protagonistas. Khaled nunca pensó que hubiera hecho nada extraordinario y por eso no presume de ello. Incluso su hija se entera mucho más tarde.

Jakob y Odette Boukris estarán agradecidos a Khaled Abdul Wahab durante toda su vida, pero nunca escribirán una sola línea contando su historia, al igual que miles de judíos salvados no se dirigen jamás a Yad Vashem.

Además, el conflicto de Oriente Próximo deja sus cicatrices. En el mundo árabe, como observa el estudioso Robert Satloff, contar historias de salvamento de los judíos en tiempos de la Shoah no era muy popular. La ecuación judíos igual a sionistas enemigos de los árabes creó una sutil forma de autocensura: no hay que hablar mucho de ello porque ayudar a los judíos no se considera una virtud moral, sino una cesión al enemigo.

Ha sido precisa la obstinación del estudioso americano para que la memoria del gesto de Khaled Abdul Wahab no permanezca para siempre en el olvido. En su búsqueda a contracorriente de historias de solidaridad escondidas en el mundo árabe[9], logra encontrar un poco antes de su muerte, a Anna, la hija de Jakob y de Odette, la cual le cuenta los detalles que llevaron a la salvación de su familia.

Satloff se compromete a transformar la memoria privada de Anna Boukris en memoria pública y la da a conocer no solo en Occidente, sino también en el mundo árabe, con la idea de abrir una posible vía de conciliación entre árabes y judíos.

En este proyecto resulta crucial la ayuda de Faiza, la hija de Khaled Abdul Wahab que, una vez enterada de los recuerdos de Anna, decide convertirse también en difusora de aquella narración.

«Incluso si solo una exigua minoría de árabes ayudó a los judíos en las horas de peligro, el nexo que así se estableció tiene que ser alimentado y recordado [...]. En nombre de aquella memoria podemos abrir nuevos espacios para el encuentro y el diálogo entre nuestros pueblos.» Faiza, árabe y musulmana, no se «avergüenza» al decir que su padre ayudó a los «sionistas». Ella tiene el corazón con los palestinos, pero no transige con que pueda haber alguien que, en el mundo árabe, niegue o quite importancia al Holocausto o que defienda que la reivindicación de un legítimo derecho pueda construirse sobre el olvido de los sufrimientos de otros y con la deshumanización de los judíos.

La historia da la vuelta al mundo, pero cuando el asunto se presenta a la comisión de Yad Vashem para su definitiva consagración, el caso queda suspendido durante meses, hasta que, después de largas discusiones, se reconoce a Abdul Wahab el compasivo papel demostrado con los judíos a los que protegió, pero se le niega el título de justo.

El motivo: el rico tunecino no había arriesgado su vida.

Irena Steinfeld, directora del departamento de los justos de Yad Vashem, explica así las razones del veredicto: «Anna Boukris ha descrito la amabilidad y el ánimo protector de Abdul Wahab [...]. Sin embargo un examen en profundidad ha revelado que, por muy loable que sea esta acción, Abdul Wahab no tuvo que infringir *ninguna ley* para llevarla a cabo, pues los alemanes sabían que los judíos estaban en su casa [...] pero no había reglamento alguno o ley que impidiera a Abdul Wahab hospedar judíos en su propiedad. De modo que no se vio obligado a afrontar la *prueba suprema.* Si bien es cierto que fue noble y generoso en sus acciones en un tiempo en que pocos lo fueron, la comisión ha concluido que, en ausencia del elemento del riesgo, carece de acreditación para ser nombrado "Justo entre las naciones"»[10].

Sostener que una persona dispuesta a hospedar a veinticuatro judíos durante la ocupación nazi no ha asumido riesgo alguno es, seguramente, opinable; de hecho, aun cuando todavía no hubiera ninguna *ley escri-*

ta que condenara a los protectores, estaba esa otra no escrita que existía entre los ocupantes y la élite local. Wahab era perfectamente consciente y las visitas que los alemanes realizaban a la factoría eran una clara advertencia al tunecino. Antes o después tendría que librarse de aquellos judíos a los que pretendía defender.

En esa deliberación de la comisión está explícitamente criticada la tesis de Moshe Bejski: Irena Steinfeld lo afirma al término de esa discusión, sin nombrarle nunca, cuando sostiene que el título de justo debe atribuirse solo a los «héroes» que se han enfrentado con riesgo de su vida a lo que ella llama «la prueba suprema».

«La ayuda y salvamento de los judíos asumieron múltiples formas y exigieron niveles variables de implicación y sacrificio: manifestaciones de cercanía y mantenimiento de contactos sociales con los proscritos judíos, apoyo moral, entrega de alimentos, alojamiento o dinero, aviso de la inminencia de detenciones o redadas, consejos sobre cómo y dónde esconderse son solo algunas de estas formas que se describen en los testimonios de los supervivientes.

»Si bien es cierto que estas acciones humanas y generosas fueron con frecuencia cruciales para la supervivencia de los hebreos, la legislación emanada de Yad Vashem hace uso de una caracterización más restrictiva. Definiendo a los justos como personas "que han arriesgado su vida para salvar a los judíos", los legisladores han perfilado un pequeño grupo en el interior de esos círculos más amplios de hombres y mujeres que ayudaron y apoyaron a los judíos en la hora más oscura de la historia hebrea.»[11]

Lo que quizá pretende Irena Steinfeld con estas palabras es evitar la banalización del concepto de justo, pero su visión elimina completamente el intento de Bejski de reconocer la importancia de acciones normales llevadas a cabo por hombres normales.

La memoria universal

Sin embargo, en marzo de 2007, el cazador de justos vence, después de su muerte, su batalla moral más importante.

Había peleado para que la memoria de los justos no tuviera exclusivamente que ver con las instituciones judías, sino que se convirtiera en patrimonio universal. Por eso le gustaba definirlos como «la élite de toda la humanidad»: un protector tenía que ser recordado desde dos puntos de vista, porque había salvado judíos y porque había salvado también el honor del mundo.

Promovió la más original de las enciclopedias. Deseaba que todos los países de Europa publicasen un volumen en el que se recordaran las biografías y las hazañas de los propios justos.

Para Moshe Bejski la memoria del bien completó así su curso, cuando los árboles de los salvadores ya no se plantaron solo en el Jardín de Jerusalén, sino en todo el mundo.

Y hoy podemos constatar los resultados de su herencia.

El 18 de enero de 2007, el presidente francés Jacques Chirac rindió honores a 2.725 justos de Francia, inaugurando una lápida en el Panteón, el lugar en que se recuerdan los nombres más ilustres de la historia y la cultura francesa. El texto de la inscripción, titulado «Homenaje de la nación a los justos de Francia», refleja precisamente, tal y como había imaginado Bejski, el doble valor de la memoria de los justos. «Bajo el manto de la noche y el odio que cayó sobre Francia en los años de la ocupación, millares de luces se negaron a apagarse. Nombrados "justos entre las naciones" o mantenidos en el anonimato, hombres y mujeres, de todo origen y de toda extracción salvaron judíos de la persecución de los antisemitas y de los campos de concentración. Corriendo innumerables riesgos encarnaron el honor de Francia, sus valores de justicia, de tolerancia y de humanidad.»

Los justos dejan en herencia dos importantes enseñanzas, explica el presidente francés: la facultad del hombre de elegir entre el bien y el mal en cualquier circunstancia, de acuerdo con la propia conciencia, y la posibilidad para los contemporáneos de interrogarse sobre la historia del propio país. «Gracias a vosotros [...] nosotros podemos mirar a Francia a los ojos y a nuestra historia a la cara.» De modo que tienen una función terapéutica que permite el arrepentimiento «por un pasado no glorioso».

En Italia, también Giorgio Napolitano recoge la intuición de Moshe Bejski cuando el 27 de enero de 2008, coincidiendo con el septuagésimo aniversario de las leyes raciales de 1938, dedica el Día de la Memoria al recuerdo de los justos italianos, señalándolos como ejemplo moral para las nuevas generaciones, porque no se «dejaron corromper por las ideologías de odio entonces dominantes».

Los que ayudaron a los judíos, cuando son recordados al margen del Jardín de los justos de Yad Vashem, adquieren un nuevo valor moral porque entran en la historia cultural de los diferentes países y pueden recordarse con una sensibilidad y un acercamiento diferentes.

Puede suceder también que los criterios de valoración y juicio no se correspondan con los parámetros de la comisión de Yad Vashem. Sin embargo, es importante que se acepten estas diferencias y que se desarrolle una dialéctica benéfica, porque sería empobrecedor que la institución de Jerusalén tuviera el monopolio de la verdad.

No hay nada de escandaloso si nuevos justos de la Shoah, incluso con referencia a otros genocidios[12], se valoran por encima del juicio del museo del Holocausto y si nuevas figuras de coraje civil se descubren y se hacen públicas independientemente de la instrucción que se lleva a cabo en Jerusalén.

VI
Hannah Arendt en busca del secreto de los justos

El enfrentamiento con Moshe Landau, juez del proceso Eichmann

Si a la herencia de Moshe Bejski, tras su muerte, le costó tanto trabajo abrirse paso en Yad Vashem, más complicado fue en Israel el reconocimiento filosófico y moral de Hannah Arendt.

El mismo Moshe Landau, juez del proceso Eichmann y primer presidente de la Comisión de los justos, en el curso de un encuentro privado, en 1999, me explicó sin pelos en la lengua lo poco que le había gustado la interpretación de Hannah Arendt sobre las actividades del criminal nazi. Han pasado cuarenta años desde las polémicas sobre el libro de Arendt, pero el nonagenario juez de Israel, conocido por su intransigencia, todavía no ha cambiado de idea.

«¿Conoce usted su historia sentimental con Heidegger? Incluso después de la guerra trató de continuar su relación. Es algo que no soporto. El filósofo era un archinazi y ella tenía que saberlo. Cuando fue nombrado rector en Friburgo, lo primero que hizo fue eliminar a todos los judíos de la universidad, y en ese momento, ese procedimiento no era absolutamente necesario. Y luego Hannah Arendt nos cuenta que los judíos tenían que haber hecho algo más para resistir. ¿Cómo podrían haberlo hecho en su aislamiento? Su acusación contra la colaboración de los Judenräte[1] es una completa falsificación de la historia judía.

»Cuando me la encontré en casa de Kurt Blumenfeld[2] trató de justificarse y me expresó el temor de que después de la publicación de sus reportajes algún judío pudiera asesinarla. En este punto Blumenfeld se había echado a reír y de manera irónica contestó: "Desde luego que habrá alguien que te asesine por lo que has hecho".»[3]

Trato de explicar a Landau la importancia del análisis de Hannah Arendt sobre la banalidad del mal, pero el juez es absolutamente inamovible. «Eichmann hizo asesinar a los judíos con profunda convicción. Así que nada de banal... Le gustaba con todo su corazón el trabajo que hacía. No me reconozco en su interpretación. Actuó así porque pensaba como un nazi, no porque se negara a pensar.»

«¿Pero por qué se empeña todavía hoy en criticar a Arendt?»

«Era una sionista admiradora de Blumenfeld. En París, después de haber huido de Alemania, se preocupó mucho por ayudar a la *alià*, la emigración de los judíos a Israel, pero luego se dejó atrapar por ese complejo típico de los judíos de la diáspora que se autocensuraron en su identidad para congraciarse con los gentiles.»

Unas semanas después de ese borrascoso encuentro, recibo una carta de Moshe Landau. Me escribe de manera perentoria que solo en una cosa podíamos estar de acuerdo en relación con Hannah Arendt: en constatar nuestro total desacuerdo.

Las durísimas palabras del juez del proceso Eichmann nos remiten al clima de oprimente hostilidad que se había creado en Israel a raíz de la publicación en el *New Yorker* de su corresponsalía desde el Estado judío.

Arendt fue duramente atacada, sobre todo por su juicio crítico sobre el comportamiento de los consejos judíos que, con su cooperación con las autoridades nazis, facilitaron la solución final. La filósofa alemana, que había tenido oportunidad de leer las investigaciones de Raul Hilberg, opina que si los dirigentes de las comunidades hubiesen adoptado una resistencia pasiva quizá se habría limitado el alcance de la tragedia. De ese modo los nazis no hubieran podido contar con una masa organizada, sino que se habrían encontrado el caos y el germen de la rebelión.

«Lo que yo he dicho es que no existía ninguna posibilidad de resistencia, pero existía la posibilidad de no hacer nada. Y para no hacer nada no hacía falta ser santos, bastaba solo con decir: "No soy más que un judío y no quiero desempeñar ningún otro papel".»[4] Y añade que hacía una clarísima distinción entre las situaciones «terribles y desesperadas de los campos de concentración[5], donde no se podía pedir a las víctimas lo imposible», y las situaciones en que las personas «disponían, aunque en forma limitada, de un margen de acción y decisión». Efectivamente, quedó escandalizada cuando el juez Gideon Hausner, durante el proceso, preguntó a quemarropa al testigo Moshe Bejski el motivo por el que, frente al ahorcamiento de dos judíos, mil quinientos prisioneros del campo de Plaszow se habían limitado a mirar sin rebelarse[6].

Se plantea un legítimo interrogante: frente a la colaboración impuesta por los nazis a los jefes de las comunidades por diferentes medios, que van desde las mentiras hasta el chantaje, ¿existía alguna salida que permitiera, cuando menos, complicar las operaciones de la deportación?

Un ejemplo nos lo proporciona la capitulación de los judíos de Salónica, donde el rabino Zvi Koretz, jefe de la Judenrat, cumplió las órdenes de la oficina de Eichmann de organizar la comunidad con vistas a su deportación a Cracovia, con lo que se convirtió en una trágica pieza del aparato de exterminio nazi. Todavía hoy este asunto es fuente de grandes polémicas. Niko Alvo, uno de los pocos supervivientes, le acusa de haber convencido a los judíos de la ciudad para que se fiaran de las promesas alemanas, de acuerdo con las cuales iban a encontrar un trabajo digno en Polonia.

«Si Koretz nos hubiera animado a resistir, una parte importante de la comunidad se habría salvado, porque las medidas de control de los alemanes tenían muchos fallos y centenares de judíos hubieran podido refugiarse en las montañas o intentar una vía de escape hacia Atenas. Pude salvarme porque cuando me alejé del gueto y me deshice de la estrella amarilla, con enorme sorpresa, vi que las SS no me detenían, y vestido de ferroviario griego tomé un tren para Atenas sin que me descubrieran. Muchos judíos podían haber hecho lo mismo que yo, porque la situación en Salónica era muy diferente de la del gueto de Varsovia.»[7]

Contrariamente a Koretz, el rabino ateniense Elyahu Barzilai, no quiso colaborar. Se negó a proporcionar la lista de los judíos de Atenas, hizo desaparecer el archivo de la comunidad y con ayuda de la resistencia griega y desembolsando una buena suma de dinero consiguió salvar a una parte importante de la comunidad, escondiéndoles en iglesias y monasterios en el campo.

Las cuestiones que Arendt se plantea sobre el comportamiento de las instituciones judías hubieran requerido un debate sereno y articulado. Sin embargo, aquello fue un escándalo porque tocaban un nervio al descubierto. En el momento en que Israel juzga a Eichmann y pone el comportamiento de los verdugos en el punto de mira de la acusación, suena mal que alguien hable de pasividad judía.

Por lo demás, Hannah Arendt utiliza en sus artículos un tono excesivamente polémico, que fue interpretado como un *j'accuse* definitivo, sin derecho de réplica. Por otro lado, no se da cuenta de que Israel, con el proceso Eichmann, está viviendo un cambio importante. Durante años, los judíos de la diáspora miraron de arriba abajo a los emigrados a Israel, considerándolos derrotados. Estaban en auge los sionistas y los combatientes, mientras que los supervivientes de la Shoah no tenían voz ni voto. Siempre se les consideró como ovejas que habían ido al matadero sin oponer resistencia[8]. Ahora, por fin, hablaban y tenían la posibilidad de integrarse en Israel, mirando con temor a quien replanteaba el discurso de la pasividad.

Gershom Scholem, un gran estudioso de mística judía y antiguo amigo suyo, le advirtió de que no debía traicionar de esa manera el amor por su origen.

«En la tradición judía existe un concepto, difícil de definir y, a pesar de todo, bastante concreto, que conocemos como *Ahavat Israel*, "el amor por el pueblo judío". En ti como en tantos intelectuales que vienen de la izquierda alemana, no encuentro sus huellas.»[9] Se trata de la misma acusación de autocensura y de odio a sí mismo que había planteado Moshe Landau.

Si lo que se quiere es mantener este espíritu, sugiere Scholem, es preciso abstenerse de juicios excesivamente drásticos sobre la historia judía.

Hannah Arendt respondió que jamás cuestionó su carácter judío, sin renunciar por ello a su espíritu crítico. En política es muy peligroso utilizar las razones del corazón para silenciar hechos desagradables y opiniones diferentes. No se puede juzgar con el afecto y con los sentimientos. «Yo no estoy animada por ningún "amor" de este tipo [...]. En toda mi vida nunca he amado a ningún pueblo ni a ninguna colectividad: ni al pueblo alemán, ni al francés, ni al americano, ni a la clase obrera ni a nada semejante. Yo solo "amo" a mis amigos y la única clase de amor que conozco y en la que creo es el amor por las personas.»[10]

Las polémicas de aquellos días tuvieron un efecto deletéreo. Se creó un muro de goma en torno a ella. Hannah Arendt nunca volvió a ser invitada a hablar en Israel y su respuesta a Scholem jamás fue publicada en los periódicos israelíes. Las autoridades académicas la consideraron una persona non grata y fue necesario que pasaran más de cuarenta años para que su libro sobre Eichmann fuese publicado en hebreo.

Ese rechazo nacido de prejuicios e incomprensiones no solo impidió en Israel la apertura de un debate serio y correcto sobre sus tesis, sino que también supuso una increíble ocasión fallida. Probablemente no ha habido ningún pensador del siglo XX tan cercano como ella a la intuición del Jardín de los justos de Jerusalén.

La génesis de la memoria del bien y del recuerdo de cuantos fueron capaces, a nivel individual, de sustraerse al terrible conformismo del mal encuentra en Hannah Arendt la más alta forma de reflexión filosófica acerca de las posibilidades del libre albedrío en un sistema totalitario. Podía haberse convertido en una de las fundadoras morales de la institución de Yad Vashem y, sin embargo, sus intuiciones fueron completamente tergiversadas.

Cuando traté de explicar a Moshe Landau que su análisis nos permite comprender la dinámica de muchos comportamientos de los justos, me dio la impresión de estar hablándole de una persona que le era absolutamente desconocida: «¿Y qué tiene que ver Hannah Arendt en todo esto?».

Era como si la pensadora hubiera vivido en Marte y él en Venus, incluso, reivindicando orgullosamente formar parte de otro planeta, el juez se atrevió a hacer una sorprendente afirmación:

«Hay muchos que se equivocan diciendo que todo está determinado de antemano y que el mismo Eichmann no podía actuar de otra manera, por su cultura y su ambiente. No es cierto. También él podía elegir. Por eso solicité para él la pena de muerte. Existe un dicho de nuestros padres: siempre estamos condicionados por la herencia que nos llega a través de los genes, por la educación, por la experiencia, pero, en cualquier caso, a todos los hombres les está permitido actuar de otra manera».

Me quedo estupefacto, porque este es, precisamente, el meollo de la reflexión filosófica de Hannah Arendt, cuando se plantea si el individuo tiene fuerza para encontrar dentro de sí mismo un antídoto contra el mal. Desgraciadamente, los prejuicios impiden la comparación y bloquean la curiosidad.

Hacer el mal sin pensar

Cuando asistió al proceso, Arendt no encontró en el carácter de Eichmann nada de demoníaco o monstruoso y, mucho menos, propensión alguna al sadismo, sino una preocupante normalidad. Le pareció que «la única característica digna de mención que podía señalarse, tanto en su comportamiento pasado como en el mantenido durante su interrogatorio, era algo enteramente negativo, no estupidez, sino *ausencia de pensamiento*»[11].

Puede discutirse sobre las convicciones ideológicas de Eichmann, que estaba claramente atraído por la ideología hitleriana, pero la pensadora alemana capta en el criminal nazi un rasgo típico de los individuos en los regímenes totalitarios que secundan sin *reflexionar* una burocracia del mal.

La gente corriente, por oportunismo, por no contravenir leyes ni órdenes y, naturalmente, por miedo, prefiere eliminar las cuestiones morales y, frente al mal, mirar para otro lado. Es entonces cuando Hannah Arendt se pregunta si el *ejercicio del pensamiento*, puede ser la clave para sustraerse al conformismo de un régimen totalitario.

«La pregunta que se impone es la siguiente: ¿puede la actividad intelectual en cuanto tal, es decir, la costumbre de examinar todo cuanto a uno le sucede, cuanto experimenta o atrae su atención, independientemente de los resultados o del contenido específico, formar parte de las condiciones que inducen al hombre a abstenerse del mal o incluso le "disponen" contra él?»[12]

La modalidad del pensamiento era para ella la posible tabla de salvación del hombre frente a un repentino e imprevisto vuelco de las costumbres morales que nunca están definidas de una vez por todas, sino que pueden cambiar a la velocidad de la moda o de nuestros gustos en la mesa.

Con el nacimiento de los totalitarismos, los valores que parecían adquiridos para siempre, tales como el no matar, no mentir o el respeto por el prójimo y por su libertad, no solo se niegan en nombre de una razón superior, sino que se sustituyen por los valores contrarios que se codifican en el marco de un sistema jurídico.

Por lo tanto, lo que obliga a hacer el mal, a perseguir judíos, a convertirse en delator, a denunciar a los «enemigos del pueblo», a reprimir el propio razonamiento personal y a sostener la mentira política del partido, es la ley del Estado.

Pero ¿cuál es el itinerario del pensamiento que ayuda a los individuos a sustraerse a las leyes injustas y a no dejarse condicionar por la degeneración de las costumbres morales?

Hannah Arendt sugiere comportamientos que no son prerrogativa de intelectuales o de hombres cultos, sino que están al alcance de todos: la soledad, la aptitud para desarrollar un diálogo silencioso con el propio yo, la capacidad de juzgar poniéndose en el lugar del otro, la imaginación, la facultad de sentir vergüenza por las propias injusticias, el uso de la voluntad para iniciar un acto de resistencia, la confianza en que los otros puedan continuar la propia acción, la disposición a perdonar.

Detente y piensa en soledad

El primer paso que permite escapar a lo que Arendt llama el alineamiento *(Angleichung)* con el tren de la Historia y el vuelco de las costumbres morales es la capacidad de separarse del mundo y pensar en soledad.

Aparentemente estamos solos, pero uno puede iniciar un provechoso diálogo consigo mismo que posibilita el cuestionamiento de comportamientos que, por el contrario, al estar junto con los demás, parecen completamente normales.

La salida de emergencia en situaciones de peligro, en las que casi desaparecen las referencias morales es, para Arendt, la «predisposición a vivir consigo mismo». Es la brújula a la que, sin excepción, cualquier individuo puede recurrir si se atreve a interrogarse acerca de las reglas del mundo, pero, en la mayoría de los casos, los seres humanos prefieren evitarla, para no tener que enfrentarse al miedo y a la incomodidad derivada de la disminución de las certezas.

Esa es la razón, como señaló en su momento Immanuel Kant, por la que los hombres prefieren mentirse a sí mismos para huir de la inquietud. Contarse mentiras parece el camino mejor para vivir tranquilos.

En las lecciones que impartió a los estudiantes a mediados de los años sesenta, Hannah Arendt explica de forma muy clara el poder del diálogo interior.

«El criterio de lo justo y de lo injusto, la respuesta a la pregunta "¿qué debo hacer?", no depende, sustancialmente, de los usos y costumbres que comparto con quien vive a mi lado, así como tampoco de una orden divina o humana. Depende solo de lo que yo decido hacer mirándome a mí mismo. En otras palabras, no puedo hacer determinadas cosas, porque si las hago, sé que no podría volver a vivir conmigo mismo. Estar consigo mismo es algo que tiene que ver con el pensamiento y cada proceso intelectual es una actividad en la que hablo conmigo mismo de todo cuanto sucede y me afecta. El modo de existir típico de este diálogo silencioso interior lo llamaré soledad... La soledad significa que aunque esté solo, estoy en compañía de alguien (es decir, de mí mismo).»[13]

Los justos polacos en los márgenes de la sociedad

Lo que permitió a los escasos justos de Polonia escuchar su propia conciencia y acudir en ayuda de los judíos fue la *soledad*.

A esta sorprendente conclusión llegó Nechama Tec, la socióloga que fue la primera en intentar comprender las motivaciones que respaldaron las iniciativas de quienes ayudaron a los judíos en el país que contaba con la comunidad judía más importante de Europa.

Nechama tenía ocho años cuando los alemanes invadieron Polonia en 1939. Su adolescencia fue una continua lucha por la supervivencia. Durante seis años ella y su familia deambularon de un sitio a otro para escapar de las redadas nazis y para escapar de los colaboradores polacos que denunciaban judíos a los alemanes.

De los cuarenta mil judíos que vivían antes de la guerra en Lublin, solo se salvaron ciento cincuenta, entre ellos la familia de Nechama.

Al final de su peregrinar sin meta encontraron en una aldea a un campesino polaco que se ofreció a protegerles a cambio de una suma de dinero. A pesar de todo, ella y su hermana se vieron obligadas a vivir lejos de sus padres con nombres falsos, aprendiendo a ocultar su identidad judía y a comportarse como católicas polacas. «Para demostrar que era una niña polaca, estaba obligada a escuchar comentarios antisemitas y permanecer en silencio.»[14]

Esa experiencia fue tan traumatizante que después de la guerra, una vez trasladada a Estados Unidos, eliminó durante treinta años la historia del Holocausto y su adolescencia en Polonia. «Quería olvidar cualquier cosa que estuviese relacionada con aquel tiempo. Siempre me negué a hablar de ello, a leer un libro o ver una película referida a aquel tema.»[15]

Más tarde, al cabo de treinta años, recupera el equilibrio y decide encarar su trágico pasado. Vuelve a pensar en la familia que la había salvado e intenta comprender quiénes fueron el resto de los polacos que les ayudaron, así como el motivo de su acción. Inicia la búsqueda de todos los posibles protectores y al final de su trabajo llega a una consideración muy próxima a la intuición filosófica de Hannah Arendt[16]. Los salvadores en Polonia no pueden clasificarse a partir de una determinada categoría económica, política, religiosa, cultural o social. Se trata de un grupo heterogéneo. Pero comparten una singular característica: en la mayoría de los casos son *outsider*, gente que se encuentra en los márgenes de la sociedad. En cierto modo pudieron actuar así porque vivían, por elección propia o por casualidad, en situaciones en las que no se sentían condicionados por el ambiente que les rodeaba.

La soledad, como observa Hannah Arendt, les ayudó a comportarse de un modo digno en el marco de un ambiente hostil.

El que vivía en una casa aislada, en una aldea o llevaba una vida reservada en la ciudad, tenía más posibilidades de salvar a un judío porque no sentía las presiones del ambiente antisemita polaco y no era consciente del miedo y la constricción del ocupante nazi. Marian, el amigo que trató de esconder a Moshe Bejski en su casa, se sintió finalmente abrumado por este peso insoportable y acabó sucumbiendo a la hostilidad de sus vecinos.

Existía, por lo tanto, una situación paradójica. La separación y el aislamiento ayudaban a las personas a escuchar la voz de su propia conciencia, porque hasta ellos no llegaban las voces de la gente. «¿Por qué ayudar a un maldito judío que se había estado enriqueciendo a costa de los polacos? ¿Por qué arriesgar la propia vida, cuando ya se sabe que en Polonia los nazis condenan a muerte a quien protege a un judío? ¿Acaso no sabes que los judíos son comunistas y amigos de los rusos?» El que mantenía con éxito su soledad no se dejaba condicionar por esas opiniones comunes de la gente. De otra manera saldría derrotado.

Es la parábola del buen samaritano en Polonia: consigue pensar por sí mismo y sentir alguna conmoción por un judío en peligro porque tiene los oídos tapados. Para él es mucho más fácil emprender ese recorrido si habita en un lugar marginal, de no ser así debe tener la fuerza interior de crearse él solo ese espacio de independencia.

En la Polonia de la primera mitad del siglo XX, los judíos tienen efectivamente dos enemigos: los nazis que quieren exterminarlos y el prejuicio antisemita que condiciona a la gente común. De hecho se les considera una minoría hostil: la quinta columna de los rusos y el elemento contaminante de la nación[17]. Antes de la invasión alemana había un partido muy popular (el movimiento nacional democrático de Roman Dmowski) que exigía su expulsión y deportación a Madagascar. A la gente no le gustaba nada ver en las ciudades grandes aglomeraciones con una importante presencia de los judíos que, con frecuencia, llevaban una vida separada. Además, había miedo de que los judíos controlaran la economía y ocuparan los mejores puestos de trabajo. Luego, en 1939, en el momento de la repartición del país entre rusos y alemanes, los judíos que acogen favorablemente a los soviéticos son acusados de traicionar al país. Resultado: la gente les considera potencialmente enemigos, así que ¿para qué ayudarles ante las persecuciones nazis?

Un polaco de corazón no debe escuchar a sus amigos para ayudar al «enemigo judío».

Resistir en soledad en el gulag

La soledad juega un papel igualmente importante en los lugares donde la lucha por la vida conlleva la destrucción del espíritu humano.

De esto hablaron Varlam Shalamov, Lev Razgon y Gustav Herling, tres grandes escritores que, en su experiencia en el gulag, constataron que la conservación de un pensamiento autónomo y todavía humano era posible viviendo en los márgenes de la vida del campo. «Separarse del resto de los *zec*, así se les llamaba a los prisioneros, para no dejarse corromper por la maldad.» Ese era su grito desesperado.

Para un hombre que vive durante años interminables en los campos de trabajo, el examen moral más complicado es su relación con los demás detenidos. Se encuentra en un mecanismo perverso que le lleva, al margen del control de su voluntad, a convertirse en competidor de otro hombre para defender su propia supervivencia. Para prolongar su existencia está obligado a robar la comida a su prójimo, a descargar en los otros los trabajos más pesados, incluso, a veces, a malvender la vida de sus compañeros para salvar la suya. Es una angustia existencial que el mismo Primo Levi siente a lo largo de su permanencia en Auschwitz y que, durante toda su vida, le provoca grandes remordimientos de conciencia.

El campo, efectivamente, opera un vuelco radical de la ética kantiana. El hombre como fin es un lujo que nadie puede permitirse porque la detención, en condiciones extremas, obliga al prisionero a usar al otro como medio para la prolongación de su propia vida.

De manera que el aislamiento representa una salida de seguridad para, como recuerda Herling, continuar siendo hombres.

«Leyendo la autobiografía de Shalamov, me ha complacido descubrir que él también piensa que el arma principal para escapar al mal es la soledad. Yo mismo, aunque fuese entonces muy joven, 21 o 22 años, me di cuenta instintivamente de que solo así podía salvarme del terrible mal del campo de concentración... Tenía amigos, pero me sentía más fuerte cuando estaba solo. Cuando todos se dormían, yo me quedaba despierto, solo, y esos eran los mejores momentos.

»En el campo sucedían cosas extrañas. Por ejemplo había un hombre, un ciego, que quería dormir porque durante el sueño recobraba la vista. Efectivamente, no era ciego de nacimiento, llegó a serlo con posterioridad; por lo tanto, en los sueños era capaz de volver a ver las cosas anteriores al advenimiento de su ceguera. Recobraba su identidad originaria en el sueño. Yo la recobraba en todo lo contrario, permaneciendo despierto. La soledad era entonces una auténtica defensa contra el mal.»[18]

El aislamiento de los hermanos Boris y Gleb

Existen diversos métodos para preservar la propia identidad, pero en tantos años de cautiverio en el gulag ninguno conmovió tanto al escritor Lev Razgon como los hermanos Boris y Gleb por su desgraciado intento de crear un mundo aparte en aquel infierno que contamina todo y a todos. El escritor ruso, que pasó más de diecisiete años entre los campos estalinistas y el destierro, tiene una peculiaridad en relación con los supervivientes de los campos soviéticos y en eso es en lo que fundamentalmente se basó para contar desconocidas historias de resistencia desesperada en el universo concentracionario. Al asunto de estos dos muchachos dedica algunas de las páginas más bellas de su autobiografía *La verdad desnuda*.

Lev los conoció cuando los alemanes parecían los dueños de Rusia y la vida en el Ust'vymlag se hacía cada vez más insoportable. Disminuyen las provisiones, las raciones para los prisioneros se reducen al mínimo y cada día se recogen en cajas decenas de cadáveres congelados. Lo único que funciona son los tribunales militares que llenan los gulag con los acusados de derrotismo y colaboracionismo con los nazis. La represión golpea indiscriminadamente a cualquiera que tenga un superficial contacto con el enemigo: el artesano que repara las botas a un soldado alemán, la campesina que le ofrece una sopa, la mujer que pasa más o menos voluntariamente una noche de amor con un soldado enemigo.

En el convoy de los traidores llegan un día los dos jóvenes. Boris no tiene más de 18 años, Gleb no más de 16. Nunca se separan. El mayor cuida del pequeño con amor. Transporta sus aperos cuando, por la tarde, llegan agotados del bosque en donde, entre el hielo, trabajan dedicados a la extenuante tarea de cortar leña; siempre está dispuesto a ofrecerle una parte de su mísera ración de comida; en los momentos de descanso le cuenta historias y el pequeño le mira tiernamente a los ojos como si fuese su madre.

A las seis de la mañana, cuando los prisioneros se cubren la cara con una máscara de tela por el frío mortal, en el grupo que se dispone a partir al «trabajo» solo es posible reconocer a Boris y a Gleb: se mantienen afectuosamente agarrados de la mano. Su ternura crea un pequeño milagro en el infierno de la deshumanización. Suscitan simpatía humana y compasión incluso entre los prisioneros que debido al hambre y a las privaciones han perdido toda apariencia humana. El muchacho que cuida de su hermano pequeño conmueve incluso a los más duros. A pesar de todo, esos muchachos siguen erigiendo un muro: evitan cualquier contacto, no se mezclan con los demás, nunca piden nada a nadie, siguen viviendo en un total aislamiento.

Lev Razgon, cada vez más intrigado, se pregunta por el motivo de su reserva y, tras varios intentos, Boris se acaba confiando a él. Descubre así que su amargo destino en el gulag nació paradójicamente del amor por la Unión Soviética. El padre, un exilado ruso que vivía en Ostrava, en Checoslovaquia, les había transmitido una gran pasión por la vieja patria. Los había enviado a la escuela rusa y les había enseñado la música y la literatura de su país. De modo que los dos muchachos soñaban con su vuelta a Moscú y con servir en el Ejército Rojo.

A raíz de la muerte del padre y la llegada de los alemanes a Praga, todo parece convertirse en humo. Con los bolsillos vacíos, un día fueron abordados por algunos agentes alemanes que buscaban emigrantes rusos dispuestos a frecuentar una escuela de adiestramiento y tirarse luego en paracaídas como espías en la Unión Soviética.

Entonces Boris tuvo la más increíble de las ideas: se apuntarían en la escuela, sonsacarían todos los secretos de los alemanes y luego, después de haber sido transportados tras las líneas, se presentarían en el puesto más cercano del Ejército Rojo para enrolarse.

Las cosas no fueron exactamente como estaban previstas.

Llegados a Rusia nadie quiso creer su versión y fueron detenidos y condenados como espías a diez años de gulag. En el infierno de los campos decidieron encerrarse en un caparazón como si nunca hubieran realizado aquel desgraciado viaje. Querían separarse de aquel mundo terrible para no dejarse corromper.

Pero el destino no tiene en cuenta la resistencia moral de los hombres. Unas semanas después de haber descubierto su secreto, Razgon vio a Boris volviendo del campo por la tarde, junto a un ataúd. El hermano pequeño, al que había protegido con su corazón materno, había sido aplastado por un árbol abatido por un *zec*. El escritor nunca los olvidó.

«Todavía hoy, cuando decenas de años y una inmensa vida me separan del campo, trato nuevamente de penetrar en su conciencia, comprender el origen de su resistencia, su impermeabilidad a la vida del campo [...]. Boris, instintivamente, había elegido para él y para su hermano la única forma de existencia justa, porque solo permaneciendo ajenos a todo, podían ambos conservar su individualidad, su ser, permanecer tal y como su padre, el viejo coronel del Estado Mayor central, los había criado. Era la mejor táctica posible.»[19]

Avergonzarse en soledad

La soledad ayuda a pensar incluso cuando la situación degenera en las democracias y aparecen comportamientos que pueden presagiar el inicio de la caza de los enemigos y la persecución de las personas en nombre de la típica causa justa de los totalitarismos.

Cuento una experiencia personal. En los años setenta, en la Universidad Estatal de Milán, el movimiento estudiantil impidió no solo el ejercicio de la libertad de palabra, sino también la presencia física de cualquier estudiante de extrema derecha. La organización política, que ejercía una especial fascinación sobre los jóvenes de entonces, sostenía que la ciudad debía limpiarse de cualquiera que pudiese ser considerado enemigo potencial de las luchas de los trabajadores y de los estudiantes. Un elemento de derechas es inquietante. Para felicidad de todos tiene que desaparecer porque los individuos que pronuncian palabras equivocadas no tienen derecho a existir.

La mayoría de los estudiantes comprometidos en la actividad del movimiento se sintió partícipe en esta empresa de limpieza. Algunos matones hacen las veces de gendarmes y todos aplauden su acción. Es agradable escuchar las historias de ojos tumefactos, de brazos rotos, de inesperadas emboscadas a las puertas de sus casas, de asaltos a los círculos de extrema derecha. Parece que nace un mundo mejor porque por fin pueden eliminarse de la escena a cuantos son señalados como los portadores del mal.

Un día, mientras estaba en un bar a pocos metros de la entrada de la universidad, me encontré con un viejo amigo, pelirrojo, que me saluda con una gran sonrisa. Hace unos diez años que no le veo. Apenas tengo tiempo de estrecharle la mano cuando aparecen tres estudiantes de los encargados del trabajo sucio, le tiran al suelo y empiezan a darle patadas en la boca. Permanezco en silencio. Me da vergüenza decir que le conozco; se le considera un simpatizante de una organización de extrema derecha. En mi interior crece un conato de vómito, pero tengo que demostrar que hay que controlar las propias emociones en nombre de la nueva sociedad en construcción. Me esfuerzo en pensar que es justo hacerlo. Me confortan las caras de los estudiantes presentes que han seguido la escena sin parpadear.

Junto a ellos me siento con buena conciencia, pero luego, ya en casa, lejos de la universidad, de las consignas políticas en las paredes, de los discursos de los compañeros en lucha, empiezo a sentir un malestar personal por mi silencio. Aquel viejo amigo me había tendido la mano y yo había sido esclavo de los matones.

¿Por qué no le ayudé? ¿Por qué no dije que le conocía y que le consideraba una persona correcta? ¿Qué sentido tiene pegar a alguien en nombre de un bien superior?

Me doy cuenta de que en medio de los estudiantes se me había nublado el pensamiento y la voluntad; como un estúpido, había seguido la música que me marcaban y me había conformado. Finalmente, en la soledad siento vergüenza. No aguanto el malestar y busco afanosamente en la guía de teléfonos el nombre del muchacho.

La vergüenza de Sócrates

Cuando Hannah Arendt explora el mecanismo del pensamiento frente a lo extremo y frente a una disminución de los valores morales (en realidad se trata de una constante de la vida), en su cabeza tiene la mayéutica de Sócrates. No sugiere un pensamiento positivo que resuelva el problema y que proporcione respuestas seguras, sino un procedimiento que plantea interrogantes y cuestiona las verdades consolidadas.

Es como si dentro de nosotros viviese siempre el filósofo griego y solicitara constantemente nuestra conciencia llamándonos uno por uno a responder de nuestros comportamientos y con su insistencia pusiera en evidencia nuestra contradicción y demoliese nuestras certezas.

En los diálogos de Platón, Sócrates se nos presenta con las características de un tábano, de una partera y de una manta raya[20].

Como tábano, molesta con sus preguntas a los ciudadanos que, sin él, seguirían durmiendo toda la vida y les obliga a reexaminar sus actividades. Como partera, purga a la gente de sus prejuicios invitándoles a liberarse de las opiniones malas o equivocadas. La partera sabe reconocer si un niño lo es o si, por el contrario, se trata de un óvulo no fecundado del que la gestante tiene que librarse. Y finalmente, en cuanto manta raya, paraliza con sus descargas a cualquiera que entre en contacto con él. Con su presencia crea perplejidad y detiene el paso seguro de las personas.

El pensamiento adquiere así el aspecto de un incómodo teniente Colombo que nos persigue noche y día, que nos sigue en las circunstancias más inoportunas, hasta el punto de que, para librarnos de su insoportable insistencia, aceptamos realizar un examen de conciencia y cuestionar los valores de la sociedad a los que estamos aferrados, así como nuestras responsabilidades. Somos, por tanto, azotados por una tempestad que nos sacude de nuestro sueño conformista y que destruye nuestros pensamientos congelados y los prejuicios que anidan en nuestra cabeza.

El Sócrates que hay en nosotros no nos dice lo que tenemos que hacer, sino lo que no debemos hacer. Nos pone en guardia en las situaciones de emergencia, cuando somos cómplices o testigos de una injusticia. Finalmente, estamos obligados a escucharle, pues de otra manera no nos sentimos bien. Nos damos cuenta, tal y como subrayó el filósofo griego, de que es preferible estar en desacuerdo con los demás a estarlo con nosotros mismos y de que es mejor ser víctima de un error que cometerlo.

No hay nada peor para el ser humano que sentir desprecio por su propia persona. La única manera de escapar de esta insistente tortura del pensamiento es mentirse a sí mismo y encontrar excusas para justificar la propia debilidad. Pero es un camino que casi nunca conduce a una auténtica tranquilidad. Un anestésico nunca cura definitivamente la inquietud que, una y otra vez, se presenta inquietante y adoptando siempre nuevas formas. Solo la consciencia conduce al equilibrio. Uno va y viene, pero si se quiere recobrar la serenidad, no puede faltar a la cita consigo mismo. Lo comprendió perfectamente Dostoievski en *Los hermanos Karamazov*: Dmitri K. le pregunta a Starov: «Qué debo hacer para ganarme la salvación». Y Starov le contesta: «Sobre todo, no mentirte nunca a ti mismo»[21].

Esta y no otra es la clave a disposición de todos para comprender lo que es el bien frente al colapso de las costumbres morales. No razonar en abstracto sobre los sistemas políticos y sociales, sino comportarse de manera tal que cualquier tarea que se emprenda no se convierta en un peso en el cajón de la memoria privada. Lo que salva al ser humano es el *canon de sí mismo* (la autoestima). No se puede convivir con un asesino, un ladrón o un mentiroso en la propia alma.

«Debo ser sincero conmigo mismo. No debo hacer nada con lo que no pueda convivir, nada cuyo recuerdo no pueda soportar.»

Se puede incluso permanecer sin castigo frente a un delito, pero la memoria privada en sus diferentes formas nunca nos abandona. Uno se siente ligero y sereno cuando no tiene nada que recriminarse; de otra manera, el recuerdo llega a ser opresor. Esta es la verdadera cárcel.

Los no participantes

Una experiencia parecida la viven en la Alemania nazi aquellos que Hannah Arendt llama «los no participantes»: son los que rechazan alinearse con las leyes raciales y con la deriva totalitaria, no porque estén dotados de instrumentos culturales particulares o porque, quizá, dispongan de quién sabe qué dotes ocultas, sino porque, interrogándose en profundidad, no acaban de estar en paz consigo mismos.

No se dejan encandilar con las utopías de los totalitarismos que prometen mundos mejores con operaciones de limpieza étnica y social, porque están anclados a una sólida certeza. Pase lo que pase, tienen que seguir conviviendo con su propia conciencia; ya no son capaces de llevar a cabo, tal como proponen los jardineros del nuevo orden, la poda de los seres humanos nocivos, como si se tratara de malas hierbas.

Hannah Arendt explica así su «secreto»: «Los no participantes [...] fueron los únicos que se atrevieron a juzgar por sí mismos. Y fueron capaces de hacerlo, no porque dispusieran de un sistema mejor de valores o porque los viejos modelos de moralidad estuvieran bien plantados en sus cabezas [...], sino porque se preguntaron hasta qué punto habrían podido vivir en paz con su propia conciencia si hubieran llevado a cabo determinadas acciones. De modo que decidieron que era mejor no hacer nada, no porque el mundo entonces mejorase, sino porque esa era la única manera en la que podían continuar viviendo consigo mismos.

Esta es la razón de que algunos de ellos prefirieran la muerte, cuando de alguna manera fueron obligados a participar en las actividades del régimen. Hablando en términos crueles, cada uno de ellos rechazó el homicidio, no porque quisiera seguir obedeciendo al mandamiento de "No matar", sino porque no quería pasar el resto de su vida con un yo asesino»[22].

En una sociedad totalitaria, la abstención es la primera forma de resistencia y un comportamiento al alcance de cualquiera. No se trata de emprender una acción heroica de ruptura, no se trata de arriesgar la propia vida o de iniciar una rebelión, sino de eliminar el apoyo personal a las actividades de los gobernantes, tratando de hacer lo menos posible. En este comportamiento hay miles de variables adecuadas para cada uno. No denunciar a un amigo judío, no hacer de delator, no apoyar el discurso público del régimen, aprovechar la mínima ocasión para proteger a una persona perseguida, desobedecer las órdenes en cuanto las circunstancias lo permitan.

Esa es la resistencia de los justos *no héroes* de los que habla Moshe Bejski, esa es la base de la desobediencia civil de Mahatma Gandhi, esa es la forma de erosión del poder por parte de los sin poder teorizada en Checoslovaquia durante los años de Charta 77.

El que emprende este camino lanza un mensaje muy particular. Incluso si no es posible cambiar nada y hace falta permanecer a la espera durante muchos años, hay una cosa a la que nunca se debe renunciar: la dignidad.

Alinearse y hacer el mal a los demás significa, de hecho y en primer lugar, hacerse mal a sí mismo. Con frecuencia, muchas de las acciones valerosas llevadas a cabo por quienes ayudaron a los judíos, nacieron de esa consciencia. No hubieran sido capaces de seguir viviendo de no haber defendido la vida de otro. Consideraron más insoportable el propio sufrimiento espiritual, a causa del sufrimiento de los otros, que arriesgar su seguridad por socorrerles.

Sin darse cuenta, se han deslizado literalmente desde un estado de abstención y falta de compromiso con el poder hasta una actividad de resistencia activa y peligrosa para su propia existencia. No han actuado así por espíritu de sacrificio, porque estuvieran impulsados por el altruismo, porque desearan ser buenos o porque quisieran dar la vida por el bien de los demás, sino fundamentalmente por el deseo de poner fin al malestar que anidaba en ellos.

La extraña idea de que para ayudar siempre se necesita tener el alma y el corazón de la Madre Teresa de Calcuta o el espíritu de abnegación de Janusz Korczak[23], que decidió ir a morir a Treblinka junto a sus niños, está completamente alejada de la realidad.

En la historia del siglo XX y en la de la Shoah hay tres extraordinarios acontecimientos de justos que han actuado con el espíritu de Sócrates y que Hannah Arendt hubiera podido citar como ejemplos de un comportamiento que tiene su origen no en un amor altruista, sino en el deseo de no dejarse implicar en el daño cometido en relación con los judíos.

Armin Wegner en Alemania, Dimitar Peshev en Bulgaria y Zofia Kossak Szczucka en Polonia, anticipándose a su tiempo, trataron de transmitir este concepto a sus respectivas naciones: la persecución antisemita había corrompido a la gente, arruinando así para el futuro la reputación de sus países. Explicaron públicamente la admonición socrática a sus generaciones: no se puede ir con la cabeza levantada cuando uno esconde un asesino en su interior. Es una vergüenza de la que, a pesar de todos los intentos, no se puede huir; siempre vuelve, a veces al cabo de los años, y las culpas de los padres recaen invariablemente sobre los hijos inocentes. Armin Wegner llegó incluso a tratar de explicárselo a Adolf Hitler.

Armin T. Wegner, Sócrates moderno frente a los totalitarismos

El escritor alemán, gran viajero y convencido pacifista, tiene un pensamiento fijo que le acompaña a lo largo de toda su vida. Se siente personalmente implicado en las tragedias provocadas por el ser humano y se dirige una y otra vez a los poderosos para solicitar su intervención. Les pica como un tábano invitándoles a tomar conciencia; para que puedan ver, les presta su mirada; tiene la costumbre de escribir cartas porque está convencido de que todos los hombres son capaces de comprender con la razón y el buen sentido. Se mueve por una fe un tanto extraña. Para él no existe un solo individuo, ni siquiera el más cínico o, incluso, malvado, en el que no sobreviva algo bueno.

No le gusta acusar, escribir proclamas de condena, sino que invita a todos a dar un paso hacia atrás y a arrepentirse.

Émile Zola ha pasado a la historia por su *j'accuse* y se ha convertido en punto de referencia de cuantos creen en la cruzada contra las injusticias. Por el contrario, Wegner siempre quiere convencer, tratando incluso de dar una segunda oportunidad. Es un recorrido más fatigoso, que provoca muchas desilusiones, porque la mayoría de las veces los interlocutores no escuchan, pero es el más cercano al Sócrates de Hannah Arendt.

Quien lleva a cabo inconscientemente una injusticia se siente mejor si hay alguien que se lo hace comprender. El mundo mejora de una manera sorprendente cuando hay una metamorfosis.

Con este espíritu escribe a Karl Liebknecht, el líder de la rebelión espartaquista reprimida con sangre en enero de 1919, para pedirle que abandone el uso de la violencia. El escritor sueña con una revolución social y política en Alemania y es afín al Partido Comunista, pero está convencido de que los medios empleados corrompen los fines y que las mejores intenciones no justifican el clima de guerra civil. Pretende transformar el mundo mediante la persuasión, la no violencia y la comprensión.

Por ese motivo pone en guardia a Karl Liebknecht. «Es cierto que el amor [de los desheredados] nunca puede servirse de la violencia para establecer su propio dominio [...] del mismo modo que es igualmente cierto que la violencia ha llevado a la ruina a todos los que se entregaron a ella.»[24] Para Wegner el recurso a la violencia destruye el presupuesto de cualquier compromiso social y humano: el amor por los hombres.

Ya es demasiado tarde. Dos días después de que escribiera su carta abierta, el 15 de enero, Karl y Rosa Luxemburg fueron asesinados.

El 23 de febrero de 1919 escribe al presidente americano Woodrow Wilson para pedirle que su país acuda en ayuda de la nación armenia, después del genocidio que provocó un millón y medio de muertos. Wegner tiene todavía grabadas en su memoria las imágenes de la tragedia armenia. Estaba en Oriente Próximo como miembro del servicio sanitario militar alemán y en las cercanías de Bagdad visitó y fotografió un campo de refugiados armenio. A él le debemos las pocas fotografías existentes de la odisea de la deportación del pueblo armenio. «Como uno de los pocos europeos que ha visto con sus propios ojos, desde el principio, la ruina de las florecientes ciudades y los campos fértiles de Anatolia, hasta la aniquilación de sus miserables restos a orillas del Éufrates y en la soledad del pedregoso desierto de Mesopotamia, me atrevo a atribuirme el derecho de llamar su atención sobre esas imágenes de miseria y de terror que durante casi dos años han desfilado ante mis ojos y que nunca podré olvidar.»[25]

Wegner espera que el presidente norteamericano pueda reparar los crímenes cometidos por los turcos, garantizando al pueblo armenio un estado independiente, que comprenda los territorios armenios de Rusia y las provincias de Anatolia y Cilicia. Trata de hacerle comprender que, después de la traición de Europa, lo que está en juego es la dignidad del género humano.

«Me atrevo a intervenir y a hacer mi petición porque, en el caso de que tras esta guerra Armenia no viera reconocidos y reparados sus tremendos sufrimientos, estaría perdida para siempre.»[26] Tampoco esta llamada fue escuchada y el peso de la indiferencia es un estigma para las naciones occidentales.

Wegner tiene ojos para ver y juzgar por sí mismo cuando viaja a la Rusia soviética. En el invierno de 1927 parte con gran entusiasmo, junto con otros escritores alemanes, para asistir a los actos del décimo aniversario de la revolución.

El tren en el que viaja es una especie de arca de Noé para aspirantes a revolucionarios. Como todos los militantes que llenan el vagón, está convencido de que va a festejar el acontecimiento del siglo y el nuevo Estado de obreros y campesinos. «Es la tierra de Tolstói, de Gógol y Dostoievski a la que, por fin, me aproximo después de muchos viajes al resto de los países de Europa», escribe en su diario mientras se acerca a Moscú[27].

Cuando llega a la capital visita fábricas, minas, museos, participa en manifestaciones, banquetes, representaciones teatrales, debates, todos ellos preconfeccionados. Nada parece detener su ebriedad. En su cabeza tiene la idea de escribir a la vuelta un reportaje exaltando la grandeza de la revolución. Pero empieza a percibir algunos detalles que agrietan su visión del nuevo paraíso.

La lucha de clases es una incitación al odio contra los burgueses. Le sorprende una canción en la que se incita a los campesinos a actuar con violencia contra los ricos:

> *El general y el barón van de juerga sin freno durante la noche.*
> *Derrocha el gordo mercader su propia riqueza.*
> *Pero tarde o temprano llega el día en el que despierta el campesino*
>   *y despereza sus miembros anquilosados.*
> *Y golpea al enemigo que lo mantuvo en la miseria, tirándole al suelo*
>   *a porrazos.*
> *Eh, tú porra, tú bastón.*
> *Eh, si no quieres actuar por tu cuenta,*
> *Te ayudamos nosotros. ¡Así que dale!*[28]

No le gusta nada que se eduque al pueblo en la violencia. Lee carteles con letras doradas en los que está escrito: «La religión es el opio del pueblo», pero luego se da cuenta de que todas las celebraciones de los progresos de la URSS se parecen a un ritual religioso. Los nuevos devotos hacen cola para visitar el mausoleo de Lenin, donde descansan «los restos del Cristo muerto de la Revolución», y se llevan pequeñas imágenes de Lenin y otros santos menores de la revolución.

Se encuentra con un extraño personaje llamado Tschertkoff que, como agente literario, cumple una extraña tarea: integrar todos los libros de Tolstoi con citas marxistas para mejorar así la obra del poeta. Así se le hace decir a un escritor cosas que jamás ha dicho, pero todo tiene que encajar en el interior del nuevo verbo: el de la ideología[29].

Visita la cárcel de Lefortovo pensando que iba a ver una institución alternativa que educa y rehabilita a los reclusos. Por el contrario, descubre que allí acaban los hombres que quieren seguir siendo libres, incluso después de la revolución.

De manera que se plantea algunas preguntas que le atormentan durante todo el viaje y le llevan a cuestionar algunas ideas fundamentales de la esperanza comunista que, por el contrario, sus compañeros de viaje parecen aprobar acríticamente. ¿Es lícito matar por una idea? ¿Cómo puede condenarse la violencia del opresor, mientras se legitima la del oprimido?

Precisamente por estas dudas se alejó de la rebelión espartaquista de Karl Liebknecht, y ahora se da cuenta de que esa deriva moral impregna la construcción del socialismo soviético, justificando cualquier acto de represión para con los así llamados «enemigos del sistema».

Wegner, gran admirador de Kant, no comparte el rechazo de la ética. Le dicen que en tiempos de excepción no hay que fijarse en los comportamientos, sino en la revolución que se está operando en la sociedad. Después de la transformación social acabará naciendo una nueva moral. Pero, en el intervalo, ¿qué sucede? En nombre de ese fin, todo está permitido. Y se cae así en un precipicio: la suspensión de la ética corre el riesgo de convertirse en permanente. Esto no puede ser el mundo nuevo.

Durante el viaje le da vueltas a una poesía de Maiakovski que le parece un manifiesto de la época que da carta jurídica a la sumisión del individuo al imperativo de la colectividad.

> *Cinco dedos tiene mi mano,*
> *Cinco continentes la tierra,*
> *Y vuestro bien me parece más querido que el mío*[30].

A Wegner esta idea le parece muy peligrosa. ¿Qué es un socialismo que no promueve la condición del individuo en particular?, se pregunta en su agenda de viaje. Para él la meta del hombre es su realización personal, no su eliminación en aras de lo que desde arriba se denominan intereses generales.

En aquella situación no resulta sencillo pensar de otra manera a partir de los nuevos hábitos culturales: se está al margen del coro progresista[31].

Pero Wegner no cede y escribe a Máximo Gorki, el escritor más venerado del sistema soviético, para comunicarle su asombro. En dos cartas del 23 de diciembre de 1927 y del 22 de enero de 1928, Wegner capta, a diferencia de tantos intelectuales de la época, las contradicciones del sistema soviético. El terror estalinista está a punto de empezar.

El escritor alemán con sus juicios se anticipa a los tiempos. «El saber tendría que contribuir a la liberación del hombre y no a su sometimiento, en cambio en Rusia se expresa con el mismo fanatismo intolerante con el que, antaño, la Iglesia predicó las doctrinas de la Biblia. Se retiran libros de las bibliotecas, se arremete contra cualquier opinión disidente y se impone con el terror la nueva ideología, como si se tratara de una ciencia infalible.

»Actuando así se elimina lo que es más fértil para el desarrollo del pueblo, lo que hace que la ciencia sea ciencia: la duda.»[32]

Le inquieta la manera en que la burocracia política trata a los pobres.

No existe respeto por el individuo y el pueblo se ve como una masa que puede ser manipulada en función de los fines políticos. La sociedad se ha convertido en un objeto de cambio, no en el sujeto. ¿De qué revolución estamos hablando entonces?

«En todas las estaciones, en las oficinas, en los cubículos ocupados por policías, constato cómo se ofende al pueblo llano. Mientras puede observarse no sin conmoción la camaradería de los mandos del Ejército Rojo con los propios subordinados, parece que en la masa de los sin nombre los funcionarios del Estado apenas ven a un ejército de ineptos abandonados a sí mismos y a su indiferencia.

»¿Pero qué hacer cuando se maltrata la dignidad del pueblo, con todas sus víctimas, con sus indecibles dolores, ese pueblo de pobres a cuya voluntad debemos toda esta Revolución?»[33]

Se preocupa por el clima antisemita que entrevera Rusia, sin que ningún político tome postura. «En la letrina espantosamente sucia de los servicios de trabajadores de una refinería de Bakú encontré en la pared la frase siguiente: "¡Expulsad a los judíos! Salvad a Rusia".»[34]

Frases así no las dicen solo los opositores de la revolución, sino obreros, convencidos partidarios del gobierno comunista. «"¿Reconoce para todos los derechos que quieres para ti" no era un principio básico de la Revolución? Entonces ¿por qué se excluye a los judíos y a los hijos sin culpas de la burguesía? ¿Y por qué se persigue al docto pensador (el judío Trotski) que despertó al país?»[35] Wegner está indignado con la ola de detenciones que afectan a las personas que habían creído en la revolución. A diferencia de otros viajeros, quiso visitar las cárceles y se quedó sorprendido ante un fenómeno que otros pretendían no ver. «Ante mí tengo una larga lista de personas recluidas [...]. Son nombres de obreros, de campesinos, estudiantes, profesores y profesoras que han sido encarcelados en Rusia o enviados a Siberia y que no son burgueses en absoluto. Se trata de revolucionarios proletarios, de anarquistas, de sindicalistas, de esperantistas, de miembros del pueblo llano; muchos de ellos ya estuvieron en la cárcel antes del gran vuelco revolucionario o combatieron en los ejércitos de la Revolución durante la guerra civil.

»Las vejaciones a las que se somete a estos detenidos son terribles [...]. Muchos de ellos han sido duramente maltratados, han enfermado de gravedad, otros han hecho huelga de hambre o intentado el suicidio, y todo eso, se me asegura, porque han ejercido su derecho a la libertad de expresión.»[36]

¿Por qué en Rusia, se pregunta Wegner, «en nombre de un exagerado temor por la seguridad»[37] se ahoga cualquier voz discordante? ¿Por qué se ha exiliado Trotski, el camarada de Lenin, que hizo la revolución con él y su imagen ha sido eliminada de todas las películas de la revolución, como si se tratara de una mosca desagradable? ¿Por qué las instituciones de la vieja Rusia, como las leyes de censura, la red de espionaje, la Ochrana, han sido destruidas «solo para que los mismos destructores puedan volver a usarlas»?[38]

¿No es, acaso, «el deber más importante» para quien ha amado y alabado la nueva Rusia, «descubrir y hacer públicas sus injusticias»?[39]. ¿O, por el contrario, es una espantosa ley de la naturaleza que, incluso después de la revolución, se reproduzcan los terrores medievales: la intolerancia, el exilio, la tortura y la inquisición?

«¡Responda!», exige perentoriamente el escritor alemán a Máximo Gorki. Y termina su carta desconsolado: «¿Existe esa respuesta?».

La carta a Hitler

La carta más famosa de Armin T. Wegner se la escribe a Hitler en abril de 1933.

El partido nazi acaba de hacerse con el poder y se acaban de imponer las primeras medidas antisemitas. El 29 de marzo, el gobierno alemán decreta importantes limitaciones para el acceso y las actividades comerciales de los ciudadanos judíos y empiezan las primeras expulsiones de las agrupaciones profesionales.

Wegner observa que en los cristales de las tiendas de propiedad judía aparecen comentarios insultantes y al mismo tiempo se desencadena una violencia ciega contra los individuos particulares instigada por el poder. Muchos son arrestados con mínimos pretextos y se leen en la prensa noticias de asesinatos sin motivo. Está preocupado, sobre todo, por las noticias que llegan desde el colegio de Sybille, la hija de nueve años que tuvo con Lola Landau, intelectual judía con quien se había casado en 1920.

La niña le acaba de contar que su maestra ha empezado a discriminarla y que sus compañeros de clase la miran mal. Va entonces a la escuela para protestar ante el director.

Le recuerda que él es ario, que su familia se enorgullece de antepasados que tomaron parte en las cruzadas, que Sybille se siente más alemana que él. Y concluye que una escuela así es un horror.

Luego vuelve a casa y pide a su mujer que le deje solo. Ha decidido escribir al Führer y quiere concentrarse. Piensa que puede convencerlo para que cambie la orientación de su gobierno.

Nadie en el mundo, a principios de los años treinta, puede prever adónde llevará el antisemitismo de los círculos nazis. Muchos intelectuales alemanes opinan que la campaña antijudía es una oleada pasajera utilizada con fines propagandísticos.

Frente a los excesos de aquellos días se piensa que, más tarde o más temprano, todo acabará, porque la gente no tolerará que se sobrepase cierto límite, a pesar de que a muchos, efectivamente, no les gustan los judíos.

Sin embargo, Armin T. Wegner escribe una carta profética sobre las posibles consecuencias del antisemitismo nazi. Quizá podría publicarla en el extranjero, pero prefiere mandarla directamente a la cancillería de Hitler en Múnich. La titula *Por Alemania*, y confía en que pueda tener un efecto positivo. Pide a Hitler que no abandone el espíritu de acogida en relación con los judíos, característica de su país: frustraría así uno de los mayores valores de Alemania.

«En su migración de siglos, expulsados de España, rechazados en Francia, Alemania ha ofrecido hospitalidad, desde hace mil años, a este pueblo grande e infeliz. El judío obedecía a su más profunda vocación espiritual cuando iba allí donde su vida estaba más segura, donde un nivel más alto de sabiduría atraía su corazón ávido de cultura; Alemania, una Alemania desmembrada que luchaba en medio de muchos enemigos, obedeció a la doctrina de su libertad ofreciendo refugio al perseguido.

«Y ahora, ¿lo que se ha construido durante un milenio va a desaparecer para siempre? ¿Es que los guías de la nación recién despertada han olvidado que también nuestra misión en el mundo siempre fue la misma desde tiempo inmemorial y que existe, por lo tanto, una unidad de destino de judíos y alemanes tanto a nivel mundial como sobre suelo alemán?»[40]

Le recuerda que si Alemania ha llegado a ser grande en el mundo, a ello ha contribuido el ingenio de algunos judíos alemanes: el científico Albert Einstein, «que ha trastocado la idea del espacio y que nos ha regalado una imagen nueva del mundo»[41]; el empresario Albert Ballin, «creador del más importante negocio naviero»[42]; Emil Rathenau, el artífice de la sociedad general para la producción de energía eléctrica; el médico Paul Erlich que, con sus descubrimientos, permitió desterrar la sífilis; le recuerda el nombre de la muchacha que acaba de ganar el campeonato mundial de florete y los doce mil judíos muertos en combate por Alemania. «¿Actuaron como judíos o como alemanes?», le pregunta perentoriamente[43].

Más adelante, y en esto reside su extraordinaria intuición, le pone en guardia frente a los peligros que corre Alemania si él no pone límites a la discriminación racial: el pueblo alemán se cubrirá de una vergüenza secular.

«Señor Canciller del Reich:

»No se trata solo del destino de los judíos, se trata del destino de Alemania.

»En nombre del pueblo por el que tengo tanto el derecho como el deber de hablar, igual que cualquiera que venga de su sangre, como escritor alemán al que no se le ha concedido el don de la palabra para que se calle cuando su corazón tiembla de indignación y de vergüenza por el honor de su propio país, me dirijo a usted:

»Detenga estas acciones sin sentido. El judaísmo ha sobrevivido a otros peligros: a la cautividad en Babilonia, a la esclavitud en Egipto, a los tribunales de la Inquisición española, a las calamidades de las Cruzadas y a la persecución del siglo XVII en Rusia. Con la tenacidad que le ha permitido a este pueblo convertirse en antiguo, los judíos conseguirán también superar este peligro, pero la vergüenza que, a causa de esto, caerá sobre Alemania no va a ser olvidada en mucho tiempo. Efectivamente, ¿sobre quién caerá el mismo golpe que hoy se pretende asestar a los judíos, sino sobre nosotros mismos?

»Si los judíos son depositarios de la esencia alemana, si han aumentado la riqueza de Alemania, entonces, cuando se pretende destruir las premisas de su presencia, esta acción conlleva necesariamente la destrucción de los valores alemanes y no solo en sentido moral. Una antigua experiencia histórica nos enseña que todos los pueblos que han expulsado a los judíos fuera de sus fronteras han acabado expiando esta acción convirtiéndose en víctimas de desprecio y empobrecimiento [...].

»Señor Canciller del Reich,

»proteja a Alemania protegiendo a los judíos. No basta con pedir que se termine la ola de odio homicida desencadenada contra ellos. No se deje desviar por los hombres que luchan a su lado. Interrogue a su conciencia como en aquel momento en que, volviendo de la guerra, en medio de un mundo liberado, inició solo el camino de sus propias batallas. Reconocer un error siempre ha sido prerrogativa de los grandes espíritus. La historia nos proporciona suficientes ejemplos.

»Reincorpore los expulsados a sus despachos, los médicos a sus hospitales, los jueces a los tribunales, deje de cerrar las escuelas a los niños, cure los afligidos corazones de las madres y todo el pueblo se lo agradecerá. Porque incluso si Alemania pudiera prescindir de los judíos, de lo que no puede prescindir es de su virtud.

»El sabio Immanuel Kant, desde la cripta de su centenaria tumba, nos advierte de que "aunque haya muchas confesiones, solo hay una fe verdadera". Siga esta doctrina que le permitirá a usted y a sus amigos comprender incluso a los que hoy cree que debe combatir. ¡Defienda la dignidad del pueblo alemán!»[44]

Wegner da en el blanco. En 1933 no puede imaginarse la solución final, pero entiende que la persecución antisemita se vuelve con fuerza contra sus propios ejecutores. Lo que se cuestiona es el más preciado de los bienes: la virtud de su país.

Nadie como él en Alemania prevé las posibles consecuencias en el plano moral, y no porque sea vidente o esté dotado de una intuición por encima de lo corriente. El escritor alemán tiene una cualidad particular que está al alcance de cualquier ser humano: la imaginación. Cuanto más grave es el delito que se comete con el otro, mayores son los daños para la dignidad de su responsable. Es un hecho insoslayable semejante al dolor del perseguido.

El 10 de mayo de 1933, en la plaza que hay delante de la universidad de Berlín, queman sus libros junto a las obras de numerosos escritores a los que el Ministerio de Propaganda ha calificado de desafectos al espíritu alemán.

El 16 de agosto de 1933, a las siete de la mañana, Wegner es detenido junto al lago de Sacrower, en una cabaña a la que suele retirarse para concentrarse en su trabajo.

Conducido a Berlín por dos funcionarios de la Gestapo, es humillado y golpeado en la prisión militar Columbia-Haus. Le acusan por su pacifismo y por su actividad como secretario de la Liga de los objetores de conciencia.

Es recluido en los campos de concentración de Oranienburg, Börgermor y Lichtenburg, donde le liberan el 26 de diciembre de 1933.

Pero llegados a este punto, su vida resulta imposible. Le impiden escribir, su mujer es obligada a dejar Alemania y vuelve a ser encarcelado durante una decena de días por salir en defensa de un comerciante judío.

Dolorido, pues sigue amando a un país que destruye su dignidad, escribe a una amiga acerca de su propia esquizofrenia: «Ay, si soy incapaz de detener el movimiento que nos conduce a la separación, quisiera marcharme de aquí cuanto antes. ¿Pero por qué tengo que seguir desgarrándome en este país? Alemania me ha quitado todo: mi casa, mi pan, mi fama, mi libertad, mis amigos, la patria de mi familia, todo cuanto construí y ahora me quita incluso a mi mujer, y a esta tierra, a esta tierra nunca puedo dejar de amarla»[45].

En diciembre de 1936 se traslada a Italia con los muebles de su estudio y cincuenta cajas que contienen todos sus libros, sus apuntes, las fotografías y su archivo personal completo. Deja la patria con la firme convicción de «no volver a estrechar la mano a este pueblo que ha hecho algo tan impensable conmigo y con mis hermanos judíos»[46].

Exiliado en Italia hasta su muerte en 1978, graba en el techo de la casa que se ha hecho construir en Stromboli una frase muy particular:

«Se nos ha confiado la tarea de trabajar en una obra, pero no hemos podido completarla».

Wegner intentó poner en guardia a Hitler y a los nazis sobre la corrupción moral de Alemania, pero no lo logró. Alemania paga así durante años el peso de su culpa moral no solo a nivel político, sino también individual. Es difícil ser un judío hijo o pariente de una víctima por el miedo inconsciente a que el pasado pueda repetirse, pero es igualmente difícil ser hijo de un matarife nazi y cargar con el peso del comportamiento de una generación que, directa o indirectamente, avaló uno de los peores crímenes contra la humanidad.

Como ya he contado en el primer capítulo, Dimitar Peshev, por el contrario, logra convencer a los diputados de la Sobranie, el Parlamento búlgaro, para que se opongan a la inminente deportación de los judíos en 1943, y lo hace con los mismos argumentos que Armin T. Wegner había tratado de explicar a Hitler en 1933. La intuición del escritor alemán se materializa así, diez años después, con éxito, en un país europeo que estaba recorriendo el mismo itinerario que Alemania.

Cuando, efectivamente, el presidente del Parlamento logra detener las redadas de judíos con su acción de fuerza en el despacho del ministro de Interior Gabrovski, se plantea el problema de cómo obtener también un resultado político que modifique la orientación del gobierno.

«Me preguntaba qué hacer. No podía seguir callado e inactivo cuando estaban en juego cosas tan importantes […] de modo que me decidí a actuar, ¿pero cómo? Había comprendido que los gestos personales, aunque practicables, podían demostrarse a la larga de escasa eficacia. No eran suficientes para garantizar un resultado positivo. Idénticas motivaciones con las que había justificado la aprobación de los procedimientos antijudíos podían servirle para hacer lo contrario […]. Para evitar lo irreparable y alcanzar el objetivo era preciso plantear la cuestión en el Parlamento.»[47]

Escribe entonces un documento con el objetivo de recoger el máximo número de firmas por parte de los diputados de la mayoría filonazi para presentarlo al primer ministro Bogdan Filov, responsable, junto con el zar Boris III, de la orden de deportación.

El texto es una auténtica obra maestra, porque se propone convencer de que el daño hecho a los judíos repercutirá antes o después sobre la nación búlgara. Peshev no pide a los parlamentarios que defiendan a los judíos por compasión, en nombre de un amor universal hacia los demás, argumento que no puede convencer a quien ha abrazado el espíritu nacionalista de su tiempo, sino que les invita a imaginar el insoportable peso de la culpa que se abate sobre el país entero.

«Tengan en cuenta que si no nos detenemos, seremos nosotros los que vamos a sufrir.»

Bulgaria, desde su independencia siempre ha estado abierta a las minorías: acogió a los prófugos armenios, ha vivido en buena sintonía con los turcos y con los judíos. ¿Por qué desperdiciar este patrimonio moral? A los búlgaros se les va a echar en cara ahora que se han convertido en cómplices de una masacre.

El dolor de los otros, aparentemente, no nos afecta, argumenta Peshev, podemos hasta ser insensibles, pero luego nos vuelve como un bumerán. No vivimos en una isla: los demás nos juzgarán y, además, el primer e incomodísimo juez lo tenemos dentro de nosotros.

Esta es la lógica socrática que puede captarse en el documento que presenta al Parlamento. Invita a sus colegas políticos a plantearse el problema de los judíos desde un punto de vista diferente: la pérdida del honor y de la propia respetabilidad es lo peor que puede sucederle tanto a un hombre como a toda una nación.

El 17 de marzo de 1943, Peshev escribe: «El sentido de gran responsabilidad histórica que en este momento compartimos con el gobierno, nuestra constante fidelidad a su política y al régimen, así como nuestro deseo de contribuir de cualquier manera a su éxito, nos proporcionan el valor para dirigirnos a usted, en la confianza de que lo considere un paso realizado con sinceridad y buena fe.

»Algunas de las recientes disposiciones adoptadas por las autoridades demuestran su intención de tomar nuevas medidas contra las personas de origen judío. Por parte de los sectores responsables no se proporcionan explicaciones ni acerca de la naturaleza de tales medidas ni sobre los criterios con los que se han tomado, acerca de su motivación y su objetivo [...].

»Estas medidas son inadmisibles, no solo porque estas personas –ciudadanos búlgaros– no deben ser expulsados de Bulgaria, sino también porque esa expulsión tendría muy serias consecuencias para el país. Sería una *indigna mancha de infamia en el honor de Bulgaria,* que constituiría un gran peso moral, pero también político, privándola en el futuro de todo argumento válido en las relaciones internacionales.

»Las naciones pequeñas no pueden permitirse el lujo de prescindir de estos argumentos que, ocurra lo que ocurra en el futuro, siempre constituirán un arma poderosa, quizá la más poderosa de todas. Para nosotros eso es muy importante porque, como usted recordará, en un pasado reciente hemos sufrido graves pérdidas morales y políticas a causa de las desviaciones de las leyes humanas y morales por parte de algunos búlgaros y, frecuentemente, por culpa de personas irresponsables.

»¿Qué gobierno búlgaro podría asumir tal responsabilidad en relación con nuestro futuro?

»El reducido número de judíos presentes en Bulgaria, así como el poder del Estado, que dispone de tantas leyes y tantos medios, convierten en inocuo cualquier elemento peligroso o perjudicial para cualquier estrato social al que pertenezca, hasta el punto de que, en nuestra opinión, es del todo inútil la adopción de nuevas medidas excepcionales y crueles, podrían conducir a una masacre. *Una cosa de ese estilo se volvería principalmente en contra del gobierno, pero afectaría también a Bulgaria. Las consecuencias que una situación así podría acarrear son fáciles de prever y esa es la razón por la que no debe suceder.*

»Basándonos en estas consideraciones, no estamos dispuestos a asumir ninguna responsabilidad en este punto. Igual que la vida necesita del aire, para gobernar se requiere un mínimo de legalidad.

»*El honor de Bulgaria y del pueblo búlgaro no es solo una cuestión de sentimiento, es sobre todo un elemento de su política. Es un capital político del máximo valor, y de ahí que nadie tenga derecho a usarlo indiscriminadamente si no todo el pueblo está de acuerdo*»[48].

Sus palabras son convincentes. Cuarenta y dos diputados de la mayoría germanófila firman el llamamiento, no porque hayan cambiado de idea política o porque aspiren a una nueva colocación internacional de su país, sino porque por primera vez alguien les ha hecho razonar acerca de las consecuencias morales de sus acciones. El mismo Peshev observa con estupor que quienes suscriben el documento en esas horas dramáticas sienten su conciencia liberada de un peso incómodo.

«Constaté que muchos diputados ponían su firma con gran alivio. Se veía claramente que en su fuero interno estaban inquietos por lo que se estaba fraguando en su país. Incluso si no se sentían directamente responsables, se comprendía que no podían aceptar el curso de los acontecimientos. Recuerdo las palabras del diputado de Breznik, Alexandar Simon Gigov, que después de haber firmado soltó una exclamación de alegría: "¡La dignidad de Bulgaria está a salvo!". Sus palabras expresaban exactamente los sentimientos y las convicciones de todos aquellos que hasta ese momento no habían imaginado lo que podría haber sucedido, pero que ahora no podían aceptar lo que habían descubierto.»[49]

El vicepresidente del Parlamento obtiene así el resultado más milagroso de toda la historia del Holocausto. Los mismos personajes que hasta ese momento habían avalado la política de Hitler asumen la responsabilidad de salvar a los judíos de un destino ya escrito. A pesar de la insistencia de los alemanes, el gobierno búlgaro suspende la orden de deportación de toda la comunidad judía.

El miedo a la vergüenza, como argumentó Hannah Arendt, se demuestra así tabla de salvación, cuando el oportunismo o la fascinación por una ideología lleva a los hombres a cometer actos criminales.

Este es el verdadero *secreto* de la acción de Peshev.

Así hoy, a diferencia de Alemania, donde el intento de Wegner estuvo condenado al fracaso, Bulgaria recuerda con orgullo el salvamento de los judíos y no lleva en su historia esa marca infamante que Peshev consiguió evitar en el último momento. La fábula de Peshev es la mejor tarjeta de visita[50] de Bulgaria, cuando, después de 1989, se abren las puertas de la Comunidad Europea a los países de Europa del Este.

Zofia Kossak: no me gustan los judíos, pero no quiero convertirme en una asesina

La historia de la escritora polaca Zofia Kossak Szczucka[51], en los años de la ocupación nazi en Polonia, es todavía más emblemática.

Su postura contra el genocidio de los judíos demuestra que puede sentirse una responsabilidad moral incluso cuando existe un sentimiento de repulsa en relación con las víctimas.

Lo que mueve a la intelectual polaca de 52 años no es su juicio sobre los judíos, a los que considera enemigos de Polonia, sino la preocupación de las consecuencias que pueden recaer sobre la moralidad de su país si no se libra del silencio.

El llamamiento («la protesta») que hace circular en los ambientes de la resistencia polaca en agosto de 1942 frente a la tragedia del gueto de Varsovia es, en cierto sentido, sorprendente. Declara públicamente que no le gustan los judíos, pero se siente como un gusano frente a la indiferencia de los polacos respecto de la suerte del pueblo judío.

En el gueto de Varsovia, tras un muro que los expulsa del mundo, centenares de miles de condenados esperan la muerte. Para ellos no hay posibilidad alguna de supervivencia ni les llega ayuda de ninguna parte.

«El mundo asiste al crimen más horrible nunca visto en la historia y calla… Este silencio no se puede tolerar. Por muy motivado que esté, es cobarde. Frente al asesinato, permanecer callado y pasivo es un error: cualquiera que permanezca pasivo mientras asiste al homicidio se convierte en su cómplice; el que no lo condena, lo consiente. Por eso, nosotros –católicos y polacos– alzamos la voz. *Nuestro sentimiento en relación con los judíos no ha cambiado: seguimos juzgándolos enemigos políticos, económicos e ideológicos de Polonia; además, nos damos cuenta de que los judíos nos odian más de lo que odian a los alemanes y que nos consideran responsables de su desgracia. El motivo y las bases de esta convicción siguen siendo un misterio del alma judía, sin embargo tal consciencia no nos exime del deber de condenar el homicidio.*

»No queremos ser Poncio Pilatos. Carecemos de medios para enfrentarnos activamente a los asesinos alemanes, no podemos servir de ayuda, ni salvar a ninguno y, a pesar de todo, protestamos desde lo más profundo de nuestro corazón llenos de piedad, de indignación y de horror. Esta protesta nos la exige Dios, que nos prohíbe matar. Nos viene impuesta por nuestra conciencia cristiana. Cada ser humano tiene el derecho de amar al prójimo. La sangre de las víctimas indefensas reclama venganza. El que no apoye con nosotros esta protesta no es católico.

»Protestamos también en cuanto polacos. No creemos que Polonia pueda obtener ventaja alguna de las horribles acciones de los nazis. Todo lo contrario, percibimos una hostilidad para con nosotros motivada por el silencio del judaísmo mundial y por la propaganda alemana, que ya han comenzado a descargar las propias culpas por las matanzas de los judíos sobre los lituanos y sobre los polacos.

»Además, la forzada participación de la nación polaca en el sangriento espectáculo que está teniendo lugar en Polonia, puede alimentar un sentimiento de indiferencia hacia los errores, el sadismo y, sobre todo, llevar a la conclusión de que sobre el suelo de nuestra patria el asesinato no es punible.

»El que no entienda esto y se atreva a unir el futuro de una Polonia libre y orgullosa con la desgracia de su vecino, hasta el punto de alegrarse de ella de manera cobarde, no puede considerarse ni católico ni polaco.»[52]

No se puede vivir con un asesino dentro de sí, incluso cuando se odia a la víctima; ese, probablemente, hubiera sido el comentario de Hannah Arendt a las palabras de la escritora. Este es el último eslabón del bien. Sentirse obligado a actuar en favor de los otros por respeto a sí mismo, incluso en el caso de que, de acuerdo con las propias convicciones, uno podría inclinarse por no intervenir.

Zofia Kossak, muy conocida en Polonia y en el extranjero por sus novelas históricas, es profundamente antisemita. Sigue el tren cultural de la época y sueña con el nacimiento de una gran nación polaca, limpia de la presencia de minorías. No quiere en casa ni ucranianos, ni bielorrusos ni alemanes. Pero sobre todo no quiere judíos, a los que considera como elementos contaminantes de la nación. Para ella son culpables de ocupar el espacio económico de la clase media y de apropiarse de recursos económicos destinados a la población autóctona. Además, les acusa de ser los instigadores de la revolución bolchevique y en su novela *Pozoga* («La conflagración») identifica comunismo con poder judío. Es el mito de la *judeocomune*[53].

A mitad de los años treinta va incluso más allá del antisemitismo católico y llega a negarles hasta la posibilidad de conversión y se pronuncia abiertamente por una legislación discriminatoria para con ellos. Así hace profesión de su racismo: «Seamos sinceros, sobre todo sinceros. La fe judía nos es indiferente [...] no se trata de la fe, es una cuestión de raza. Los judíos nos son terriblemente ajenos y antipáticos porque pertenecen a otra raza. Nos irritan y hasta sus propios rasgos físicos chocan con nuestra sensibilidad. Su impetuosidad oriental, su falta de argumentos, su característico modo de pensar, la posición de sus ojos, la forma de sus orejas, su manera de parpadear, la línea de sus labios, todo. En las familias de sangre mixta nos volvemos a encontrar las huellas de sus rasgos somáticos hasta en la tercera o cuarta generación y, a veces, más allá [...]. Es necesario decir: lucho contra los judíos por el derecho a existir en mi tierra, tengo que pelear para no sucumbir [...]. Los judíos son para nosotros un peligro real y terrible, que crece de día en día»[54].

Kossak se siente personalmente comprometida en una campaña política que exige el «traslado» de los judíos polacos a Madagascar.

Cuando en septiembre de 1939 la Wehrmacht invade Polonia y los nazis proponen la destrucción sistemática de toda la clase política e intelectual polaca, Zofia Kossak está en primera línea de la resistencia.

Sostiene que «para un polaco es un deber sagrado» luchar contra cualquier forma de colaboracionismo y comprometerse con todas sus fuerzas en la salvaguardia de la identidad nacional. Se entrega en cuerpo y alma a la organización de la prensa clandestina y funda un movimiento político, el Frente para el renacimiento de Polonia, que lucha por «el renacimiento moral del país según la visión católica».

Frente al asesinato en masa de los judíos vive un dilema moral que jamás habría imaginado afrontar. Se pregunta si sería posible para un nacionalista polaco mantener su opinión negativa sobre los judíos y al mismo tiempo sentir horror y disgusto por las acciones de los nazis. Su interrogante interior acaba resolviéndose en forma contradictoria. Ratifica su derecho a seguir profesando su judeofobia pero, al mismo tiempo, exhorta a la nación polaca a no dejarse corromper por el comportamiento de los nazis.

Lo que cuenta para ella no son los sentimientos negativos, públicos o privados, que uno puede sentir por las víctimas, sino las posibles consecuencias de la indiferencia en la reputación moral de su país. Negando ayuda a los judíos, los nacionalistas polacos se hacen daño, en primer lugar, a sí mismos. Los que mueren físicamente en Auschwitz, de los cuales incluso sería posible desentenderse, son los judíos, pero con ellos moralmente también mueren los polacos que les niegan su ayuda.

Para ella existe un mal intolerable, imperdonable para los hombres de cualquier credo: el homicidio en masa. Nadie tiene derecho a transgredir, cualquiera que sea la razón aducida, el mandamiento de no matar.

Cuando en 1941 tiene conocimiento de episodios despreciables de polacos que colaboran en la muerte de los judíos, tanto mediante delaciones como participando directamente en las matanzas, es tajante en su juicio: «La cuestión urgente es la desmoralización y el embrutecimiento que la carnicería de los judíos ha introducido entre nosotros. Efectivamente, para las terribles ejecuciones no se utilizan solo colaboradores lituanos, sino que en muchas ciudades (Kolno, Stawiski, Szumowo, Deblin) la población local ha tomado parte voluntariamente en la matanza. Es preciso actuar contra esta infamia [...]. En ningún caso hay que permitir que la peste del embrutecimiento y del sadismo se difunda entre nosotros»[55].

La emprende contra los campesinos que se han dejado embaucar por los nazis, con lo que de esa manera cada vez son más parecidos a ellos.

«Hoy la bestialidad alemana ha apagado todo resto de sensibilidad de los campesinos, les ha suprimido la certeza de su razón [...] les han convencido de que el judío es una especie de ser maldito sobre el que puede cometerse impunemente el crimen [...] de manera que los casos de colaboración activa de los campesinos en la actividad alemana se están haciendo cada vez más frecuentes.»

Pero, al mismo tiempo, en su relato imagina un diálogo entre dos polacos que asisten a la deportación de los judíos durante la ocupación. Uno de ellos está asombrado al ver a su amigo ayudar a los judíos porque, en esa situación, según él, es más importante pensar en la suerte de los polacos. «¿Por qué lo haces?», le pregunta. Y el otro responde: «Hoy los judíos están sufriendo un exterminio. Son víctimas de persecuciones injustas. Tengo que salvarles porque no quiero que se haga a los demás lo que nunca quisiera que se me hiciera a mí. El mandamiento me exige utilizar cualquier medio para salvar a los demás, de la misma manera que lo exige respecto de mi salvación [...]. Sin embargo, cuando se acabe la guerra diré a los judíos: "Os salvé, os escondí cuando estabais perseguidos. Por salvar vuestra vida arriesgué la mía y la de las personas que me son queridas. Ahora ya nada os amenaza [...]. Marchaos a vivir a cualquier parte. Yo no quiero haceros daño, pero en mi casa quiero vivir solo y tengo ese derecho"»[56].

Zofia Kossak es coherente con su declaración de intenciones. Se expone públicamente con su llamamiento a la nación, y su mensaje es entregado por Jan Karski[57] a los dirigentes americanos e ingleses. *Zegota* constituye el consejo para ayudar a los judíos y crea así la más importante red de socorro en la clandestinidad polaca. No duda en esconder en su casa a algunos judíos escapados. Quiere ser la primera en dar ejemplo. Arrestada por la Gestapo en octubre de 1943, es recluida primero en Auschwitz y luego enviada a la cárcel en Varsovia, donde la someten a brutales interrogatorios. Se salva de una muerte segura por la intervención de la resistencia polaca, que logra corromper a los nazis y comprar su liberación.

Sin embargo, y a pesar de sus batallas por la salvación de los judíos, a pesar de haber desafiado a la muerte para llevar a cabo de la mejor manera posible el imperativo moral que la atormentaba, Zofia Kossak no revisa nunca, tras la guerra, su antisemitismo y sigue alimentando hacia los judíos polacos los mismos sentimientos basados en los estereotipos juveniles. Esta ambigüedad ha tenido dos consecuencias en la memoria histórica. Muchos han preferido hablar de ella recordando solo sus acciones y censurando, en cambio, sus opiniones políticas. Durante años su llamamiento, la «protesta», fue enmendado en lo referente a sus críticas a la minoría. No era admisible recordar que una antisemita había salvado judíos con un valor extraordinario. Era mejor presentarla con el cliché políticamente correcto de la persona que se compromete en una actividad de socorro por simpatía hacia los judíos. Otros, por el contrario, prefirieron velar con una cortina de humo su actividad, porque no la consideraron un ejemplo de comportamiento moral. Se estimó más importante su prejuicio que el valor de su acción de ayuda.

Sin embargo, es en su ambigüedad donde estriba su grandeza y es ella la que nos permite captar la profundidad de la intuición de Arendt.

En numerosos conflictos políticos y étnicos que dividen a los estados y a los pueblos, la imagen del otro pueblo siempre es negativa. Pocos son capaces de sentir amor y simpatía respecto de los que se sienten amenazados. Los que se encuentran cerca de un campamento de gitanos, en la mayoría de los casos, tienen un sentimiento de incomodidad y repulsión. Igualmente resulta inimaginable en este siglo que palestinos e israelíes puedan sentir calor humano y admiración los unos respecto de los otros. Lo que puede encender la piedad frente a las injusticias es muchas veces la necesidad de salvaguardar la autoestima y el respeto de uno mismo. Lo ha repetido en múltiples ocasiones el presidente israelí Simon Peres: «No podemos pasar a la historia como los ocupantes de la tierra de otro pueblo, aun en el caso de que los discursos que hacen acerca de nosotros no nos gusten». La salida de seguridad para no convertirse en cómplices de un mal es la propia reputación. Nos avergonzamos porque sabemos que el tercer ojo oculto dentro de nosotros puede ser mañana el ojo de los que nos miran. Y eso es insoportable.

El juicio: un viaje a la mente de los otros

Si pensar es para Hannah Arendt la facultad de la mente que permite cuestionar reglas injustas admitidas por la sociedad, igualmente importante es la capacidad de cada individuo en particular de expresar un juicio.

Tener una opinión es uno de los grandes placeres de la vida, una forma de felicidad pública, y es una facultad que cualquiera debe tener la posibilidad de ejercer para no convertirse en esclavo de los acontecimientos. El que renuncia a juzgar por sí mismo se convierte fácilmente en presa de tiranos y demagogos. Efectivamente, si la gente hablase al unísono siguiendo las modas culturales o repitiera de memoria los discursos de las autoridades, nos encontraríamos frente a una degeneración de la democracia. Este es, en el fondo, el deseo de los totalitarismos que de una u otra manera tratan de imponer desde arriba un pensamiento único, convirtiendo así a las personas en fotocopias unas de otras.

Cuando Hannah Arendt explora la facultad del juicio, tiene en la cabeza un recorrido muy original. No se trata de mirar el mundo desde una perspectiva personal única, sino de observarlo desde diferentes ángulos y de imaginar los puntos de vista de los otros seres humanos que habitan el planeta.

Una persona, para elaborar un juicio, no puede quedarse inmóvil en la convicción de estar en la verdad, sino que debe tener la modestia y la curiosidad de emprender un viaje físico y mental entre los demás, intercambiando opiniones con ellos y esforzándose en comprender e interpretar las diferentes aspiraciones de cada uno. El viaje puede tener como meta los amigos, los vecinos o los extraños, las personas más alejadas de nosotros.

Hay que ponerse en el lugar del otro para poder juzgar. Si uno es de derechas debería esforzarse en comprender cómo una persona de izquierdas puede interpretar los mismos acontecimientos. Un empresario tendría que imaginar cómo un obrero puede vivir una opción económica. Un magistrado en el momento de emitir una sentencia en relación con un imputado debería tener disposición de ánimo para comprender todas las razones del abogado defensor. Si se vive en un país democrático y avanzado, hay que imaginar la condición de quien no tiene el privilegio de la democracia y del desarrollo económico. Es una cadena sin fin y este interrogante puede incluso referirse a personas que ya no existen, pero que con sus enseñanzas morales podrían decirnos cómo comportarnos en determinadas circunstancias.

¿Cómo juzgarían nuestros padres, qué pensarían Sócrates, Séneca, Marco Aurelio, Immanuel Kant si se encontraran en nuestra situación? ¿Qué pensarían los personajes de nuestros escritores preferidos? Juzgar significa, efectivamente, escuchar a los otros dentro de sí y constatar la presencia de la pluralidad humana, pero también anticipar con nuestra imaginación el eventual pensamiento del otro. Nuestro yo se hace más grande y tiene en cuenta el destino de los demás. Ya no nos sentimos hombres aislados, sino parte del mundo, porque el prójimo habita dentro de nosotros.

Hannah Arendt observa: «Cuanto mayor sea el número de personas que puedo tener en cuenta en mi pensamiento y en mis juicios, más representativos serán estos [...]. Este tipo de pensamiento representativo, posible gracias a la imaginación, requiere algunos sacrificios. Kant dice: "Por decirlo de alguna manera, tenemos que renunciar a nosotros mismos por amor a los demás", es decir, debemos tener en consideración la existencia de los otros y tratar de obtener su asentimiento»[58].

Solo después de este viaje el pensamiento obtiene su autoridad y su singularidad. Escuchar a los otros dentro de sí no significa, naturalmente, renunciar a la opinión propia y adoptar un juicio que no es el nuestro. «Me formo una opinión considerando determinada cuestión desde diferentes puntos de vista, teniendo presente en mi cabeza las opiniones de quienes están ausentes; en otras palabras, les represento. Este proceso de representación no adopta ciegamente los puntos de vista de los que están lejos y que, por lo tanto, ven el mundo desde una perspectiva diferente; no es cuestión de empatía, como si yo tratara de ser y sentirme otro, ni de elaborar estadísticas recogiendo una mayoría, sino de ser y pensar de acuerdo con mi propia identidad en una situación que no me pertenece. En mi mente, mientras estoy pensando en un determinado problema, mientras considero muchos puntos de vista, cuanto mejor me imagine cómo sentiría y pensaría si adoptara esos puntos de vista, mayor y más fuerte será mi capacidad de representación del pensamiento y más válidas mis conclusiones finales y mi opinión.»[59]

Un itinerario de este tipo puede llevarse a cabo en un sistema democrático donde la prensa libre y las instituciones facilitan el recorrido de apertura al otro. De esa manera un individuo es estimulado a abrirse a la pluralidad y al juicio de los demás.

Pero las instituciones no resuelven el problema si el individuo no ha desarrollado esa apertura mental. El Parlamento y los diferentes órganos representativos corren el riesgo de convertirse en una caja vacía si los ciudadanos no son capaces de cuestionarse, de considerar los diferentes puntos de vista, de sentir la alegría de cambiar de opinión y de juzgar de un modo imparcial. La democracia política es insuficiente si no hay hombres educados en la democracia y con una mentalidad abierta. La democracia impuesta desde arriba en Irak o las elecciones que han llevado a Hamás al poder en Gaza son un ejemplo tangible de cómo los ciudadanos demócratas no se inventan de un día para otro. El gusto por la democracia requiere un largo aprendizaje.

Pero esa forma mental puede llegar a ser, si cabe, más importante en una situación de emergencia, cuando se pisotean los derechos humanos.

Quien es capaz de salir de su propio caparazón, de llevar a cabo un viaje hacia la situación de los demás, de juzgar desde diferentes puntos de vista puede convertirse en un dique para las fuerzas del mal. En las dictaduras, un hombre, si quiere ser libre, debe tener la fuerza de construirse por sí mismo la mentalidad abierta. No es un recorrido para todos.

Jan Karski, el justo polaco capaz de pensar desde dos puntos de vista

La historia de Jan Karski (nombre de batalla de Jan Kozielewski) en Polonia, durante los años de la ocupación alemana, es un extraordinario ejemplo de esta capacidad de juicio que capta de manera imparcial los puntos de vista de los demás y los convierte en parte de su propia identidad.

El mensajero de la resistencia polaca es efectivamente capaz de cambiar, de llevar a cabo una metamorfosis personal, de abrirse al dolor de los judíos condenados al exterminio, desde posiciones de ferviente nacionalista. Jan Karski vive en el mismo clima antisemita de Zofia Kossak y jamás ha dado muestras de interesarse por la vida o la cultura judía.

Su cerebro se parece a un ordenador, es capaz de memorizar palabra por palabra, decenas de documentos y de contar con gran precisión todo lo que observa en los campos de batalla.

Profundo conocedor de lenguas extranjeras se le adjudica la tarea de mantener las relaciones con Occidente para divulgar la causa de la nación polaca que, en 1939, ha sufrido una doble amputación de su territorio por parte de los rusos y de los alemanes. Viaja, pues, varias veces a París para reunirse con los emisarios del gobierno polaco en el exilio y es considerado por la resistencia clandestina como un hombre de absoluta confianza.

Durante uno de sus viajes, mientras se encuentra en Eslovaquia es descubierto por la Gestapo, arrestado y torturado. A consecuencia de un intento de suicidio para no traicionar a sus amigos y a la organización (consigue cortarse las venas con una navaja que esconde en la suela de sus zapatos) es trasladado a un hospital del que escapa descolgándose por una ventana.

A continuación, su experiencia en el gueto de Varsovia y el encuentro con miembros de la resistencia judía le afectan profundamente. Lleva a cabo el viaje más inquietante que un ser humano puede hacer hacia el destino de los otros. Los responsables del Bund, el Partido Socialista Judío, le llevan a las puertas de un campo de concentración donde puede constatar lo que les espera a los judíos después de su detención en el gueto.

Su reacción es muy diferente de la de Zofia Kossak. La escritora se había avergonzado de la indiferencia de los polacos ante el exterminio y se interroga acerca de las consecuencias de aquellos acontecimientos por la reputación moral de su país, mientras que Jan Karski ya no se siente un combativo resistente polaco, sino un portavoz del drama de dos pueblos. Ya no mira el mundo solo *desde un punto de vista polaco*, sino que se comporta como un *resistente* del gueto de Varsovia.

Así, cuando vuelve a salir para su misión diplomática en Occidente y dirige sus desesperados llamamientos al presidente americano Roosevelt, al secretario de Estado inglés Eden, al presidente del Tribunal Supremo estadounidense Felix Frankfurter solicitando una intervención inmediata para tratar de bloquear la máquina del exterminio, piensa y razona como *un polaco con un corazón judío*.

Frente a la sordera de sus interlocutores que no quieren creerle y que le explican la imposibilidad de anteponer la ayuda a los judíos a la guerra contra los alemanes, Jan Karski, además, se siente culpable. E interpreta su fracaso personal como un fallo de la humanidad entera. Es un concepto del que volverá a hablar con gran coraje en una conferencia en 1981.

«Dios me impuso la tarea de hablar y de escribir durante la guerra, cuando había posibilidades de ayudar, pero no lo conseguí.

»Tras el fin de la guerra me di cuenta de que los gobiernos, los responsables políticos, los intelectuales, los escritores no habían sabido lo que les estaba pasando a los judíos. Les pilló por sorpresa. El asesinato de los judíos era un secreto.

»Entonces me sentí judío, como la familia de mi mujer –todos ellos murieron en los guetos, en los campos de concentración, en las cámaras de gas– de manera que todos los judíos exterminados se convirtieron en mi familia.

»Pero yo soy también un cristiano judío. Soy un católico practicante. Aunque no soy un hereje, mi fe me dice que la humanidad ha cometido un segundo pecado original, con sus acciones, con su omisión de socorro, con la indiferencia, con la insensibilidad, con el egoísmo, con la hipocresía y una fría racionalización.

»Este pecado perseguirá a la humanidad hasta el final de los tiempos. Este pecado me persigue a mí. Y yo quiero que así sea.»

Es un juicio de gran actualidad, sobre todo hoy, cuando la Iglesia discute sobre el concepto de santidad con referencia a la figura de Pío XII por los méritos admitidos durante su pontificado. Es interesante reflexionar sobre la figura del mensajero de la resistencia polaca mientras se discute acerca de la santidad de un pontífice impotente y silencioso frente a la Shoah: enorme es la lección moral de Jan Karski que, frente a las dimensiones de la tragedia judía, se siente «culpable» por haber intentado por todos los medios alertar al mundo sin haberlo conseguido. Para el desgraciado mensajero del drama judío todos los hombres en puestos de mando político durante los años de la guerra tendrían que sentirse responsables por no haber logrado evitar el genocidio nazi.

Los diferentes itinerarios de Jan Karski y Zofia Kossak nos iluminan sobre dos modalidades de la vida ya individualizadas con precisión por Hannah Arendt.

La escritora polaca es un ejemplo del efecto del *pensar* en relación con el mal. Frente a un acto de maldad se tiene un sentimiento de inquietud personal y se reacciona para no dejarse corromper. Efectivamente, Zofia Kossak ayuda a los judíos que no ama porque está en juego su dignidad personal y la de los polacos.

Por el contrario, Jan Karski representa el efecto del *juzgar*, que Hannah Arendt considera inherente al estímulo del pensamiento. Quien tiene la valentía de cuestionarse y de valorar las eventuales consecuencias de una acción negativa, puede abrir la mente a la capacidad de un juicio universal. El mensajero de la resistencia polaca, empujado por el ansia de juzgar y examinar los acontecimientos desde distintos puntos de vista, teniendo en cuenta la condición de todos y, en primer lugar, la desesperada condición de los judíos, no solo llega a un juicio imparcial y universal, no solo llega a prescindir de su propia identidad originaria, sino que en ese punto se siente polaco y, además, judío y portavoz de toda la humanidad.

La facultad de juicio que nace de los viajes de nuestra mente, es decir la capacidad de ponerse en el lugar del otro, crea el milagro de una pluralidad humana que entra en nuestro yo: en otros términos, miramos el mundo con otra mirada y desde una perspectiva diferente.

La necesidad de la autoestima como antídoto contra el mal la encontramos en los dos momentos de la vida de la mente, el momento del pensar y el momento del juzgar, por los cuales tengo el valor de pensar ante todo por mi dignidad, y trato de juzgar porque, de otra manera, estaría a disgusto conmigo mismo. Pero el recorrido del juicio, que determina una gran apertura mental, engloba en el propio yo una mentalidad más abierta. Esa es la razón por la que Karski, a diferencia de Zofia Kossak, que seguía declarándose antisemita, sintió por el contrario crecer en él, después de Auschwitz, un alma judía junto a la polaca.

Pero no se puede pedir a todo el mundo que se convierta en Jan Karski y que adquiera un espíritu universal. Contentémonos, como probablemente diría Moshe Bejski, con que los hombres, frente al mal extremo, sigan el recorrido de Zofia Kossak y sientan indignación.

No es poco.

Juzgar por nosotros mismos sin esquemas preconcebidos

Hannah Arendt explora una facultad de la mente muy específica, que parte del concepto de juicio reflexivo utilizado por Kant en su concepto de estética. Esta disposición nos permite descubrir cuestiones universales en pequeños fragmentos de la realidad.

Cuando miramos un objeto bello, una obra de arte, cuando saboreamos un plato, admiramos una flor o un determinado escorzo de la naturaleza, somos capaces de expresar un juicio estético y decir qué bello y bueno es, sin necesidad de tener un conocimiento general del arte, de la gastronomía o de la botánica. Nos guían nuestros cinco sentidos. Podemos decir que una cosa nos gusta o no nos gusta haciendo referencia exclusivamente a la particularidad y al carácter concreto del objeto.

Lo mismo tendría que valer también para el juicio moral. Deberíamos tener la capacidad de juzgar por instinto cuando carecemos de experiencias anteriores, de reglas generales que nos ayuden a comprender. Y así, efectivamente, podremos captar las nuevas reglas morales, haciendo asociaciones mentales entre episodios separados, a partir de los hechos y de las situaciones que analizamos.

Pero Kant había circunscrito este tipo de juicio intuitivo exclusivamente a la estética y había considerado, por el contrario, que la moral debería basarse en un procedimiento de tipo deductivo.

Siempre tiene que haber una regla general, un imperativo categórico aplicable cada vez que alguien quiera saber qué hacer en cada caso en particular. Haciendo referencia a principios universales tales como no matar, no mentir, rechazar la violencia, el hombre siempre puede saber cómo comportarse.

Desde luego, la referencia a determinados principios, piénsese en los diez mandamientos, es una brújula para el comportamiento moral, pero las ideologías, los totalitarismos han demostrado con frecuencia que la referencia a ciertos valores no basta en absoluto para comprender y juzgar la realidad. Los sistemas totalitarios han conseguido invertir los valores consolidados: era lícito robar porque de ese modo se confiscaban las «propiedades» de los judíos o de los burgueses enriquecidos a costa de la comunidad; era lícito mentir porque era preciso tener confianza en la verdad superior del partido; la violencia y el asesinato estaban justificados en nombre de la legítima defensa contra los eventuales enemigos.

De esta manera, en el nazismo y en el comunismo, la gente aceptaba llevar a cabo cosas terribles y permanecía en silencio frente a las tropelías, considerando en cualquier caso que así se mantenían fieles a principios morales. Los tipos como Eichmann, tan habituales en los totalitarismos, actuaban haciendo referencias a reglas generales y aplicaban a pies juntillas los imperativos morales de la época.

De ahí que en determinadas circunstancias, tal como intuye Hannah Arendt, solo es capaz de juzgar quien se sustrae a las reglas y se transforma en forajido en relación con las leyes y con el sentido común.

El que se escandaliza por la persecución de un judío en Berlín, o se indigna en Moscú por una campaña política contra un enemigo del pueblo, es en el fondo capaz de un juicio reflexivo. Juzga las cosas a partir de la realidad de los hechos y redescubre en los detalles los valores morales desaparecidos. Se realiza así un pequeño milagro: una persona juzga por sí sola sin referencias morales y luego es capaz de encontrar las reglas generales de la existencia, proponiéndolas a su vez a todo el mundo.

Jovan Divjak, el general de Sarajevo

Este tipo de experiencia es la que vivió el general Jovan Divjak, héroe de la resistencia de Sarajevo durante los años del asedio a la ciudad que, de vez en cuando, frente a una situación inesperada escapa de los condicionamientos políticos, de la llamada de la nacionalidad de pertenencia, de lo políticamente correcto, de la causa justa. Una y otra vez tiene que juzgar por sí mismo y redescubrir las leyes morales sin buscar nunca un fácil consenso.

Cuando lo encontré me quedé sorprendido de que un militar con un superyó más bien narcisista fuera capaz de liberarse moralmente en el curso de una de las situaciones más complicadas por las que puede pasar un ser humano. En la guerra de la ex Yugoslavia hacerse una idea de quiénes eran los responsables de la limpieza étnica y quiénes los perseguidos resultaba siempre una difícil tarea.

No existe un solo culpable, como el presidente Slobodan Milosevic que, para dar vida a la gran Serbia, trató de imponerse al resto de las nacionalidades, o el conjunto de los responsables de las nacionalidades agredidas que, a su vez, criminalizaron y persiguieron sus minorías.

Quien sufre el daño y la agresión es también protagonista de crímenes contra la humanidad; solicita la solidaridad del mundo para su justa causa y luego se comporta con los demás con idénticos métodos de agresión.

Divjak es un comunista convencido. De pequeño su madre le estimula para que estudie los clásicos del marxismo y él se inscribe en la academia militar de Belgrado. Está orgulloso de ser ciudadano de un país socialista. Ama Yugoslavia por su espíritu independiente de las grandes potencias y, sobre todo, de la Rusia de Stalin. Le parece estar viviendo en una pequeña tierra prometida, así como conocer con claridad los principios morales que regulan el mundo. De hecho, ha encontrado el país del bien, la ideología que le guía en la vida y el oficio más deseado que un diplomado por la academia militar puede desempeñar en Belgrado.

Entra a formar parte del restringido grupo del cuerpo militar encargado de la defensa personal del presidente, el mariscal Tito. Se le considera un hombre de confianza. Controla los itinerarios del presidente, el tranvía al que se dispone a subir, el coche que utiliza en sus desplazamientos. Sin embargo, a pesar de la proximidad con el gran jefe, del que se siente un fiel ángel de la guarda, nunca logra encontrarse con él.

«¿Pero le has hablado alguna vez?», le preguntan todos los días sus amigos. Jovan se pone colorado, porque le avergüenza decir que todavía no ha llegado el día del encuentro. Por ese motivo, cuando está de guardia en el jardín de la villa del presidente y ve corretear al pequeño perro blanco con su dueño al lado, no desperdicia la ocasión de acercarse a Tito. «Me pongo en posición de firmes frente a él y le digo emocionado: "¡Camarada presidente, teniente Divjak, sin novedad!"» Era el 19 de mayo de 1962 y desde ese mismo día el joven Jovan no deja de contar con orgullo aquel episodio: durante toda su vida nunca se planteó ninguna cuestión sobre el sistema comunista.

«Estoy orgulloso de formar parte del batallón. Tito, para mí, es un mito porque fue capaz de unir las nacionalidades yugoslavas y alejó del país a los que trataban de amenazar la cohesión y alimentaban el fuego de los particularismos étnicos.»

Jovan está considerado como uno de los mejores oficiales de la escuela militar y es enviado a París para hacer un curso de especialización en la Escuela de Estado Mayor. Todo parece ir a pedir de boca para su carrera, pero en la capital francesa se mete en una aventura sentimental. Frecuenta a una bella condesita italiana y los servicios de seguridad no digieren que un hombre de confianza pueda establecer relaciones personales en el extranjero con una aristócrata que no «encaja» en los valores del sistema socialista.

Sometido a desagradables interrogatorios a su vuelta a Belgrado, le mandan a Sarajevo para castigarle. Allí tendrá que desempeñar una tarea de segundo orden: instructor de reclutas.

La pérdida de referencias

Jovan no lo admite, pero durante años vive con la nostalgia de una ocasión perdida y siente el peso de una progresiva marginación en el ejército yugoslavo. A pesar de su entusiasmo, le cuesta escalar en su carrera militar. Está empeñado en encontrar el modo de reconquistar la confianza de Belgrado.

Cuando comienza el progresivo proceso de disgregación de las repúblicas yugoslavas y el nuevo líder político llama al país a agruparse en torno al alma serbia, Divjak tiene la oportunidad de recuperar la reputación perdida y volver al redil.

En ese momento no es fácil intuir la dirección en la que se moverá la historia, quién tiene razón y quién no la tiene. Frente a las instancias secesionistas de Eslovenia y Croacia, la tentación de seguir las directrices políticas de la capital y de escuchar la llamada de la sangre serbia que invoca Milosevic podrían resultar una tentación muy fuerte para Jovan.

Jovan vive un auténtico dilema: si juzga los acontecimientos sobre la base de sus viejos criterios y referencias morales (juicio deductivo) se inclina a creer que Serbia representa una contención contra la disgregación del país. Efectivamente, durante los primeros meses de la guerra, ve con preocupación la eventual independencia de Eslovenia y se alinea con Milosevic. «Pensaba», me confiesa, «que el ejército yugoslavo tendría que impedir a toda costa la secesión de aquel país, porque, de lo contrario, se infringiría el ideal multinacional de Tito. Incluso cuando comienza la agresión a Croacia, yo sigo al principio a los propagandistas de Belgrado, los cuales sostienen que se está llevando a cabo una rebelión fomentada por los fascistas de la Ustacha».

«Le digo la verdad: si hubiera sido movilizado para la guerra en Croacia, sin ninguna duda habría obedecido las órdenes.»

Y a las órdenes de Belgrado, Divjak, en calidad de comandante de la defensa territorial de Sarajevo, obedece cuando le ordenan transferir las armas desde Bosnia a los cuarteles del ejército nacional (JNA), que intenta así tomar el control militar del país[60].

«Con una ingenuidad mezclada con el sentido de la disciplina», admite Jovan, «dio órdenes a esas localidades de entregar las armas al JNA, sin comprender que eso sería el inicio de la agresión a Croacia y Bosnia desarmadas».

Pero cuando se da cuenta de que Milosevic transforma el viejo ejército yugoslavo multiétnico en un cuerpo militar dependiente de Belgrado y fomenta una escisión serbia en Bosnia, Jovan se siente repentinamente huérfano de toda referencia ideológica. Ha comprendido que la vieja Yugoslavia comunista y multiétnica ya no existe y que debe decidir por sí solo lo que hay que hacer: volver a Belgrado o vivir en un Sarajevo que ya no será nunca el de antes. No tiene ideas claras, pero tiene que adoptar una postura ante los hechos puros y duros.

Con lo cual se entrega así a un *juicio estético*: tiene que interpretar el bien y el mal en las cosas, sin confiar ahora en «barandillas» ni en certezas ideológicas.

Pero esta opción tiene un precio.

En la parte justa, pero con miedo y soledad

El 8 de abril de 1992, el coronel Stjepan Shiber, de origen croata, le convoca: «Bosnia Herzegovina ha obtenido su independencia y estos son momentos históricos. La presidencia debe defender el país de los ataques de los extremistas serbios y quisiera contar con un mando multinacional. Hasan Efendic, el jefe del Estado Mayor, es bosnio, yo soy croata. Te proponemos para el puesto de comandante adjunto con nosotros. Me gustaría que aceptases. Piénsatelo».

Jovan Divjak todavía no prevé la agresión a Bosnia y el terrible asedio, pero decide colaborar porque ama a Sarajevo y quiere defender el espacio multicultural de la ciudad. El viejo mundo ya no existe, pero confía en poder vivir en una ciudad que mantenga la tolerancia. «En esos días acabé comprendiendo que Belgrado no estaba interesado en salvar la unidad del país; lo que pretendía era dominar por la fuerza al resto de las repúblicas. Llegados a este punto, lo mejor era que cada uno de los pueblos que quisiera obtener su soberanía de un centro imperial y nacionalista pudiera defender su independencia. Me habían trastornado las terribles imágenes de los bombardeos en Croacia. Milosevic trataba de imponerse mediante el terror. De manera que yo, que había sido enviado a Bosnia desde Belgrado con la tarea de defender la cohesión de Yugoslavia, me encontré defendiendo la independencia de Sarajevo. Frente a los muertos y a las injusticias había cambiado *mi punto de vista*.»

Una decisión como esa le lleva a conocer una imprevista soledad. Defendiendo la verdad pierde muchos de sus viejos amigos. El mando multinacional de la ciudad es de hecho abandonado por casi todos los oficiales serbios. Dos tercios de los efectivos no se presentan al día siguiente porque están presionados por Belgrado y porque no se sienten con ánimo de combatir contra aquellos a los que, en cualquier caso, consideran sus hermanos.

La llamada de la sangre y de las familias que viven en Serbia es demasiado fuerte incluso para quien está preocupado por la suerte de Sarajevo. «Había en mi oficina un viejo amigo, el oficial serbio Stojan Ilich, que durante toda su vida había combatido los nacionalismos. Cuando se encontró en la misma situación que yo y tuvo que tomar una decisión se puso a llorar como un niño. Intenté convencerle por todos los medios para que se quedara con nosotros, pero Stojan después de hablar con su madre, que vivía en un pueblo al sur de Serbia, se sintió mal por el miedo a abandonarla, de modo que decidió marcharse.»

Jovan tiene valor, pero advierte en su interior una inquietud por las acciones de los serbios en Sarajevo e intuye que siempre hay gente a quien le gusta generalizar y culpabilizar a los individuos independientemente de sus acciones.

De repente, a Jovan le asalta el miedo. En el curso del asedio, ya habían sido asesinados en la ciudad por parte del ejército yugoslavo más de cien ciudadanos y había más de trescientos heridos. Sobre Sarajevo caían las bombas y la artillería serbia ametrallaba la ciudad desde posiciones ocultas en las colinas.

Acababa de visitar los puestos avanzados del ejército bosnio y estaba recorriendo la calle Sedrenik cuando el chófer le pregunta si ya se ha enterado de que el día antes, el 9 de junio, una granada había matado a dos jóvenes de quince y diecisiete años y a una muchacha de catorce.

«No lo sabía. El soldado me propuso que parara y fuese a dar el pésame. Dudo. ¿Qué hacer? Probablemente una granada lanzada desde las posiciones serbias ha matado a todos los hijos de una familia musulmana. Es algo monstruoso. ¿Cómo puedo pensar en dar el pésame a esta familia y esperar que me dejen pasar a aquella casa de dolor? Para ellos siempre y en cualquier caso soy un serbio. Después de una larga vacilación, decido ir, aunque temiendo la reacción de los padres.» Temeroso, Divjak se presenta así en el umbral de la casa, cuando se acerca a él una mujer de unos cuarenta y cinco años que le saluda sin ninguna reserva: «Bienvenido entre nosotros, comandante». Es la madre de los jóvenes asesinados por las bombas serbias.

Jovan no se espera esa bienvenida y se pone a llorar. «Permanecí en aquella casa unas dos horas y aquella mujer me cuenta que la tarde de la muerte de sus hijos le habían entrado ganas de coger gasolina y de incendiar todas las casas habitadas por los serbios. Durante mucho tiempo, su marido trató de calmarla; al final se rinde y vuelve en sí, pensando que carecía de sentido agredir a los serbios que se habían quedado en Sarajevo porque no tenían ninguna culpa.»

Con este espíritu, en el curso de toda la guerra, Jovan intenta demostrar repetidamente que su origen no cuenta y que él se siente, en primer lugar, un ciudadano de Sarajevo. De manera que todos los días recorre a pie y desarmado la ciudad, desde el centro a la parte antigua, sin que nunca le acompañe escolta alguna: de ese modo todos le conocen como el comandante al que le gusta hablar con la gente. «Me dejaba ver para que pudiesen ver que si yo me paseaba a pie, eso significaba que podían estar tranquilos.»

A pesar de sus esfuerzos siempre hay alguien en las altas esferas del ejército que duda de él y que le considera un infiltrado de Belgrado. Así, después de un viaje a América, es arrestado[61] y en diciembre de 1992, acusado de querer retrasar una contraofensiva contra los serbios. La acusación demuestra ser una pompa de jabón y se le reintegra a su puesto de mando, fortalecido ahora por la solidaridad de la ciudad y la de sus compañeros de lucha.

Jovan no desiste. Está en primera fila en la defensa de Sarajevo.

Con Sarajevo, pero no por encima de todo

Sin embargo, a pesar de haberse ganado sobre el terreno la respetabilidad y haber hecho callar con gran determinación a sus detractores, Divjak no acepta nunca que en nombre de la lucha por la supervivencia de la ciudad se lleven a cabo actos contra la moral.

Muchos intelectuales occidentales cuando van a Sarajevo por solidaridad, como los filósofos André Glucksmann y Bernard-Henri Lévy, sobrevuelan por encima de las contradicciones de la política del presidente Izetbegovich.

Jovan, por el contrario, no se calla nunca. Está aprendiendo a vivir sin dejarse condicionar por prejuicios ni ideologías. Amenaza con dimitir cuando militares y policías, con la excusa de proveer el frente, saquean casas, apartamentos y tiendas de croatas y serbios. Escribe a Izetbegovich una carta en la que le habla de su vergüenza por esos comportamientos. Se escandaliza cuando grupos paramilitares secuestran personas y las llevan a realizar trabajos en primera línea, donde es fácil resultar herido por las bombas. «No podemos imponer un trabajo forzado a los civiles y usar la población como carne de cañón.»

Pero lo que más le preocupa es la defensa del alma multinacional de la ciudad. Resistir al asedio significa preservar y proteger la armonía entre las diferentes etnias.

Cuando grupos de musulmanes llevan a cabo actos de prevaricación en relación con los serbios y el ejército bosnio se convierte en protagonista de actos de violencia, Divjak no tiene pelos en la lengua. «No toleraré que todo sea lícito en nombre de la defensa de Sarajevo. Cuando permitimos estas acciones, somos nosotros quienes nos estamos bombardeando. Yo me rebelo contra esas bombas, incluso cuando alguien me acusa de no tener en cuenta las prioridades militares.»

Para Jovan no hay ninguna causa que convierta automáticamente en buenos a los hombres. La defensa de Sarajevo no se lleva a cabo solo con las armas y la resistencia militar, sino también con los comportamientos de cada día. Cuando se pisotean los derechos humanos se destruyen los fundamentos de la ciudad.

A consecuencia de sus polémicas, en 1994, Izetbegovich, le aleja del mando militar. «Me propuso una jubilación honrosa o un traslado a París, pero no acepté. De hecho era un marginado.»

Así, el 18 de noviembre de 1998 escribe una carta al presidente de Bosnia:

«Le comunico mi decisión de devolver el grado de general de brigada, al que he sido promovido [...]. La publicación de documentos oficiales que demuestran que miembros del ejército de Bosnia han matado a civiles en Sarajevo, y de testimonios de ciudadanos particulares sobre los crímenes cometidos en Grabovica, Uzdol, Doljani [...] suponen una profunda herida en mi conciencia y en los valores que siempre he defendido [...]. He hablado del genocidio cometido contra el pueblo bosnio en una decena de conferencias en Europa y en Estados Unidos. He llamado a dar testimonio sobre el asedio de Sarajevo, he hablado de los 10.500 ciudadanos muertos, entre ellos 1.600 niños y jóvenes, caídos bajo el fuego de la artillería pesada. Entonces ni se me pasaba por la cabeza que miembros del ejército de Bosnia Herzegovina pudieran cometer crímenes. En su opinión, cómo debería reaccionar cuando, en el informe de uno de los miembros del ejército de Bosnia Herzegovina (multinacional y multiétnico), leo lo siguiente: "Llevamos dos francotiradores a una bodega, los pisoteamos, les dimos patadas y puñetazos. Después los matamos y, con un sable, decapitamos a Nicolich. Finalmente nos llevamos los dos cadáveres para tirarlos al barranco de Kazane" [...]. Dado que el ejército y el gobierno han escondido los crímenes cometidos contra los civiles [...] o no los han castigado como se debía, mi obligación es tomar distancia del comportamiento de quien ocupa los más altos cargos del Estado [...]. En protesta y señal de desacuerdo devuelvo las estrellas de general de brigada»[62].

Con gran honestidad intelectual se presenta como testigo ante el Tribunal de La Haya, donde se juzga a los altos oficiales bosnios acusados de homicidio de prisioneros serbios en un campo de reclusión. «No pienso que pueda compararse lo sucedido en ese lugar con los campos de la limpieza étnica de Karadzic, pero es innegable que se han cometido crímenes injustificables.»

Desde ese momento, Jovan, a pesar de su fama internacional, se niega a presentarse como portavoz «oficial» de Sarajevo. Una vez más prefiere seguir siendo un hombre libre.

La política no era para él. «Aquí en Sarajevo, el político debe tener tres características: pensar una cosa, decir otra y, además, hacer otra. Se requiere una dosis de ambigüedad, de ausencia de sentido moral, de falta de claridad, y yo no soy así.»

Una vez más emprende un camino nuevo. Construye una organización que se hace cargo de muchachos y huérfanos de guerra. Se compromete con su educación para que después de la guerra pueda formarse una nueva generación que crezca en la tolerancia y en el respeto recíproco.

Canita, la intérprete bosnia que me ha acompañado en Sarajevo y que vio morir a su marido, víctima de un proyectil «perdido», ha acuñado la que es, quizá, la más bella definición del general Divjak: «Un general traicionado por las causas a las que se sumó y que de vez en cuando encontró por sí solo motivos nuevos por los que vivir».

Es todo lo que había intuido Hannah Arendt en su elaboración del juicio reflexivo.

En determinadas circunstancias puede suceder que un hombre tenga que juzgar al margen de toda referencia y encontrar las razones morales de su existencia enfrentándose cara a cara con la realidad. «Me gustaría», observa Canita, «que cuando los jóvenes se encuentren entre tinieblas y no sepan dónde ir, pudieran hacer como él y encontrar nuevos ideales, interrogando siempre a los acontecimientos sin buscar falsos mitos. Haced siempre y en todo lugar como Jovan Divjak».

Se trata de juzgar, la más difícil y refinada de las artes.

El riesgo de la voluntad

Jan Zarski, Zofia Kossak, Jovan Divjak, Armin Wegner no son solo individuos que pensaron y juzgaron por cuenta propia, sino que además tuvieron fuerza para llevar a cabo acciones y para ser artífices de un nuevo inicio.

Para Hannah Arendt, la facultad de la mente que permite a un ser humano elegir, exponerse en público y emprender un acto político o moral, es la voluntad. Este es el posterior secreto de los justos, lo que los distingue del resto de los hombres en los momentos difíciles de la Historia. Aunque puede suponer un primer paso, comprender es insuficiente si luego no sigue un acto de volición que lleve a la persona a actuar.

San Agustín fue el primer pensador que reflexionó sobre el esfuerzo de la voluntad y que reconoció que, cuando estamos a punto de elegir, afrontamos una experiencia fatigosa y desconcertante: impartimos la orden dirigida a nosotros mismos, pero luego, inmediatamente, asistimos a un conflicto entre un quiero *(velle)* y un no-quiero *(nolle)*, entre un sí y un no.

La incertidumbre que nos acosa y que muchas veces nos consume deriva del temor a las posibles consecuencias de nuestra acción. Entramos en un terreno desconocido: no sabemos lo que puede sucedernos y cuáles serán los resultados de nuestra opción. Incluso si hemos pensado y juzgado con raciocinio, dudamos al dar el paso decisivo, y así sucede, con frecuencia, que nos consumimos en nuestra propia inquietud y nos quedamos en el borde, hasta que eliminamos nuestra tensión moral. En definitiva, al final acabamos huyendo de nosotros mismos y esto es el truco para no afrontar nuestros miedos y nuestras responsabilidades.

El hombre justo toma una iniciativa porque ha encontrado la fuerza para vencer ese miedo ante el propio futuro que es el mayor desafío para un hombre que pretende defender la libertad en la dictadura. Este es el mensaje más importante del papa Wojtyla, cuando en Varsovia, en tiempos de Solidaridad, llama a los polacos y a los pueblos del Este europeo a vencer el miedo que anida en sus corazones, para encarar la resistencia frente al totalitarismo comunista[63]. Para el pontífice, el impulso que puede ayudar a superar los dilemas de la voluntad es la fe en Cristo. Por el contrario, para Hannah Arendt es la consciencia de que, con un acto de libertad, podemos hacer que nazca en el mundo algo completamente inesperado y que podemos llegar a ser protagonistas, con nuestra individualidad, de un nuevo comienzo para toda la humanidad.

Según Hannah Arendt, la libertad en cuanto libre elección es una prerrogativa que los griegos y los romanos no elaboraron suficientemente[64]. La facultad de elegir, *proairesis*, que los romanos rebautizaron *liberum arbitrium*, solo podía darse entre direcciones preexistentes, pero era siempre continuación de caminos ya recorridos, no se abría al milagro de lo nuevo. Los antiguos creían en disposiciones predeterminadas: una persona nacía noble y buena y su propia naturaleza ya había sido determinada antes del nacimiento. El carácter del hombre, observaba, por ejemplo, Heráclito, no depende de su ser, sino de la voluntad de los dioses.

Incluso en el mundo cristiano, el mismo san Pablo sostenía que en la lucha entre el querer del espíritu y la incertidumbre de la carne el hombre era capaz de ganar la batalla solo con ayuda de la gracia de Dios. De modo que era lo divino lo que posibilitaba al hombre superar el pecado y el límite inherente a su condición. Nunca existe una plena soberanía del ser humano, capaz solo de vencer el mal con una intervención externa: la ayuda de Dios[65].

Por el contrario, Hannah Arendt subraya que Agustín abre nuevas perspectivas: la voluntad es el órgano del futuro y permite a los seres humanos autodeterminarse y llevar a cabo acciones libres que crean cosas nuevas en esta tierra y tienen el mismo efecto que la natalidad. De la misma manera que un hijo supone siempre al nacer una novedad en este mundo, así la acción de un ser humano crea siempre una situación no prevista. Se trata del gran milagro que se repite como continuación de la obra de los hombres cuando son capaces de tomar en su mano el destino y, en la medida de sus posibilidades, impulsar la Historia en una nueva dirección.

VII
El arte del perdón

La terapia contra los daños imprevistos de nuestras acciones

Un acto que el ser humano lleva a cabo no solo comporta riesgo para quien tiene el valor de ponerse en peligro, sino que también puede provocar efectos imprevistos que traicionan las mejores intenciones.

No existe, efectivamente, ninguna acción humana que pueda ser completamente previsible, y los resultados, que nunca dependen de una sola persona, sino siempre de un conjunto de protagonistas, no pueden observarse más que en la prueba de los hechos.

El mismo Jan Karski, hombre íntegro donde los haya, que se batió como un león para poner en guardia a los poderosos de la tierra frente a los crímenes nazis, tuvo que reconocer amargamente que no había logrado convencer a los jefes de Estado para que emprendieran una iniciativa para salvar a los judíos en Polonia.

Sucede así que no solo los hombres pueden cometer errores, sino también convertirse en protagonistas de acciones que se vuelven en contra de los demás y que comportan daños impensados.

En los mismos acontecimientos políticos del siglo XX muchos hombres se adhirieron al fascismo y al comunismo pensando que era lo mejor que podían hacer, y nunca se hubieran esperado la deriva moral de los regímenes en los que habían depositado las esperanzas para un mundo mejor.

Por este motivo, para Hannah Arendt, es de gran actualidad la enseñanza de Jesús de Nazaret[1] que invita a los hombres a perdonarse mutuamente, porque muchas veces las acciones son fruto de hombres que «no saben lo que hacen».

La práctica del perdón tiene una función fundamental en la condición humana: libera a los hombres de la responsabilidad de lo que han hecho inconscientemente y les permite deshacerse de las culpas del pasado y empezar otra vez desde el principio, sin tener que presentarse durante toda su vida con una marca negativa imborrable. La disponibilidad para perdonar a los demás es un pilar de la convivencia civil, porque no solo reconoce la imprevisibilidad de las acciones, sino también los límites y las imperfecciones de los seres humanos. El que perdona al otro y no despotrica a modo de juez inflexible es consciente de que lo normal, en los hombres, es cometer errores. El que reconoce su propia fragilidad es, con frecuencia, más capaz de reconocer las imperfecciones del prójimo. Nadie escapa de sus propios límites y por eso Jesús frente a la prostituta invita al hombre libre de pecado a arrojar la primera piedra.

Si no existiese el perdón, el hombre se vería para siempre comprometido por las consecuencias de una sola mala acción.

Pero son las sociedades totalitarias las que, introduciendo una variante del «pecado original», teorizan la imposibilidad, para el individuo, de regeneración y liberación del peso del pasado. En los regímenes comunistas, el que procedía de una clase social determinada o, simplemente, era señalado por el partido como poco fiable, era considerado culpable para toda la vida, al margen de cuáles fuesen sus comportamientos.

La odisea del comunista Gino De Marchi en Moscú, cuya memoria ha sido valientemente defendida por su hija Luciana, es un clamoroso ejemplo de una situación que se ha tragado a millones de hombres[2]. Cuando aún era muy joven, fue acusado por el partido, en Italia, de haber dado a la policía el nombre de un compañero de lucha con el que había escondido armas en tiempos de la ocupación de la Fiat, y cargó con esa culpa toda su vida, hasta que fue fusilado en Moscú durante las purgas estalinistas. A los dirigentes del partido no les importó su «autocrítica». No les importó si su testimonio le fue arrancado mediante la amenaza de detener a su madre. De todas formas, deciden mandarle como castigo a Rusia, donde, tras una larga temporada en prisión, a pesar de todos los intentos de hacerse perdonar demostrando su capacidad profesional, siempre se le acusó de ser un espía. Fue enviado al pelotón de fusilamiento con una filosofía bien precisa: el hombre no puede escapar de una culpa verdadera o presunta. Se trata de una marca indeleble.

Las modalidades del perdón

Cuando encara las modalidades del perdón, Hannah Arendt coloca unas mínimas estructuras que constituyen la base del diálogo y de la convivencia entre los hombres.

El perdón está relacionado con la persona que ha cometido una acción equivocada, pero no tiene nada que ver con la cancelación del acto negativo o de la injusticia. Se reconoce la inconsciencia del pecador (no sabía lo que hacía) y se le concede la posibilidad de volver a empezar, pero no se ocultan los efectos de su comportamiento o de su iniciativa equivocada.

El filósofo Avishai Margalit utiliza una metáfora significativa para describir la situación: en relación con una acción equivocada podemos hacer uso de dos intuiciones diferentes para aliviar a los hombres del peso de sus errores[3]. Si hipotéticamente decidiésemos borrarla de una manera definitiva de nuestra memoria con una goma mágica, no solamente iríamos contra la realidad, sino que además cometeríamos una grave equivocación respecto de quien ha sufrido una injusticia y eliminaríamos la posibilidad de que el pecador y la sociedad reflexionaran sobre sus propios errores. La consciencia del pasado nunca es una vacuna, pero puede ayudar a no repetir acciones negativas. Si, en lugar de borrarla como si se tratara de una mancha incómoda, usamos una pluma y ponemos una raya encima, eliminamos así los efectos negativos de la persona que ha cometido la equivocación, pero no olvidamos los daños que provocó. Es el mismo procedimiento utilizado por un buen maestro: con un trazo de su pluma señala las faltas de ortografía de un alumno en su tarea de clase y le proporciona la posibilidad de corregirse, sin borrar las palabras equivocadas.

Martin Luther King explicó muy bien esta idea en sus años de lucha por los derechos civiles, cuando invitaba a los negros americanos a pelear por la integración y no por la separación. «Perdonar no significa ignorar lo que ha pasado o colocar una etiqueta falsa a un acto malvado. Más bien significa que el acto malvado ya no constituye una barrera para la relación.»[4] Había comprendido que sin la disponibilidad para el perdón no era posible la convivencia con los blancos, pero la construcción de una nueva relación, no significaba la cancelación de los agravios soportados.

Hannah Arendt coloca luego un segundo armazón: con objeto de que la dinámica del perdón pueda tener su cauce, es indispensable la sincera admisión de responsabilidades por parte de quien, inconscientemente, cometió los errores y la disponibilidad para escucharlo por parte del ofendido. Cita a este propósito[5] el Evangelio de Lucas: «Y si siete veces al día peca contra ti y si siete veces vuelve a ti diciendo "me arrepiento", le perdonarás».

Luego observa que en las traducciones del texto se pierde el significado etimológico del original griego, donde la palabra *metanoein* (me arrepiento) tiene un significado más amplio y tiene que ver con la disponibilidad de la persona para cambiar su pensamiento y comprometerse a no volver a pecar[6].

Es decir, que no basta la confesión, sino que se requiere la promesa de cambiar la propia mentalidad y de no volver a repetir los mismos errores.

En este punto, quien ha sufrido un agravio puede mostrarse dispuesto a perdonar y puede ofrecer al otro la posibilidad de volver a empezar sin tener que vivir con una marca negativa en la cabeza. Se recompone así la relación originaria entre las dos personas, interrumpida y rota hasta ese momento por un acto de prevaricación.

El perdón recibido es como un regalo recibido que sería impropio rechazar. Crea las condiciones de un auténtico milagro, el único capaz de aliviar a los hombres de los daños provocados y del peso de su propio pasado, y de crear las condiciones para un nuevo inicio. Arendt lo explica así:

«Solo a través de esta constante y mutua liberación de lo que hacen, los hombres pueden seguir siendo agentes libres, solo gracias a la constante voluntad de cambiar de pensamiento y volver a empezar, se les puede confiar un poder tan grande como el de iniciar algo nuevo»[7].

Hannah Arendt explora el poder del perdón con referencia a las situaciones en las que los hombres hacen el mal inconscientemente, pero no nos dice si el criterio puede servir cuando lo cometen voluntariamente o cuando los crímenes cometidos son graves.

A pesar de todo, precisamente en las condiciones extremas, el perdón puede desempeñar una función en la reconstrucción moral y en el itinerario de reconciliación entre comunidades heridas por crímenes contra la humanidad.

La fuerza de no odiar

Se consideran *hombres justos*, junto con los que ayudaron a los judíos, tanto a aquellos que no se dejaron contaminar por el odio y rechazaron el mecanismo de la venganza, como a los que, asumiendo sobre sí una responsabilidad pública por el daño causado, abren el camino del restañamiento de las heridas. Con personas de este tipo existe la posibilidad de un nuevo comienzo. Cada vez que la humanidad reemprende su camino liberándose del estigma del mal heredado de las generaciones precedentes, lo hace a partir de esas personas.

A la primera categoría pertenece Etty Hillesum, la joven judía de la que hemos hablado, que peleó desesperadamente hasta su muerte en Auschwitz para que la corrupción del mundo por obra de los nazis no contaminara a los judíos ni a las generaciones futuras. Probablemente es la primera pensadora que se plantea ese problema en 1942, un poco antes de que se ponga en movimiento la máquina industrial de la solución final. Etty sostiene que los nazis pueden ganar la guerra no solo con las armas y el asesinato en masa, sino también, y de manera más peligrosa para el destino del mundo, si logran destruir el sentimiento de humanidad entre las víctimas y hacen germinar entre la gente la planta del mal y del odio. En este último caso, la derrota es total.

Etty nunca pronuncia la palabra «perdón», pero en sus diarios argumenta que, incluso en circunstancias trágicas, es necesario extirpar del corazón la rabia y el odio generalizado en relación con los enemigos, para no convertirse en lo mismo que los malvados.

Se trata de la prueba más difícil y arriesgada para un ser humano, que se encuentra así protegiendo desesperadamente su dignidad frente al mal. Es preciso –nos explica la joven filósofa de Amsterdam– profesar un desprecio moral por los nazis, pero el que empieza a odiar es un hombre derrotado. Para ella, como para Hannah Arendt, lo que ayuda al hombre a superar esta tentación es el respeto. Del mismo modo que no se puede vivir con un ladrón, un mentiroso o un asesino dentro de sí, tampoco puede uno convertirse en rehén de un sentimiento de odio.

«La podredumbre que hay en los demás», escribe Etty, «existe también en nosotros», seguía predicando; «y no veo ninguna otra solución, verdaderamente no veo ninguna otra, que la de recogernos dentro de nosotros mismos y arrancar de nuestro interior la podredumbre. Ya no creo que pueda mejorarse algo en el mundo exterior sin haber cumplido con nuestra parte dentro de nosotros. Es la única lección de esta guerra. Tenemos que buscar en nuestro interior y no en otro sitio [...]. Tenemos tanto que hacer con nosotros mismos para no llegar al punto de odiar a nuestros llamados enemigos [...] no veo otras alternativas, cada uno debe recogerse y destruir en sí mismo lo que considera que debe destruir en los otros. Y convenzámonos de que cada átomo de odio que añadamos al mundo lo hace más y más inhóspito»[8].

Su cruzada contra el odio y su grito contra la sed de venganza no es un perdón unilateral, sino una predisposición al perdón. Etty, al rechazar con testarudez dejarse condicionar por la filosofía del enemigo («nunca odiaré como ellos y nunca volcaré mi odio sobre un pueblo entero por una banda de bárbaros») e invitando a los judíos a distinguir, incluso en las circunstancias más extremas, entre alemanes buenos y malos, demuestra estar dispuesta a restañar heridas y a reabrir un nuevo capítulo de amistad con la Alemania que está masacrando a los judíos.

Pero no basta con poner la otra mejilla, ofrecerse disponible para recuperar el diálogo y plantear la posibilidad de un nuevo inicio después de las ruinas. Para que este proceso pueda llevarse a cabo, es preciso derrotar a los bárbaros, es necesaria la justicia, el castigo de los culpables y un reconocimiento de la culpa y la responsabilidad por parte de quien está al otro lado. Para el milagro humano de la reconciliación tiene que haber dos: el que se arrepiente y el que está dispuesto a perdonar. De otra manera el mecanismo queda incompleto. El perdón es siempre un recorrido plural, fruto de una relación entre sujetos autónomos libres.

Etty, con su promesa de no odiar, se ha preservado como ser humano, pero luego les corresponde a los otros cambiar de dirección y mostrar arrepentimiento. Si hubiera sobrevivido a Auschwitz habría sido la primera en conmoverse frente al gesto del canciller alemán Willy Brandt, arrodillándose en el gueto de Varsovia, o frente al discurso de Angela Merkel, en la conmemoración de los veinte años de la caída del Muro de Berlín, valerosamente encaminado a recordar la responsabilidad de Alemania en el exterminio de los judíos. La joven filósofa de Amsterdam con su humanidad, probablemente, habría contribuido a la reconciliación entre judíos y alemanes, después de los traumas de la Segunda Guerra Mundial.

La fragilidad del perdón unilateral

Por el contrario, Carlo Castagna, el carpintero de Erba, víctima del feroz delito llevado a cabo por Angela Rosa Bazzi y Olindo Romano, culpables del asesinato de su mujer, su hija, su nieto de tres años y su vecina, declaró públicamente su *perdón unilateral*.

Lo hizo antes incluso de que la justicia localizara a los autores de la matanza que, por su ejecución, resulta ser una de las más feroces ocurridas en nuestra comunidad.

Se trata de un caso de crónica de sucesos que nos permite, quizá mejor que ningún otro, captar los límites y las aporías del perdón, cuando no se realiza un recorrido recíproco entre la víctima y el verdugo. Muchos, sobre todo en el mundo católico, consideran un acto de gran valor moral el hecho de que una víctima, después de un genocidio, perdone unilateralmente a su propio verdugo. Sería bien recibida la hipótesis de que los judíos (pero lo mismo valdría para los armenios o para los bosnios) estuvieran dispuestos a perdonar después de la Shoah y con frecuencia se manifiesta en determinados ambientes un sutil reproche por lo que parece cerrazón mental.

El asunto de Erba, si bien en un contexto completamente diferente, nos ilustra acerca de la fragilidad del perdón unilateral. El matrimonio convirtió el apartamento de via Diaz en un matadero; se ensañaron sádicamente con los cuerpos porque no soportaban escuchar los llantos y lamentos de las pobres víctimas.

Confiesa Angela Rossi Bazzi: «Estábamos desesperados, teníamos que dar una lección a la hija, a la madre y al padre, el más bastardo […]. Raffaella me mordió un dedo y yo la acuchillé. Golpeé la cabeza de las dos mujeres cada vez más fuerte, con tal violencia que rompí los guantes que llevaba, quería asegurarme de que murieran. Al niño decidí matarlo porque no paraba de llorar y me estaba dando dolor de cabeza. Golpeaba, golpeaba y cuanto más golpeaba más aliviada me sentía»[9].

Su marido completa la narración en el curso del interrogatorio: «La primera con la que me tropecé fue con Raffaella, la golpeé inmediatamente y se quedó tumbada en el suelo, luego pasé a su madre, mientras que mi mujer se ocupaba del niño […]. En el suelo se lamentaban, pero mi mujer me ayudó a terminar con ellas, ella con un cuchillo y yo a bastonazos. Fue como matar un conejo»[10].

Pero ni siquiera frente a estas palabras, Castagna se echó para atrás. Ratificó públicamente en la prensa su voluntad de perdonar a los asesinos de su familia dejando estupefactos a muchos comentaristas que le criticaron porque con ese gesto suyo minimizaba la gravedad del delito.

Su recorrido interior presenta algunas afinidades con el comportamiento de Etty Hillesum. Quiso ser coherente, incluso en aquellas trágicas circunstancias, con su promesa de no odiar, que tiene origen en su profunda fe católica. El perdón es, para él, la única posibilidad de no dejarse llevar por la ira, por la sed de venganza y de no sentirse embrutecido como hombre.

«Consideré que no tenía que vivir odiándoles. Para mí eso sería una tragedia. Viviría angustiosamente si pasara mis horas en el rencor, macerado en el odio. Por el contrario, el perdón nos libera, ayuda a olvidar, no en el sentido de que me olvide de los míos, pero cuando pienso que han muerto, lo único que siento es que ya no los tengo, no que fueron asesinados [...] y así vuelvo a encontrarme sereno.»[11]

Para llegar a esta forma de autocontrol, Castagna no oculta sus propias dificultades. Ha tenido que hacer un gran esfuerzo de voluntad personal para no sucumbir, tras la ferocidad de la matanza, a un sentimiento de odio casi natural; no se trata de una elección libre y consciente, sino de un comportamiento guiado por la gracia de Dios.

«A mí, seguramente, esa noche me han ayudado [...] cuanto más lo pienso más seguro estoy [...]. El Carlo Castagna de antes habría dicho: "¿Quién ha sido? ¿Dónde están? ¡Dadme un cuchillo que los mato!". En cambio Dios me ha dado la fuerza del perdón y la lucidez para comprender que estaba en una encrucijada. Tomé el camino justo, de otra manera yo también me hubiera metido en el callejón sin salida de las tinieblas.»[12]

No fue fácil para un carpintero de Erba mantener el control frente al comportamiento de los dos cónyuges, que jamás dieron muestra de arrepentimiento; más aún, en el curso del proceso parecían absolutamente indiferentes, hasta el punto de que en la jaula de los imputados se intercambiaban caricias y sonrisas, como si vivieran en un mundo aparte.

El tormento de Castagna honra al hombre que nunca se entregó a declaraciones de venganza y nunca, como otros, se pronunció a favor de la ley del talión, invocando la pena de muerte para los asesinos.

Sin embargo, su caso es el síntoma de la fragilidad del perdón unilateral, es decir, cuando no encuentra correspondencia por parte del culpable y responsable.

La desilusión por la falta de arrepentimiento de los asesinos es como una espada de Damocles: puede sumir a los parientes de las víctimas en una ira sin control. El que ofrece la otra mejilla y luego no encuentra contrapartida puede acabar transformándose en una bestia. El que es demasiado bueno alguna vez puede ceder irremediablemente. Más que una terapia de autocontrol, una bondad antinatural es la antecámara del odio.

Quizá por eso Castagna es consciente de que no siempre bastan la voluntad y la determinación para recuperar y mantener el equilibrio después de un trauma de esas proporciones. No es casual su invocación a la *gracia* de Dios, porque intuye que sus propias fuerzas, con frecuencia, resultan insuficientes.

Sin embargo, son precisamente estas fuerzas las que el hombre no solo puede encontrar dentro de sí, sino, sobre todo, en los demás. Quizá sea esta la única gracia posible. El curso de la justicia, el compartir sus sufrimientos por parte de la sociedad, quizá puede generar, aunque no es nunca seguro, la asunción de responsabilidades por parte de los asesinos. Solo entonces víctimas y verdugos pueden volver a juntarse para un nuevo camino entre los escombros.

Más realista que el perdón unilateral, aunque igualmente difícil, es el comportamiento de Etty Hillesum. Etty se indigna frente a los nazis, pero aguanta con la determinación de no dejarse corromper por ellos. Se promete una y otra vez no odiar a los alemanes; se limpiará a sí misma de su propia podredumbre e invitará a sus amigos a hacerlo con ella. Está predispuesta al perdón, pero no espera asistir nunca a la redención del otro y al milagro de la conciliación. Ella cumple con su parte, pero les corresponde a los otros cumplir con la suya.

Si se perdona unilateralmente sin esperar el curso de la justicia, incluso en nombre de la dignidad, como propuso Castagna, paradójicamente se corre el riesgo de hacer daño a los otros y a la sociedad misma. Un crimen despiadado no solo afecta a las pobres víctimas, sino que repercute en toda la comunidad. El que perdona sin tener en cuenta las heridas que un grave delito ha provocado en el tejido social puede aparecer como un hombre que minimiza la gravedad del mal.

Por ese motivo Simon Wiesenthal se niega a perdonar a un verdugo nazi que incluso se había dirigido a él con intención de demostrar su sincero arrepentimiento. No es que el cazador de nazis no le diera importancia al reconocimiento de la culpa, sino que se consideraba sin derecho a adoptar una postura personal en nombre del pueblo judío. La justicia por los crímenes de la Shoah todavía no había hecho su recorrido y no se encontraba en disposición de anticipar los tiempos del perdón.

El valor moral de István Bibó, el intelectual que pidió perdón a los judíos

El húngaro István Bibó pertenece a la categoría de los hombres que tienen el valor de pedir públicamente perdón. Es el primer intelectual europeo que declara la corresponsabilidad de su país por el genocidio de los judíos, que llevó a la muerte a 500.000 personas, el 70%, aproximadamente, de la población judía en Hungría.

Inmediatamente después de la guerra comprende que sin una admisión de culpa no es posible la reconciliación con los doscientos mil judíos supervivientes. Es consciente de que se precisa de un acto de perdón, no solo en relación con las víctimas, sino en relación con los propios húngaros.

Hungría, si quiere mirar con serenidad a su futuro, está llamada a llevar a cabo un proceso de purificación.

«Tenemos que pedir perdón», piensa István Bibó, «si queremos ir con la cabeza alta y reconstruir nuestro carácter moral».

Nadie dice que frente a un daño de ese calibre la petición pueda ser atendida y cambiar el estado de ánimo de los supervivientes, pero es el único modo de encontrarse a sí mismos y volver a empezar. Para el que lo concede, el perdón tiene, en primer lugar, una función purificadora.

Una vez más, es el canon del sí mismo (la propia autoestima) indagado por Hannah Arendt en torno a la dinámica del pensar, del juzgar, del querer, lo que volvemos a encontrar en la motivación que empuja a los hombres a perdonar. No estamos llamados a responder ante Dios, ante una ley de los hombres, sino que se trata de un diálogo interior, que tiene lugar en nuestra conciencia.

István Bibó sabe que en ningún país europeo los judíos se han sentido tan traicionados como en Hungría[13]. Los judíos húngaros fueron los que con mayor determinación trataron de asimilarse. De hecho, participaron en masa en la revolución de 1848-1849 con la que el país trató de liberarse del dominio austriaco. Se ofenden cuando les llamamos judíos húngaros porque se sienten primero húngaros. «Tenemos nuestra religión», escriben en 1896, con ocasión del milenario del nacimiento de Hungría, «pero no queremos considerarnos una etnia o una minoría»[14].

Para asumir apellidos húngaros, habían renunciado incluso a sus nombres. Cuando surgió de entre ellos Theodor Herzl, fundador del movimiento sionista, lo consideraron un loco, porque la mayoría se encontraba perfectamente cómoda en Hungría y para nada necesitaban de la «tierra prometida».

Sin embargo y a pesar de su patriotismo, el país de István Bibó, cuando optó por la alianza con Alemania, promulgó las leyes raciales y en el momento de la ocupación alemana, el 19 de marzo de 1944, la mayoría de la población permaneció pasiva frente a la deportación de los judíos.

Bibó, ante todo esto, no puede permanecer tranquilo. Para él es motivo de vergüenza que el padre de su mujer, el obispo más importante de la iglesia calvinista, votara las leyes antijudías y manifestase públicamente su credo antisemita. En este clima de intolerancia perdió a su mejor amigo, el jurista B. Reutzer, su guía intelectual en los años de juventud.

Cuenta Bibó: «Él era quien me aconsejaba los libros que debía leer»[15]. Como tantos judíos húngaros, el amigo es obligado, durante la campaña de Rusia, a enrolarse en las tropas de trabajos forzados empleadas en la búsqueda de minas: un trabajo suicida sin escape.

Bibó, destrozado por la desaparición de su amigo, muerto en una explosión con su hermano, decide quedarse al cuidado de la madre, superviviente de un campo de concentración. Se dirige a ella como si fuera su hijo, en un intento de aliviar las culpas morales de la familia de su mujer.

Aplica idéntico principio de responsabilidad para con su país, aunque ya en calidad de magistrado y funcionario del ministerio de Justicia se había ocupado de distribuir centenares de certificados falsos, con el fin de ocultar la identidad de judíos húngaros. Por su actividad, en el momento de la ocupación de Hungría, fue arrestado por la Gestapo y solo gracias a la confusión reinante durante aquellos días pudo escaparse.

Bibó había actuado como Guelfo Zamboni, salvando multitud de personas pero, para él, eso no bastaba para empezar una nueva vida con la conciencia tranquila.

Desea que su país se arrepienta y escribe un ensayo ejemplar para pedir a los intelectuales y al pueblo húngaro que asuman una responsabilidad pública. Es como Jan Karski: aun habiendo hecho todo lo posible para ayudar a los judíos, siente sobre sí el peso de una culpa que no le corresponde.

Invita insistentemente a los húngaros a eliminar todo tipo de coartadas de la propia conciencia y a no descargar su responsabilidad en los alemanes.

«Preguntémonos únicamente acerca de la parte de responsabilidad que nos compete en la persecución y en el exterminio de los judíos […] y acerca del modo en que la sociedad húngara y sus diferentes organismos administrativos y sociales asistieron a la persecución, a la deportación y al asesinato de los judíos.»[16]

Recuerda que mientras el Estado húngaro colaboraba con los nazis, la sociedad mostraba su pasividad cuando los perseguidos llamaban a su puerta para pedir ayuda. Los judíos encontraban indiferencia cuando no franca hostilidad y en algunos casos llegaron a ser entregados a los carniceros.

Denuncia el comportamiento hipócrita de los húngaros «honestos» que a pesar de seguir frecuentando a los judíos y apiadándose de sus problemas, no comprendían el estado de animales acosados y mucho menos la angustia frente a la crueldad y la ferocidad de los perseguidores; eran estos los hombres que, con toda tranquilidad, explicaban a los judíos que, al ser como eran patriotas húngaros y antibolcheviques, continuaban, pese a todo, deseando la victoria de los alemanes.

A los que se justifican empeñados en no haber imaginado nunca el mecanismo del exterminio de los nazis y en haber dudado de la veracidad de las informaciones que llegaban de los campos de la muerte, Bibó les responde con la observación más rotunda que jamás un intelectual europeo logró expresar con palabras tan claras y precisas:

«Se argumenta que la mayoría de la sociedad húngara ignoraba lo que estaba sucediendo en los campos de concentración o que, cuando se le informaba, la gente se negaba a creerlo, porque las noticias que llegaban resultaban inverosímiles. Resulta más que natural que dichas informaciones, al principio, fueran acogidas con cierto escepticismo. Pero el problema no consiste en saber si creímos en ellas inmediatamente o si dudamos durante mucho tiempo. En el mismo momento en que surgió la posibilidad de la realidad de tales horrores, cada hombre dotado de integridad moral tendría que haber temblado de indignación y haber reaccionado pasando a la acción. Pero nosotros, por el contrario, empezamos a dudar de la existencia de los campos de exterminio cuando, desde el primer momento, sabíamos de la existencia de convoyes de deportados, lo que bastaba como prueba. Y si nos habíamos negado a reconocer la existencia de los campos de exterminio, no es porque confiáramos en la bondad humana, sino para no vernos obligados a asumir nuestra propia responsabilidad»[17].

El reconocimiento de las propias culpas es un paso indispensable para una reconciliación con los judíos; sin embargo, Bibó subraya que el perdón público para una sociedad que quiere empezar de nuevo no debe vivirse como una marca infamante de la que no se puede escapar, sino como el índice de madurez de una nación.

«A la larga, la estima que el mundo podrá albergar respecto de nosotros y que colocará en el platillo de la balanza igualándonos al resto de las naciones, no va a depender de la cantidad de errores que hayamos cometido o negado, sino de la seriedad y la determinación con que hayamos establecido nuestras responsabilidades.»[18]

István Bibó piensa que un rescate moral después de las ruinas tiene que durar toda la vida. El que pide perdón tiene que mostrarse a la altura en toda circunstancia. La redención del hombre después del pecado original (para Hungría, la Shoah) constituye para él un recorrido inacabable. No basta con mostrar arrepentimiento respecto de quien ha sufrido y ha sido abandonado, sino que es preciso manifestar la propia responsabilidad moral[19] en el tiempo presente.

Así, István, después de la guerra y en calidad de funcionario del Ministerio del Interior, se pronuncia contra el espíritu de venganza. Efectivamente, frente a las noticias de que el nuevo gobierno húngaro prepara la expulsión de los alemanes de sus pueblos para meterlos en barracones y campos de concentración al aire libre, interviene enérgicamente y redacta tres notas dirigidas a su ministerio para advertir que las primeras víctimas de ese tipo de atropellos serán las mujeres embarazadas, los niños expuestos a las epidemias y los ancianos, como ya había sucedido con las deportaciones de judíos. Gracias a él, se suspendieron algunas operaciones incontroladas, a pesar de que el traslado de una parte de los alemanes de Hungría no se detuvo. Para Bibó esta es la señal de que, a pesar de la Shoah, la actitud moral de las autoridades y de la población todavía no ha cambiado.

Marginado en el momento en que nace el poder comunista que lo destituye de su cargo de profesor universitario, tiene el valor de plantear a los comunistas una cuestión elemental en un artículo significativamente titulado «La crisis de la democracia húngara».

«¿Qué queréis hacer con la nación húngara? ¿Instaurar una dictadura o una democracia?»

Al cabo de una decena de años, alejado de la vida pública, reaparece durante la revolución de 1956, cuando es elegido ministro del gobierno de Imre Nagy. Su vuelta a la escena dura muy poco porque los tanques rusos ocupan Hungría y sofocan los sueños de un régimen democrático, pero István Bibó es el único entre los diputados que no huye de los bancos del Parlamento y que permanece allí para llevar a cabo un acto de extraordinario valor moral. Ignorado por los militares rusos, que lo toman por un funcionario anónimo, redacta un llamamiento dirigido a la población y al mundo occidental en el que pide una solución política a la crisis. Quiere demostrar a los ocupantes, «con un gesto simbólico», que el Parlamento soberano sigue funcionando.

Su amigo György Litván recuerda: «En la cárcel me contó no sin ironía que había tenido una terrible diarrea, tan grande era su miedo, y que por eso pasaba más tiempo sentado en el baño que en su asiento de diputado. No se sentía un héroe pero como todos se habían escapado, sintió la necesidad de presidir él solo el Parlamento húngaro»[20].

Finalmente arrestado por los militares rusos, igual que el secretario del partido Imre Nagy, acaba en la lista de los condenados a muerte. En el último minuto, durante un proceso secreto, en agosto de 1958 es amnistiado y condenado a cadena perpetua gracias a la intervención en su favor del presidente indio Nehru. Trasladado a un campo de trabajo en el Danubio, Bibó es obligado a descargar carbón de las naves en vagonetas arrastradas a mano, para la construcción de una fábrica.

El duro castigo le debilita, con serias consecuencias para su salud, pero István no deja que su espíritu se doblegue. Mientras que la mayoría de los intelectuales húngaros, después de la amnistía de 1963, que conlleva la liberación de los prisioneros, acepta pactar con el régimen de Janos Kadar y olvidar la terrible represión, Bibó no se vende por un plato de lentejas, y mantiene la fe en su espíritu de libertad.

Escribe dos cartas de protesta al hombre que se prestó a la normalización soviética, pidiendo la liberación de centenares de presos políticos excluidos del perdón del régimen. Se trataba de los obreros que habían combatido en 1956 por las calles de Budapest y que habían sido condenados como criminales comunes por intento de homicidio. Busca apoyo para su petición en la solidaridad de Jean-Paul Sartre, el intelectual que goza de más prestigio moral en el mundo de la izquierda europea. Pero el filósofo francés calla porque los que luchan por la libertad democrática en el Este pueden minar en Occidente la esperanza de la alternativa comunista y desconcertar a los militantes.

Su postura le vuelve a costar un nuevo aislamiento: durante años y hasta su muerte desarrollará un trabajo anónimo en una biblioteca.

«En relación con el kadarismo», cuenta Litván, «utiliza el mismo principio que había usado para la cuestión judía. No quería atajos para la conciencia nacional. De la misma manera que el país tuvo que pedir perdón a los judíos, ahora debía pedirlo por los combatientes en favor de la libertad de 1956. El mal no podía amnistiarse y era preciso hacer un examen de conciencia.»[21]

¿Cuál es el secreto de tanto rigor moral, de tanta determinación en un cuerpo frágil, tras la experiencia traumática del gulag húngaro? Bibó jamás escondió sus miedos. Es consciente de que los regímenes totalitarios utilizan el miedo para condicionar a los hombres. No se siente diferente de los demás, pero reivindica su coraje. Es firme en sus principios, pero se comporta como un hombre débil.

«Siempre me llamó la atención su dulzura, nunca trató con violencia a los adversarios, nunca adoptó actitudes de enemigo, siempre encaró las discusiones tranquilamente e, incluso en prisión, donde el resto de los detenidos se relacionaba con dureza con los guardias, él prefería mostrar un comportamiento discreto. Ni siquiera llegó a mostrar rencor para con los viejos amigos que aceptaron el compromiso con el régimen de Kadar. Todavía más, se preocupa por evitar que su compañía pueda comprometer la carrera de estos. Nunca se preguntaba qué es lo que los demás podían hacer por él, sino cómo comportarse para que su incómoda amistad no pudiera perjudicarles de algún modo.»[22]

Como cuenta su nuera Judith, con quien pasó los últimos años de su vida, Bibó se defendía ironizando sobre sí mismo.

«Recuerdo que todos los domingos, llegado el momento de poner la mesa, me susurraba que él lo habría hecho a escondidas, porque no había perdido la costumbre de conspirar. Aprendí este "oficio", me decía riendo, a lo largo de los años y no tengo ninguna intención de cambiar.»[23]

István estaba feliz de expresar un pensamiento independiente y tenía el gusto por la objetividad, sin dejarse nunca condicionar por las conveniencias. Por eso le acusaban de tramar entre bambalinas. Su cándida conciencia era considerada como una peligrosa máquina de la subversión.

El intelectual húngaro, como le ha sucedido a tantos hombres justos, nunca pudo disfrutar en vida del fruto de sus esfuerzos. Cuando murió, el 10 de mayo de 1979, varios centenares de personas lo acompañaron en su último viaje: serán los protagonistas de la revolución de 1989 en Hungría, mediante la cual volverá a abrirse nuevamente ese examen de purificación moral de la nación que István Bibó había pedido valerosamente.

Su llamamiento a los húngaros para que pidieran perdón a los judíos que, en el momento de su publicación, fue prácticamente excluido por los comunistas del debate público, se convierte en un punto de partida para todos aquellos que en Europa del Este quieren afrontar con valor las responsabilidades del antisemitismo y de la Shoah. El ejemplo moral de Bibó lo continúa en 1987 el intelectual polaco Jan Blonski que, en un valeroso artículo publicado en el periódico *Tygodnik Powszechny*, rompe el clima de silencio imperante en Polonia en torno a los acontecimientos de la Shoah. Hasta ese momento, la indiferencia en relación con el drama judío nunca se había considerado una culpa y toda la responsabilidad se cargó, exclusivamente, sobre los alemanes.

Escribe valerosamente algunas palabras cuyo espíritu recogerá el papa Wojtyla, que pedirá perdón a los judíos, no solo por las culpas milenarias de la Iglesia, sino también por los silencios de su país.

«La patria no es un hotel que pueda limpiarse [de sangre] una vez que los huéspedes se han marchado [...] tenemos que dejar de estar a la defensiva, de perorar la causa de nuestra inocencia, de tergiversar, de subrayar lo que no podíamos hacer durante la ocupación alemana e incluso antes. Tendríamos que dejar de poner el acento en las condiciones políticas, sociales y económicas. Lo primero que debemos decir es que sí, que hemos sido culpables [...]. Una persona puede considerarse responsable de un crimen, aun cuando no sea considerada ejecutor material, si ha mostrado aquiescencia o insuficiente esfuerzo para resistir [...]. Si nosotros, en el pasado, nos hubiéramos comportado más sabia y noblemente, más como cristianos, el genocidio habría sido con toda probabilidad "menos pensable", habría sido más difícil de llevar a cabo e, indudablemente, habría encontrado mayor resistencia. En otras palabras, la sociedad que fue testigo [del Holocausto] no habría resultado marcada por la indiferencia y la parálisis moral.»[24]

Las palabras de István Bibó y de Jan Blonski y de cuantos con coraje siguieron su ejemplo son hoy el fundamento alrededor del cual ha sido posible retomar una vida judía en los países de Europa del Este tras la traición vivida durante los años de guerra. El reconocimiento de las responsabilidades no solo permitió continuar el diálogo, sino que facilitó el encuentro con la esperanza. Las heridas de los judíos llegaron a ser las heridas de toda una nación y la participación en el dolor proporcionó a los supervivientes la posibilidad de reencontrarse con el afecto por su propio hogar. Esto es lo extraordinario del milagro del perdón.

Hannah Arendt lo había visto perfectamente. La posibilidad de los hombres de perdonarse mutuamente libera a las conciencias del peso de un pasado terrible y permite a las nuevas generaciones empezar de nuevo.

Eso es lo que sucedió en Sudáfrica con el innovador trabajo de la Comisión por la verdad y la reconciliación que, por primera vez en la historia del siglo XX, institucionalizó la dimensión pública del arrepentimiento y del perdón como posibilidad de un nuevo comienzo entre blancos y negros, después de los crímenes del régimen del *apartheid*. A los responsables de delitos y atropellos contra los hombres de color se les daba la oportunidad de obtener la amnistía, confesando públicamente sus culpas y presentándolas sin paliativos a la sociedad. A las víctimas se les daba la posibilidad de perdonar escuchando, en reuniones públicas, el arrepentimiento de sus verdugos.

Como subrayó Desmond Tutú, el arzobispo sudafricano ganador del Nobel de la Paz en 1984, la reconciliación y un futuro de diálogo y respeto era posible sacando a la luz la podredumbre, la violencia, el dolor, la degradación, la verdad. «Para que los procesos de perdón y curación llegasen a buen puerto, mirándolo bien, era indispensable –no del todo, pero casi– el reconocimiento de la culpa por parte del culpable.»[25]

Todo esto es lo que faltó, por el contrario, entre turcos y armenios, donde el ocultamiento de la responsabilidad turca provocó luego tensiones entre los dos pueblos, sembrando odio y veneno a un siglo de distancia del genocidio. Las nuevas generaciones permanecen así ancladas a un pasado que parece no terminar nunca, como si aquellos acontecimientos hubieran tenido lugar hace unos meses y no en 1915.

VIII
La bondad insensata de Vasili Grossman

La purificación interior

Vasili Grossman quizá sea el escritor ruso que más profundamente ha sido capaz de indagar con sus novelas las posibles formas de resistencia moral en el interior de la sociedad soviética.

Su producción literaria es estrictamente autobiográfica. Las vicisitudes de los personajes que describe reproducen con frecuencia situaciones que él mismo ha vivido.

Grossman ha indagado el bien posible en una sociedad totalitaria, después de haber creído, durante buena parte de su existencia, en el experimento comunista. En nombre de lo que él define como el espejismo del bien universal, lo que le sucedió es que fue incapaz de ver los sufrimientos de otros seres humanos y restringir compromisos con su propia conciencia.

De origen judío, pero convencido de la capacidad del poder soviético para eliminar cualquier tipo de persecución, no se dio cuenta de que en la URSS estaba naciendo un nuevo tipo de antisemitismo y se sorprende ante la indiferencia de su tierra natal, Ucrania, frente al genocidio de los judíos. La muerte de su madre a manos de los nazis representa para Grossman un golpe inesperado. Igualmente, tampoco espera que sea el mismo Stalin, después de la guerra, el que señale a los judíos como los nuevos enemigos del pueblo y desencadene, con el proceso a los médicos, una terrible campaña antisemita.

En los años treinta se había demostrado insensible a la carestía provocada por los bolcheviques en Ucrania, que costó la vida a millones de campesinos. En 1937, junto con sus colegas de la revista *Znamya*, firmó una carta de condena contra la «conspiración de Trotski y de Bujarin»; incluso experimentó en su propia familia las consecuencias de las campañas políticas contra los «opositores». Su tía Nadia fue arrestada en 1933 y condenada a tres años de reeducación en el lager de Vorkuta acusada de trotskismo. Peor suerte corrió Guber, el primer marido de su mujer, Olga Mijailovna, detenido y fusilado en el apogeo del terror estalinista. Pero estos episodios no le alteran y, aparentemente, permanece indiferente.

Durante la campaña contra los médicos judíos, acusados de haber atentado contra la vida de Stalin, exige el castigo de los presuntos culpables y ese desistimiento moral le alterará para toda su vida. De manera que, a la muerte del dictador, siente la necesidad de hacer cuentas con su propia conciencia y en sus dos novelas, *Vida y destino* y *Todo fluye*, equipara, como ningún otro escritor se había atrevido a hacerlo, el régimen nazi con el comunista.

De sus obras emerge una visión antropológica pesimista junto con la amarga constatación de que, frente al mal extremo, la sociedad no reacciona y tiende a sucumbir. Es el caso de las tragedias de las que había sido testigo: la hambruna en Ucrania, el terror estalinista de 1937-1938, el genocidio de los judíos, a través de los cuales Grossman observa que la mayoría de los hombres, por odio o indiferencia, permanecen pasivos. Ese es el éxito de los regímenes totalitarios.

«La experiencia nos enseña que durante tales campañas hay una mayoría que obedece hipnóticamente a las pretensiones de quien manda. Existe luego una pequeña minoría que fomenta la iniciativa: idiotas convencidos, sanguinarios y malvados o bien gente interesada en su propio beneficio, en apropiarse de cosas y casas de los otros o de puestos vacantes.

»Aunque aterrorizados por la masacre en curso, muchos, casi todos, esconden lo que sienten no solo a sus familiares sino también a sí mismos y llenan las salas en las que se ilustran las campañas de exterminio.

»Y por frecuentes que sean los encuentros y amplias las salas, la tácita unanimidad del voto casi nunca es violada.»[1]

Pero, para Grossman, lo más sorprendente es la pasividad de las víctimas que, incapaces de rebelarse, casi parecen aceptar su destino. «Conscientes de su inminente arresto, millones de inocentes preparaban con tiempo un hatillo con ropa interior y una toalla, y con tiempo se despedían de los suyos. Millones de personas vivían en los lager gigantescos que no solo ellos mismos habían construido, sino que, además, eran sus propios vigilantes.»[2]

Grossman no se hace ninguna ilusión acerca de la posibilidad de que los hombres resistan a los regímenes totalitarios. Su formación provoca miles de víctimas y señala para siempre una irreversible derrota para generaciones enteras.

Sin embargo, a pesar de las descomunales carnicerías, los regímenes totalitarios no consiguen doblegar del todo el alma de los hombres. Aunque pocos lo hayan hecho, todos tienen capacidad de comprender, de cambiar, de conmoverse, de resistir, de sentir vergüenza.

Grossman se plantea la cuestión fundamental para quien ha sido testigo de los tiempos oscuros de la historia. «¿En el asedio de la violencia totalitaria, la naturaleza humana sufre una mutación? ¿Se modifica? ¿Pierde el hombre su deseo de libertad?

»De las respuestas a estas preguntas dependen los destinos del hombre y del totalitarismo. Una mutación de la naturaleza humana implicaría el triunfo universal y eterno de la dictadura, mientras que el anhelo inviolable de libertad condenaría a muerte al totalitarismo.»[3]

Si la naturaleza humana mutase no habría esperanza. Por el contrario, observa el escritor ruso, las revueltas del gueto de Varsovia, Treblinka, Sobibor, así como el movimiento partisano en los países ocupados por Hitler y los movimientos populares de 1956 en Berlín y Budapest y las revueltas en los lager siberianos del Extremo Oriente soviético, los movimientos a favor de la libertad de pensamiento en Polonia y en el resto de los países del Este, demuestran que el deseo congénito de libertad no se puede eliminar.

«Se puede sofocar, pero no destruir [...]. El hombre nunca renuncia voluntariamente a la libertad. Esta conclusión es el faro de nuestra época, un faro encendido en nuestro futuro.»[4]

Vence el mal, seduce al hombre. Es como un *tsunami* que destruye todo cuanto encuentra a su paso, pero, a pesar de su devastadora violencia, es incapaz de borrar las huellas humanas que, inesperadamente, reaparecen.

En consecuencia, Grossman, como Hannah Arendt y Moshe Bejski[5], basa su esperanza realista en las posibilidades de resistencia de los hombres, no en la utopía de la eliminación definitiva del mal.

Vida y destino es una novela que se presenta como una gran sinfonía sobre las infinitas capacidades del hombre. Como un químico, Grossman investiga los mil caminos de la zona gris del bien y del mal. Nos recuerda a las variaciones de Bach, donde el músico explora, hasta lo inverosímil las posibilidades de un tema musical.

Todos sus personajes, desde el verdugo al chekista, al general, al soldado, al científico, pueden cambiar el curso de los acontecimientos. Algunos lo intentan, otros, en cambio, eliminan sus dudas cuando están a punto de agarrar la verdad y de dar un vuelco a su vida. Lo que no consigue alguno de sus personajes parece lograrlo otro. En una misma persona conviven más de un alma, como para subrayar el abanico de las opciones del hombre. El gran protagonista de la novela, el científico Shtrum, pasa de una valerosa resistencia moral al desistimiento frente al poder, de un estadio de euforia en defensa de la verdad a la vergüenza y el arrepentimiento por haber aceptado condenar a sus amigos.

Al final lo que queda es que, incluso en las peores situaciones, el hombre, aunque de manera difícil y arriesgada, siempre tiene libertad para elegir.

Pero quizá el elemento más increíble de la novela es que se revela como una lente a nuestra disposición para descubrir historias reales y para hacernos reflexionar acerca de las características de los hombres justos en el totalitarismo soviético.

El bien universal

El mal descrito por Grossman es particular. Es el mal gestado por la tentación del bien universal. Nace cuando un movimiento político o religioso se propone la construcción de un modelo de sociedad cuya tarea consiste en extirpar, a modo de operación quirúrgica, el mal sobre la tierra.

En nombre de un futuro radiante parece que todo esté permitido: eliminar a los hombres que no estén de acuerdo, a las otras religiones, a las etnias consideradas incompatibles con la propia nación, a las clases sociales consideradas nocivas y peligrosas y, en fin, aceptar como necesarios y justificados los peores compromisos con la conciencia.

Es una tentación que se presenta una y otra vez en la historia como atajo para resolver con un golpe de varita mágica las contradicciones de la condición humana.

Hay en este recorrido casi una necesidad existencial. El hombre, frente a la precariedad y a sus limitaciones, queda a veces fascinado por la idea de que pueda existir un modelo político capaz de modificar definitivamente su condición. El hombre, al que tanto trabajo cuesta convivir con su imperfección y con las imperfecciones de los demás, con las del mundo, se deja entonces atraer por los profetas que prometen lo absoluto y el logro de la perfección en la tierra.

Efectivamente, no hay nada más bello en el mundo que imaginar la posible existencia de una receta milagrosa para purificar a la humanidad y crear un hombre nuevo.

Es lo que Grossman define como la fascinación de las ideas grandiosas, en cuyo nombre todo se convierte en lícito y posible y que hacen que la gente corriente imagine lo imposible.

Estas ideas grandiosas proporcionan seguridad a las personas, porque permiten ver la realidad de una manera simplista, separando a los buenos de los malos, los amigos de los enemigos, los justos de los injustos. Esa es, entonces, la fuerza de atracción de los totalitarismos en los siglos XX y XXI.

Si el camino para llegar a un bien absoluto pasa por la eliminación de los judíos, entonces, ¿por qué no convertirse en nazi? Si, por el contrario, la solución de los problemas sociales pasa por la eliminación de los ricos y de sus representantes, entonces, ¿por qué no hacerse comunista y considerar el gulag como un paso necesario para lograr la felicidad? ¿Acaso no dicen hoy lo mismo los fundamentalistas islámicos cuando proponen la guerra santa y el terrorismo contra los infieles, para llevar el bien y la felicidad al mundo árabe?

Grossman, quizá como ningún otro testigo del siglo XX, ha subrayado que ese concepto de bien, que cíclicamente seduce a la humanidad, se revela un azote, un mal peor que el mismo mal.

Lo dice explícitamente Ikonnikov, el personaje que mejor expresa el núcleo del pensamiento filosófico del escritor, prisionero en un campo de concentración nazi.

«He visto la inquebrantable idea del bien social nacida en mi país. La he visto en el período de la colectivización forzada y en 1937. He visto matar en nombre de un ideal bello y humano como el cristianismo. He visto morir de hambre a los campos, a los hijos de los campesinos muriendo entre la nieve en Siberia; he visto los trenes militares que, desde Moscú, desde Leningrado y otras ciudades rusas llevaban a Siberia a centenares de hombres y mujeres, los enemigos de la grande y luminosa idea del bien social. Era una idea bella y grande y mató sin piedad, arruinó las vidas de muchos, separó a las mujeres de sus maridos, a los hijos de sus padres.»[6] Y cuando el bolchevique Mijail Sidorovic Mostovskoi, encerrado en la misma cárcel, intenta explicar que por su benéfica finalidad el comunismo conseguirá derrotar al nazismo, Ikonnikov le sorprende diciendo que también Hitler elaboró su proyecto en nombre del bien. «Si se le pregunta a Hitler, dirá que incluso este mismo lager es para bien.»[7]

Los verdugos nazis, como observó el sociólogo Zygmunt Bauman, aplicaron a la condición humana la lógica de los jardineros: podando las plantas y limpiando la tierra de malas hierbas se puede hacer más fértil y productivo el terreno. Solo que en este caso las malas hierbas eran los judíos, hombres inferiores a los que se consideraba nocivos. Eliminándolos se construiría un mundo mejor. Por esa razón los alemanes aprueban los campos de concentración y los consideran una palanca para la realización del bien.

Pero Ikonnikov es todavía más sorprendente. Observa que ninguna idea del bien que se le imponga a la humanidad deja de provocar daños, incluso aquella que parece más noble e innovadora. ¿Acaso el mensaje cristiano no os enseñó a amar a vuestros enemigos, a hacer el bien a los que os odian, a bendecir a quienes os maldicen, a rezar por los que os maltratan, a querer para los demás lo que quisierais para vosotros? ¿No está acaso el perdón en la base de esa religión? Y sin embargo, esas palabras de paz y de amor provocaron «las torturas de la Inquisición, las luchas contra las herejías en Francia, en Italia, en Flandes y en Alemania [...] la crueldad de las órdenes monásticas, siglos de persecución que sofocaron la ciencia y la libertad, el exterminio de las tribus paganas de Tasmania a manos de los cristianos, aldeas enteras africanas pasto de las llamas»[8].

El cristianismo, observa Ikonnikov con desconsuelo, «ha costado mayores sufrimientos que las fechorías de criminales y bandidos malvados por naturaleza»[9].

¿Por qué razón ha sucedido todo esto?

El punto común de los «movimientos del bien» ha sido el haber impuesto a los hombres mirar el mundo con su credo absoluto y haber pensado en la posibilidad de la eliminación de la espontaneidad y la pluralidad de los individuos.

Consideraron –lo dice muy bien Hannah Arendt– que la tierra estaba habitada por un solo hombre, no por los hombres y que, por eso, todos tenían que comportarse como fotocopias unos de otros. A partir de esta pretensión de uniformar a las personas se fueron creando los enemigos, incluso por parte de una religión como el cristianismo que había predicado lo contrario.

La pluralidad humana no puede ser sofocada y sigue emergiendo una y otra vez. El coronel Pëtr Pavlovic Novikov lo intuye en el contexto más dramático, un poco antes de lanzar la contraofensiva de Stalingrado. Escrutando el rostro de sus soldados, en vísperas de la batalla, se niega a tratarles como una masa de maniobra con un alma única y un pensamiento coincidente, tal y como recomienda el Partido Comunista. Comprende que la victoria solo puede obtenerse combatiendo juntos, considerando a cada soldado diferente del otro. En aquella gran plaza de armas había multitud de personas con su específica e inconfundible unicidad: muchachos del pueblo, universitarios, estudiantes, torneros, tractoristas, maestros, electricistas, camioneros, buenos y malos, serios y divertidos, cantantes y tocadores de armónica, muchachos cautos, otros obtusos, otros demasiado temerarios.

«Las asambleas humanas», observa Novikov, «tienen un único objetivo: conquistar el derecho a ser diferentes, especiales, el derecho de sentir, pensar y vivir cada uno a su modo, cada uno a su gusto»[10].

Las personas se unen, precisamente, para conquistar ese derecho, para defenderlo o ampliarlo[11]. Sin embargo, ahí tiene su origen el tremendo y arraigadísimo prejuicio de que la unión en nombre de una raza, de un Dios, de un partido o de una nación no es el medio, sino el sentido de la vida. ¡No, no y no! «La única, verdadera y eterna razón de la lucha por la vida es el hombre, su pudorosa unicidad, su derecho a ser único.»[12]

La destrucción del alma

Grossman analiza con precisión el mecanismo mediante el cual el totalitarismo trata de modificar el alma de una persona, en el intento de sofocar su particular identidad, para dar cuerpo así a ese hombre nuevo, anónimo, sin pensamiento específico.

El individuo, en la mayor parte de los casos, resulta derrotado, pero el escritor ruso tiene el gran mérito de mostrarnos, desde dentro, el campo de batalla que atraviesa cada ser humano frente a las exigencias políticas y morales del sistema.

Su sutil análisis psicológico nos permite conocer las posibilidades de resistencia que cada hombre, incluso entre los perdedores, posee frente a la homologación ideológica. Como veremos, a este nivel es al que pueden individualizarse y valorarse las experiencias de los justos en el totalitarismo. Grossman nos proporciona, a través de sus personajes de fantasía, muchas situaciones típicas de resistencia que podemos localizar en la historia de la Unión Soviética.

Muchos vieron en el comunismo un sistema de búsqueda de la igualdad económica entre los seres humanos, pero en realidad su auténtico objetivo era el de la igualdad de las almas, una igualdad obtenida mediante la progresiva destrucción de la individualidad. El llamado hombre soviético es el que piensa sin cualidades, uniformándose con la voluntad política. Cuanto más se adecua la sociedad a este criterio, tanto más cercana parece la meta del comunismo.

Las etapas fundamentales de este proceso de homologación son cuatro.

El primer nivel es el de la educación: los individuos tienen que acostumbrarse a mirar el mundo con el espíritu del partido y a sustituir su juicio personal con la interpretación que en su momento proponen desde arriba las autoridades políticas.

Esta es la tarea de Dementi Trifonovich Getmanov, el secretario del partido de una de las regiones de Ucrania, metáfora del dirigente ideal del sistema totalitario. El poder le concede su confianza si él se muestra fiel a la *partijnost'* (partidismo), unidad de medida fundamental de la sociedad soviética, y la antepone con espíritu de sacrificio a cualquier sentimiento personal.

«El espíritu de partido y sus intereses debían de permear cada dictamen en cualquier circunstancia, tanto si se trataba de decidir la suerte de un niño que debía ser enviado a un orfanato, como de la reorganización de la cátedra de bilogía o de desahuciar un laboratorio que fabrica productos de plástico de un local propiedad de la biblioteca. El espíritu del partido debía permear incluso la actitud de los dirigentes sobre cualquier cuestión, libro o cuadro y, por lo tanto, por muy difícil que fuera, si los intereses del partido contradecían las simpatías personales, uno estaba obligado a renunciar sin parpadear a eventuales costumbres o al libro preferido.»[13]

Sin embargo, Getmanov sabía de la existencia de un nivel todavía más alto de pertenencia al partido, donde nadie tenía inclinaciones o simpatías propias y donde cada uno solo se preocupa por lo que necesita el partido. Para lograr ese estadio de ensimismamiento en relación con el sistema, Getmanov es llamado a hacer sacrificios, «crueles y severos», porque debe superar cualquier condicionamiento de su conciencia personal. Podrá sentirse tranquilo y recobrar su equilibrio cuando finalmente comprenda que, en nombre del espíritu del partido, «sentimientos privados como el amor, la amistad o la solidaridad no pueden sobrevivir naturalmente si están en contraposición con el espíritu de partido»[14].

Así es como un comunista soviético se muestra a la altura de su tarea. Ya no piensa, no se conmueve, no actúa con su cabeza, sino que piensa y actúa en nombre de la política del partido en una dimensión más grande e importante. No le inquietan las cárceles, los gulag, los sufrimientos y las vicisitudes de los amigos, de los compañeros de trabajo, de las personas cercanas, de los otros seres humanos, porque él debe llevar a cabo la misión histórica que le ha sido confiada. Ni siquiera necesita eliminar el dolor de los otros porque solo debe pensar en la salvación del partido, que para él representa los intereses de toda la humanidad.

¿Y qué mejor que trabajar por el bien de la humanidad?

Un dirigente del tipo de Getmanov no necesita el talento del científico o el don del escritor para llevar a cabo su trabajo, ni siquiera tiene por qué ser capaz de interpretar un texto científico, una poesía, un fragmento musical o una pintura. Sin embargo, su palabra de jefe, decisiva en cualquier circunstancia, es escuchada con avidez por centenares de personas con el don de la competencia científica, del canto, de la escritura. Infunde respeto y temor porque tiene el poder de juzgar si la vida de los demás está en sintonía con las directrices del Partido Comunista. Su veredicto puede cambiar en un momento la vida de las personas, abriendo las puertas del infierno o del paraíso. Se muestra así como un maestro de nuevo tipo en relación con la sociedad: enseña a los hombres a abdicar de su propia alma y a vivir y a pensar de acuerdo con cuanto prescribe el espíritu del partido.

Su papel es la antítesis de la enseñanza socrática. El filósofo griego enseña a pensar por sí mismo, a preferir el desacuerdo con el coro más que el desacuerdo con la propia conciencia; Getmanov, por el contrario, enseña a censurar el propio talento, el pensamiento autónomo, los sentimientos personales cuando no están en consonancia con la voluntad del partido.

El control del alma y la homologación de las individualidades tienen sus ritos y reglas propias. En la Rusia soviética uno no se contenta con la neutralidad de las personas, sino que se les invita a pronunciarse afirmativa y públicamente en relación con las decisiones políticas. Cuando el partido señala a los enemigos del pueblo que hay que condenar y poner en el índice, o quiere hacer que se apruebe la enésima exaltación de Stalin o una campaña política, pide a la gente de las oficinas, de las fábricas, de todos los centros de trabajo, que levanten la mano en señal de aprobación o para firmar documentos que, en la mayoría de los casos, pueden acarrear la persecución de los amigos y compañeros de trabajo.

No hay salida. Es preciso decir que sí y acostumbrarse a eliminar el juicio propio y los propios sentimientos para estar en sintonía con el alma del partido. El que se niegue pagará un alto precio y será considerado como un potencial aliado de los enemigos.

Quien lo hace cuando no está convencido del todo tiene que encontrar una coartada para justificar el desistimiento de su conciencia y acostumbrarse a la idea de que todo es por el bien de la causa.

Así le sucede a Nikolai Grigorievich Krimov, el joven y prometedor comunista de la Internacional que, por haberlo conocido personalmente, duda de la culpabilidad de Bujarin, pero que frente a la exigencia del partido de votar la aprobación de su condena a muerte y la denuncia de los crímenes absolutamente inventados, no solo se pliega, sino que además se siente eufórico por haber aceptado secundar aquella exigencia.

Del desconcierto inicial pasa a la alegría por haber superado la prueba de fidelidad al sistema y se comporta como un hombre en conflicto entre dos conciencias: la conciencia personal, genuina, y la abstracta del partido.

Ha renunciado a la primera, considerando que es una virtud moral negar los propios convencimientos en aras de un bien superior. «¿Por qué no he hablado y no he encontrado la fuerza para decir que no, que Bujarin no podía ser un saboteador, un asesino y un provocador? Cuando ha llegado el momento de votar, yo también he levantado la mano y he firmado. Y he hablado y he escrito un artículo. Con una vehemencia que, yo el primero, creía sincera. ¿Dónde habían ido a parar mis dudas, mi desconcierto? ¿Qué estaba pasando? ¿Era un hombre con dos conciencias? ¿O era dos hombres distintos, cada uno de ellos con su conciencia?»[15]

Muchos hombres se comportaron en Rusia y en el movimiento comunista internacional como Krimov, no porque fueran perversos, sino porque creían en ese bien abstracto que era la sirena del totalitarismo soviético.

La delación: cada uno controla el alma del otro

El segundo elemento del control del alma y de la homologación de los individuos viene representado por la difusión capilar del ejercicio de la delación.

Todos son invitados a controlar que sus vecinos, compañeros de trabajo, amigos, familiares estén en sintonía con el espíritu del partido. Es una obligación política informar a las autoridades y a los agentes de la NKVD de los comportamientos considerados sospechosos, de cualquier manifestación del pensamiento crítico en relación con el poder. La sociedad está permanentemente movilizada para desenmascarar a los considerados enemigos potenciales y ocultos.

La película *La vida de los otros* muestra de manera extraordinaria el mecanismo de la vigilancia en los regímenes totalitarios. Los disidentes siempre controlan los auriculares de sus teléfonos y las paredes de sus casas para descubrir la presencia de eventuales micrófonos. Si tienen que expresar alguna opinión inconveniente, dialogan sentados en los bancos de los parques públicos, donde, técnicamente, es imposible escuchar sus voces.

Pero el mayor peligro no viene de los micrófonos escondidos, sino de los micrófonos vivos. Siempre hay alguno insospechable, desde el amigo hasta un compañero de trabajo, incluso una persona querida con la que se ha iniciado una relación sentimental, que puede contar a los órganos de seguridad un comportamiento que no se corresponde con la norma.

Respecto de los mecanismos escondidos, si uno se los imagina, puede actuar en consecuencia, mientras que prever la conducta de las personas que están a tu lado es imposible.

Un manifiesto de la propaganda soviética muestra bien claro el clima de la época. Una mujer, con mirada premonitoria se lleva el dedo a los labios en señal de silencio e invita a «no hablar sin ton ni son»; de otra manera es posible hacerse merecedor de castigo.

Cuenta Grossman el miedo que siente Shtrum cuando se deja llevar por una opinión imprudente acerca de *Pravda* delante de un compañero de estudios. Teme ser denunciado y se esfuerza en convencer a su amigo de que ha dicho una tontería y que, en realidad, tiene en alta consideración al periódico del partido.

«Cuando todavía era estudiante del último año, un día, Shtrum le había dicho a un compañero de la universidad: "Nada, no hay quien pueda con ella: es pura melaza, un aburrimiento mortal", y había tirado al suelo un número de *Pravda*. Pero luego se asustó muchísimo. Recogió el periódico, lo sacudió para limpiarlo y sonrió cobardemente. Con el paso de los años se le iba la sangre a la cabeza cada vez que recordaba esa sonrisa de perro apaleado. Al cabo de unos días, había tendido a ese mismo compañero un ejemplar de *Pravda* añadiendo con aire intrépido:

»"Léete el editorial, Grigori, está verdaderamente bien escrito."

»El otro había tomado el periódico y compadeciéndose de él había dicho:

»"Miedosillo nuestro Victor, ¿eh...?, ¿acaso piensas que te estoy espiando?"

»Desde entonces Shtrum se había prometido callar en la universidad y no decir nada peligroso, ni siquiera hablar en voz alta de sus propios sentimientos, sin ninguna contención.»[16]

Cuando se dejaba llevar por la discusión, abandonaba toda precaución y «soltaba la lengua», acababa asustándose e inmediatamente «trataba de apagar el fuego que él mismo había encendido».

La reacción de Shtrum evidencia los efectos devastadores que provoca el temor de ser descubierto o denunciado por los delatores. La gente se acostumbra a la autocensura de sus propias opiniones, sofoca los sentimientos personales, pierde el valor de mirar a la realidad con espíritu crítico.

Para no incurrir en desagradables sorpresas es preferible bajar la cabeza y acostumbrarse a convivir con el espíritu del partido.

Los delatores asumen así una nueva tarea. No son solo los informadores de la seguridad, sino que se convierten en vigilantes de las almas de las personas. Sustituyen la conciencia personal por la conciencia abstracta del partido, tal como le había sucedido a Nikolai Grigorievich Krimov en el momento de la votación sobre la suerte de Bujarin.

Hannah Arendt captó que la renuncia a la reflexión y a la interrogación de la propia conciencia genera los presupuestos para la pasividad o, incluso, la participación en el mal de una sociedad totalitaria. La gente se adapta a las leyes y costumbres morales en boga en aras de la tranquilidad de vivir y para huir de toda responsabilidad.

En la sociedad soviética, los delatores-vigilantes constituyen el instrumento básico para que ese proceso de autocensura culmine con éxito. Son una fina red capilar que envuelve y anestesia la conciencia de los individuos y les acostumbra a mentirse a sí mismos. Cuando una persona, en público o en privado, no puede expresar su opinión por temor al castigo o a la denuncia, al final cede casi por reflejo condicionado y se acostumbra inconscientemente a renunciar a su pensamiento personal.

El variado panorama de los delatores

La tipología del delator es muy amplia. Se hacen delatores por convicción, pensando que así sirven mejor a la causa del bien y del socialismo.

Escuchando el mensaje del partido, son muchos los soviéticos que están orgullosos de hacerlo.

En su novela *Todo fluye,* Grossman cuenta la historia de un hombre que, en 1937, escribe de un tirón doscientas denuncias. Las personas que él señala con tanta premura a los órganos de seguridad nunca vuelven a casa porque acaban fusiladas o muertas de hambre y cansancio en el trabajo esclavo del gulag.

Es un delator con una especialización muy particular: centra sus denuncias en los miembros del partido que no le parecen dignos de su tarea.

¿Por qué lo hace? Sigue al pie de la letra la enseñanza de sus maestros que le han explicado que los enemigos más peligrosos son los que mejor se enmascaran y se esconden en el partido, un lugar aparentemente por encima de toda sospecha.

«Qué desgracia. Estamos rodeados de enemigos. Fingen ser fieles hombres de partido, ex militantes clandestinos, declaran haber participado en la guerra civil y, sin embargo, son enemigos del pueblo, colaboradores de los servicios secretos extranjeros, provocadores...» El partido le dice: «Tú eres joven y puro, yo creo en ti, muchacho, ayúdame a vencer a esa impura canalla»[17].

Por lo tanto se convierte en delator por deber y, a cambio, recibe la confianza del partido. En nombre del bien universal, cree que su mentira sirve de ayuda a la causa y a la verdad suprema.

Grossman observa con estupor que ese individuo, al final, le coge gusto a hacer daño a los demás y se siente satisfecho por el importante papel que cumple en la sociedad.

«En su no pensar con la propia cabeza, en su obediencia, no había adquirido debilidad, sino una amenazante fuerza.»[18]

Igual que le había sucedido a Krimov, cuando había avalado la condena de Bujarin, experimenta una «penosa sensación» de repulsa antes de llevar a cabo su tarea de delator, pero luego, una vez alcanzado su objetivo, se siente plenamente gratificado.

Esa es la gran tragedia. Un delator se siente satisfecho porque con un esfuerzo de voluntad ha logrado, por el bien del partido, eliminar su instinto humanitario. También, a veces, la delación es la opción más cómoda para hacer carrera, encontrar una casa nueva, subir un peldaño en la escala social. Se convierte en espía por interés particular.

Sea lo que sea, joven o viejo, guapo o feo, observa Grossman, se le reconoce inmediatamente. «Se trata de un burguesucho, un ávido acaparador de objetos, fanáticamente interesado en las cosas materiales [...] es el creador de un imperativo categórico opuesto al de Kant: el hombre, la humanidad, representan siempre para él un medio en su caza de objetos [...]. La pasión del Estado por desenmascarar a los enemigos del pueblo es para él una bendición [...] a cambio de los sufrimientos de aquellos a los que arruina, él obtiene lo que necesita: una superficie habitable suplementaria, un aumento de sueldo, la isba del vecino, muebles polacos, un garaje con calefacción para su Moskvic, el jardincito...»[19]

Su filosofía es, por lo tanto, diferente de la del delator motivado por la pasión ideológica. El primero causa un mal en nombre de un bien superior, el segundo denuncia a los vecinos para obtener él mismo ventajas materiales. Su adhesión a las campañas políticas del régimen tiene origen en el sentimiento de envidia. Puede obtener todo lo que no tiene mostrándose obsequioso y complaciente con las campañas ideológicas del régimen. Su comportamiento es comparable al de los delatores que, en tiempo de la persecución nazi, denuncian a los judíos ante las autoridades en el intento de hacerse con sus casas y sus bienes. El antisemitismo activo es para ellos ocasión de prosperar.

Incluso se convierte uno en delator tratando de expiar una presunta culpa, como sucede con quien pertenece a una clase «privilegiada» o con quien arrastra una marca «negativa» de familia. Esta es la manera de hacerse con una nueva respetabilidad frente al poder. Existe un hombre, cuenta Grossman, que se inventa un expediente fantástico: mantiene conversaciones confidenciales con sus amigos, los provoca con argumentos peligrosos y con habilidad propia de un psicoanalista, libera su mente y les estimula a decir la verdad y a expresar críticas políticas y juicios poco ortodoxos[20]. Luego, satisfecho con esas confesiones, se llega, con los apuntes de aquellas discusiones «libres», hasta las autoridades que, de este modo, disponen de un material comprometedor para arrestar a potenciales subversivos.

El motivo de su comportamiento no es otro que la existencia de un pecado original del que no puede liberarse, no nació en la clase justa. Su padre era un burgués y le mataron en un campo de concentración; su hermano era un contrarrevolucionario que combatió con los blancos. En el colegio sufría las penas del infierno porque le miraban con repugnancia. Existía el sello para los hijos de las familias calificadas de «socialmente desafectas». De modo que pensó en lavar «su culpa» mostrándose capaz de «desenmascarar» a los enemigos. Es el típico ejemplo de la persona injustamente perseguida, que decide ponerse al mismo nivel de los verdugos.

La forma más terrible de delación tiene lugar bajo tortura. Los verdugos se quedan satisfechos cuando logran arrancar al acusado, junto a la confesión de su propia culpa, la denuncia de amigos, familiares y compañeros de trabajo. Hacen creer al prisionero que, si quiere tener alguna posibilidad de salvación, tiene que firmar acusaciones concretas contra las personas que se le señalan.

«Con él no solo alzaron la voz», cuenta Grossman de un prisionero que pasó doce años de trabajo forzado en el gulag, «sino que le golpearon, le impidieron dormir, no le dieron de beber mientras le daban de comer arenques en salazón, le aterrorizaron amenazándole con condenarle a muerte. Y, sin embargo, se diga lo que se diga, había hecho una cosa terrible: calumniar a un inocente»[21].

Se trata de una situación que vive la mayoría de los prisioneros en tiempos de las purgas estalinistas: no convertirse en un Judas en relación con otros hombres, con frecuencia, es un desafío imposible.

La delación en la familia

El mensaje de la delación como virtud moral es inculcado desde el poder en el seno de las familias que se consideran un obstáculo para la uniformidad social.

El poder es consciente de que la familia es lugar de afectos y relaciones de amor, fuente de autonomía, de solidaridad y, por lo tanto, de potencial resistencia frente a la arbitrariedad. De manera que el partido educa a los niños para que antepongan la revolución al amor a la familia y para que denuncien, si es preciso, a sus padres[22], cuando su comportamiento no sea el que exige el espíritu soviético.

Los muchachos que no se adaptan son aislados en las escuelas y en las organizaciones juveniles, hasta el punto de ser enviados a orfanatos, o incluso al gulag, en el caso de que los padres estén políticamente en entredicho.

Julia Pyatnizkaya[23], esposa de uno de los más famosos dirigentes del partido, que fue arrestado en 1937 por haberse opuesto a una decisión de Stalin en el Comité Central, por lo que acabó fusilado, cuenta en sus memorias el drama vivido por sus hijos.

El pequeño, Vova, odió a su padre por la vergüenza de haberle convertido en hijo de un enemigo del pueblo y muy pronto elaboró la idea de que, para ser aceptado por los demás, tenía que demostrar en público el desprecio por su padre. Por el contrario, Igor fue condenado y deportado porque no aceptó distanciarse de su padre.

Idéntica presión fue ejercida sobre las mujeres. Una mujer, después del arresto de su marido, es susceptible de ser condenada por no haber informado a la NKVD de la actividad del cónyuge. Puede recuperar la normalidad si coopera con la policía secreta o decide romper definitivamente con la persona amada, solicitando el divorcio[24].

Arthur Koestler, autor de *El cero y el infinito*, una de las obras más significativas acerca del totalitarismo comunista, recuerda cómo la delación llegó a convertirse en una forma de virtud cotidiana que debía sofocar los propios sentimientos.

En su biografía confiesa que siendo comunista convencido se enamoró, durante un viaje a Rusia, de una bellísima muchacha de nombre Nadesha Smirnova. Un día, en 1932, en Bakú, capital de Azerbaiyán, paseando tiernamente en compañía de la mujer amada, se acerca a la oficina de correos para retirar un importante telegrama «político».

Al volver a casa se da cuenta de que el telegrama ha desaparecido.

Lo busca afanosamente en todos sus bolsillos, pero en absoluto se le ocurre que haya podido perderlo inadvertidamente durante su paseo.

Inmediatamente, Koestler piensa que es obra de un posible enemigo de la revolución que le está siguiendo y espiando. ¿Quién puede ser sino aquella muchacha, quizá demasiado bella, que sale con él? El afecto que siente por Nadesha no supone barrera alguna para razonar y no imaginar improbables complots. En ese momento se siente como un guardián de la revolución. No puede dejar nada al azar. Corre a los agentes de la NKVD para informarles de sus sospechas. No siente piedad alguna por la muchacha, más aún, siente que su deber de comunista es no dejarse condicionar por los sentimientos. El bien del partido es más importante.

Koestler no volverá a ver a Nadesha ni volverá a acariciar sus tiernas manos. Cuando más tarde se arrepienta e intente buscarla, escribiéndole docenas de cartas, nunca recibirá respuesta porque la «justicia» comunista ya ha seguido su curso. Koestler se avergonzará durante toda su vida de aquel gesto suyo y tomará amargamente conciencia de que la fascinación por la ideología le había desnaturalizado como ser humano.

Otros, en cambio, no se arrepentirán nunca, porque siguen convencidos de que ejercer de delatores es un acto de bien que merece respeto y consideración. Grossman observa que esta era la auténtica tragedia del sistema totalitario.

«¿Sabéis lo más repugnante que hay en los confidentes y en los delatores? Lo que de malvados hay en ellos, pensaréis vosotros. ¡No! Lo más terrible es lo que en ellos hay de bueno; lo más triste es que están llenos de dignidad, que son gente virtuosa. Son hijos, padres, tiernos maridos amorosos [...] gente capaz de hacer el bien, de gozar de éxito en el trabajo.»[25]

En el comunismo resulta completamente normal convertirse en delator, tan normal como salir de casa con paraguas cuando llueve, o tomar el autobús para ir al trabajo, o colocar las mantas al hijo enfermo. Es tan banal que, cuando uno denuncia a su propio vecino, la gente permanece indiferente.

El miedo y el terror

El tercer estadio del control del alma tiene lugar a través del mecanismo del terror. Las religiones trataron de imponer determinados comportamientos suponiendo el infierno en el más allá de los pecadores. En cambio, los totalitarismos han construido con los campos de concentración y los campos de trabajo el infierno en la tierra. El que no se amolda ya sabe lo que le espera.

Como subraya Bibó, una de las dimensiones peculiares del hombre es que tiene miedo. Miedo por lo que pueda sucederle en la vida diaria, por el futuro incierto que se cierne sobre él, hasta el temor por su supervivencia.

El miedo tiene su origen en la precariedad y en el carácter limitado del ser humano y solo puede superarse a través del amor de los demás y un sentimiento de solidaridad. Esa es la razón por la que el Qohéleth, frente a la fragilidad humana, señala el camino de las leyes y del respeto recíproco[26].

Por el contrario, el comunismo, para cimentar las consciencias y las voluntades de acuerdo con su diseño, exagera el sentido de soledad en la persona, le advierte de su debilidad en relación con el Estado y difunde capilarmente un temor por las posibles consecuencias de cada acción.

El mensaje es directo: si quieres salvarte y vivir seguro tienes que escuchar la voz del partido y acomodarte a ella. El tipo de seguridad propuesto por el poder es siempre y en cualquier caso precario, porque el régimen cambia continuamente las reglas de conducta y necesita, para mantener el control sobre la persona, instilar un perenne estado de tensión. El individuo se siente siempre en el filo de la navaja y así, paradójicamente, es empujado a ser cada vez más servicial en relación con el Estado, porque nunca sabe qué es lo que le espera.

Existe una particularidad fundamental en el uso del terror por parte del totalitarismo soviético. Se ejerce no solo para lograr la obediencia y la homologación de los ciudadanos, sino también para obtener la rendición definitiva de las víctimas y de los prisioneros.

La máquina de la represión soviética está construida de tal modo que el condenado no solo purgue su culpa, sino que admita culpas inexistentes. Es el mecanismo coactivo de la confesión: la víctima tiene que aprobar la verdad política del régimen que le aniquila.

Cuando el funcionario de la Internacional Krimov cae en desgracia, tras una misión en Stalingrado, es golpeado y torturado en la cárcel de la Lubianka, con el fin de obligarle a que admita el crimen más absurdo e insensato: es culpable de haber abandonado a sus hombres durante la batalla y de haberse trasladado en avión al Estado Mayor alemán para proporcionarle importantes informaciones[27].

La acusación tiene origen en una construcción ideológica, como le ocurrió a miles de comunistas triturados por las purgas estalinistas. Alguien recordó que Trotski había comentado positivamente un artículo político suyo, lo cual basta para sostener que el dirigente político es un quintacolumnista de la reacción internacional. De simpatizante trotskista pasa a convertirse en espía alemán. Es un silogismo paradójico. Señalarlo como amigo del viejo dirigente bolchevique es prueba de colusión con el enemigo.

Krimov, que hasta el momento de su detención había creído en la verdad del partido, entiende durante aquel calvario que personajes como Bujarin, Rykov, Kamenev y Zinoviev, confesaran ser enemigos de la revolución. Existe una lógica en todo esto: el poder, después de haberlos destruido físicamente, se había apoderado de su alma.

«El movimiento victorioso y definitivo», observa Krimov, «consiste casi siempre en la combinación de lo físico y lo psíquico. Cuerpo y alma son vasos comunicantes, destruyendo, aplastando las defensas del componente físico de la persona, el que ataca siempre logra abrir brecha y hacer entrar a los tanques, conquistando también el alma y obligando al hombre a una rendición incondicional.»[28]

En ese punto, el prisionero se siente tan destruido que «ya no pide justicia, ni libertad, ni siquiera tranquilidad, sino solo que se le quite esa vida que ahora odia»[29].

Efectivamente, el que mediante tortura se ve obligado a confesar un crimen que no ha cometido pierde el respeto por sí mismo y se convierte en un objeto sin resistencia, que el poder puede utilizar a su capricho. Esa es la razón de que la víctima, al final, acabe confesando.

La conquista de su alma tiene un objetivo bien preciso: el sistema necesita, para su propia existencia, que el condenado avale las razones políticas de su condena.

«Si de verdad se cree capaz de un arrepentimiento sincero, si le queda una brizna de amor por el partido, acérquese a nosotros y confiese.»[30] Así se dirige el instructor al desconcertado Krimov en su interrogatorio. Y luego admite que el poder necesita paradójicamente de su confesión, incluso en el caso de que sea inocente.

«Podemos seguir así una semana, un mes, un año [...]. Pero tratemos de simplificar: usted es inocente, pero, de todas maneras, me firma todo lo que yo le digo. Y esos dejarán de golpearle. ¿Está claro? Quizá la sección especial va a condenarle, pero se acabaron los golpes. Ya ha ocurrido, ¿no? ¿Cree que a mí me gusta que le peguen? Y, por supuesto, le dejaremos dormir. ¿Queda claro?»[31]

Esa advertencia («¿Queda claro?») continuamente repetida es la señal de que el partido para continuar su recorrido, tiene que contar con su colaboración. Autoacusarse por la causa puede significar incluso un honor, le hace comprender el verdugo: su alma seguirá sirviendo a la revolución.

En este momento se cierra el círculo. Con el asentimiento de las víctimas a su persecución el régimen se siente victorioso. Los funcionarios de la NKVD están satisfechos porque, como escribió Robert Conquest, la confesión es el mejor resultado que pueden obtener y les permite ser considerados agentes de éxito. La cúpula del partido puede justificar la función positiva de la represión en la sociedad puesto que los imputados admiten sus culpas. La sociedad es atemorizada con el desistimiento de las víctimas, pero lo que resulta sorprendente es que de esa manera el poder insinúa la duda incluso entre las personas menos dudosas. «¡A lo mejor es cierto que Bujarin, Rykov, Kamenev y Zinoviev son espías!» Frente al terror estalinista muchos rusos razonan de esa manera. ¿Cómo puede dudarse de las confesiones que los medios de comunicación de la época presentan como sinceras? Es normal que hasta el mayor de los ladrones o delincuentes niegue hasta el final sus responsabilidades para disculparse, pero si, por el contrario, las admite, significa que está verdaderamente arrepentido y que tiene remordimientos de conciencia.

Así, las confesiones que parecen mostrar el corazón sincero de las personas resultan mucho más convincentes que cualquier prueba documentada o que el mismo veredicto de un jurado.

Es un método todavía utilizado en Irán.

Los verdugos del alma y del cuerpo

El mecanismo soviético de la confesión tiene una diferencia con el nazismo. Los verdugos de Hitler perseguían y exterminaban judíos, pero no les importaba lo que pensaran. Los verdugos de Stalin exigían que las víctimas admitiesen sus «culpas» y que estuvieran de acuerdo con las decisiones tomadas. Los primeros estaban interesados en la destrucción de los cuerpos, los segundos en el control del alma.

Varlam Shalamov explica este concepto a través de una paradójica narración: el verdugo Pesnjanevich somete a los detenidos del gulag, culpables de haber infringido las reglas, a un humillante calvario en la celda de aislamiento. Cuando se da cuenta de que el responsable de la sastrería del campo lleva debajo de la ropa un corsé de acero ordena a sus matones que lo desnuden y que le quiten la prótesis que sostiene su espalda. Después le llega el turno al encargado de la cuadra, que perdió un brazo en la guerra civil. «Quítate el brazo, entrega el hierro.» La orden es tajante.

Luego todos corren la misma suerte; el médico Zitkov, viejo y sordo, hace entrega de su corneta acústica; el viejo Panin, responsable del laboratorio de carpintería, se saca la pierna de madera que le mantiene en pie después de la amputación provocada por una granada; Sor Grisa, el viejo cabo, no espera siquiera a la orden y entrega su ojo de porcelana, que hasta ese momento había escapado a su atención. El carcelero no para de reír.

«"Así que, ese el brazo, ese otro la pierna, luego una oreja, una espalda y este un ojo. ¡A ver si vamos a acabar teniendo un cuerpo entero! ¿Y tú qué nos das?" Estaba desnudo y me examinó atentamente. "¿Qué nos entregas? ¿El alma?"»

«"No", le dije. "El alma no os la doy."»[32]

Entregar el alma significa secundar la voluntad del partido incluso en el campo de trabajo y aceptar todo lo que allí sucede. El prisionero vejado y humillado en su trabajo esclavista es obligado a demostrar su fidelidad. Incluso cumpliendo la más terrible de las penas, su mente está en observación.

Por eso Shalamov expresa su rechazo: no renuncia a su libertad interior, el último baluarte de la resistencia humana.

Completamente distinta es la experiencia que vive Moshe Bejski en el campo nazi de Plaszow en Polonia.

«Con frecuencia íbamos a trabajar en una colina cercana a la elegante casa del comandante. Recuerdo que los prisioneros, por propia iniciativa, cuando estaban frente a su casa, trabajaban como locos para transportar piedras muy por encima de sus posibilidades. Querían demostrar así que daban el máximo de sí mismos. Pero todos los días se repetía la misma escena: Goeth apuntaba, disparaba y algún prisionero caía al suelo, muerto o herido.»[33]

El comandante se divierte disparando desde lejos a aquellos perfiles humanos como si se tratara de dianas de un tiro al blanco de feria. Disfruta viéndoles luchar por la supervivencia. Les hace creer que podrá salvarse aquel que trabaje más duro que los demás, pero luego con un tiro de fusil anula toda esperanza. En cualquier caso, los prisioneros están condenados a morir. Y a la muerte tienen que llegar en las peores condiciones.

Así, por ejemplo, Goeth castiga a cualquiera que se hace con un suplemento en la cocina del campo. Cuando descubre que un prisionero que trabaja en las oficinas de la administración ha conseguido un trozo de pan, como represalia, hace fusilar a treinta y cinco prisioneros escogidos al azar.

Lo que piensan los prisioneros judíos sobre Hitler y sobre el nazismo, a Goeth no le interesa; lo que quiere es poseer y destruir sus cuerpos.

En Kolymá y en Plaszow los verdugos aniquilan al hombre y su dignidad, pero recorren caminos diferentes.

Finalmente, el último estadio del proceso de control de las personas tiene lugar a través de la corrupción.

No basta con la promesa del bien universal, la educación ideológica del partido, el terror ejercido sobre las personas, requiere de algo más terrenal y concreto que convenza a los ciudadanos para que sigan los dictados del poder.

«Lo más angustioso, lo más tremendo, lo peor era que –ya entonces– por la fidelidad para con el objetivo final», observa Grossman, «la revolución pagaba con raciones suplementarias, con comidas en el Kremlin, con paquetes de víveres, con automóviles, viajes a Barvikha y vagones de primera clase».

La gente así practica la delación, acepta convivir con la mentira, obedece sin pestañear el mensaje del partido porque sabe que algo sacará en el plano personal.

La cúpula política es perfectamente consciente de que puede convencerse a un hombre para que abdique de su propia conciencia, de su propia dignidad, con la promesa de un bien económico.

Es lo que el escritor checoslovaco Martin Milan Shimechka definió en los años setenta en Praga como «la civilizada violencia del totalitarismo»[34].

El régimen premia con el acceso a los bienes de consumo, con viajes, con privilegios económicos a quien obedece y agacha la cabeza. Castiga, por el contrario, con la pérdida del trabajo, con la exclusión de los hijos de la instrucción y de la universidad, con el ostracismo en todos los campos de la vida cotidiana, a quien no se adapta al alma del sistema.

La resistencia moral

¿Existe algún antídoto contra la progresiva destrucción del alma en un régimen totalitario?

Ikonnikov plantea el asunto central de la reflexión de Grossman: «Yo no creo en el bien, yo creo en la bondad.»[35]

La bondad a la que se refiere es la que se contrapone al bien universal y al terror impuesto en la sociedad en nombre de un futuro maravilloso. «Es la bondad de un hombre para con otro hombre, una bondad sin testigos, pequeña, sin grandes teorías. La bondad insensata podríamos llamarla. La bondad de los hombres más allá del bien religioso y social.»[36]

Ikonnikov invita a los hombres a liberarse de la sirena de la ideología, a no dejarse seducir por un bien abstracto, a actuar considerando a los demás como un fin y nunca como un medio subordinado a una utopía.

Los justos son los que poseen corazón y ojos para ver la realidad y comprender las necesidades de los otros hombres. En el comunismo cuentan con una dote particular: rechazan hacer el mal en nombre del bien; no denuncian a los amigos y compañeros de trabajo cuando el partido invita a la sociedad a desenmascarar a «los enemigos del pueblo»; no aceptan repudiar a sus cónyuges o sus padres cuando el Estado soviético golpea a los miembros de su familia y ordena la eliminación de los afectos personales; no se preocupan si tienen que frecuentar o ayudar a las personas que el poder señala o encierra en las cárceles; no creen que el terror y la lucha contra los así llamados enemigos pueda conducir a la realización de una sociedad mejor.

En cambio, son capaces de un acto de humanidad aparentemente insensato, porque ese es el único antídoto contra los desperfectos del bien político. La forma primordial de resistencia en la sociedad totalitaria es la bondad que se resiste al chantaje del bien universal.

A este propósito Grossman cuenta un episodio particularmente significativo del tiempo de la ocupación nazi. Las SS toman una aldea rusa y se preparan para llevar a cabo un fusilamiento en masa después de haber obligado a los campesinos a cavar una fosa en la linde del bosque. Algunos de estos verdugos por la noche se instalan en la casa de una vieja y le roban para quedarse con todos sus bienes. Al alba, por la mañana, cuando están controlando la ametralladora, el más viejo aprieta involuntariamente el gatillo y se dispara un tiro en el estómago. Como es el momento de salir para la reunión, los alemanes ordenan a la mujer que se haga cargo del herido. Ella se da cuenta de que bastaría bien poco para ahogarlo. Está indecisa sobre lo que debe hacer, pero al oír una de sus quejas cede al instinto de compasión y le da de beber[37]. En ese mismo instante escucha los disparos de sus cómplices. Luego, cuando cuente lo sucedido, nadie la comprenderá, ni siquiera ella misma logrará darse una explicación.

Este episodio en el mundo comunista sería motivo de escándalo. Prestar ayuda a un nazi mientras sus compañeros están llevando a cabo una matanza en una aldea parece algo sin sentido, si es que no una auténtica traición. Por el contrario, sugiere Grossman, la bondad ilógica que parece dañar una causa palidece ante la luz emanada de aquellos que la poseen. Quien tiene capacidad para conmoverse frente al sufrimiento humano no puede albergar ideologías del bien universal.

Más sorprendente todavía es el comportamiento de otra mujer al final de la batalla de Stalingrado. Perdida entre la multitud, asiste, descompuesta, al trabajo de los prisioneros alemanes que trasladan desde el puesto de mando de la Gestapo decenas de cadáveres de prisioneros rusos, que habían torturado antes de la rendición.

Frente al cuerpo martirizado de una adolescente se siente incapaz de mantenerse en silencio y grita a todos que se trata de su hija. No es cierto, pero se empeña en acariciarle el rostro y arreglar un poco la melena de la desventurada muchacha, y darle así el último adiós de madre. Lo que quiere es transmitir así a la multitud su emoción por una víctima inocente. Entre la gente y ella existe una perfecta sintonía. Su piadosa mano se ha convertido en la mano de todos. Luego, como si interpretara el sentimiento de la multitud, empieza a aproximarse a un soldado alemán mientras su ojos buscan un ladrillo con el que golpear el rostro enemigo.

Todos esperan de un momento a otro lo inevitable, pero aquella mujer, sin saber muy bien qué es lo que le está pasando y presa de un inesperado sentimiento, busca en el bolsillo un trozo de pan y se lo ofrece al alemán.

«Toma, come.»[38]

Grossman no lo comenta, pero parece casi escuchar el murmullo de la multitud desilusionada y estupefacta por el fallido acto de venganza pública: tendría que haberle tirado el ladrillo. Pasan unos cuantos días y se da cuenta de que por ese episodio ha pagado un precio, tal y como le ha sucedido en otras ocasiones, cuando no se ha rendido ante las pequeñas injusticias de las que estaba llena su vida. Dando vueltas sobre la cama, enfadada y nerviosa, sigue pensando: «Fui tonta y sigo siendo tonta»[39].

Naturalmente, no se trata de una estupidez: esa mujer, a pesar del creciente odio a los alemanes, ha visto el rostro del ser humano en el rostro del enemigo. Ha ido en contra del sentido común de la gente y en ese trance ha logrado pensar que no es lícito comportarse con el enemigo derrotado con los mismos métodos que los nazis emplearon con los rusos. Ha llevado a cabo así un acto de bondad insensata porque no se ha dejado condicionar por ese bien universal que proponía la rendición de cuentas final.

No ha escuchado a la multitud, solo se ha confiado a su conciencia. La víctima adolescente y el soldado de la Gestapo no son comparables, pero un gesto de piedad no se le niega ni siquiera a quien va a ser juzgado.

Más explícito todavía en el rechazo de la venganza sumaria es el comportamiento del teniente coronel Darenski. Antes de pasar a la ofensiva después de la victoria de Stalingrado, asiste al calvario de los soldados alemanes en retirada.

«Se les acabó la diversión a estos boches», le dice su chófer.

«Nadie les había invitado», le contesta Darenski.

Pero cuando ve a un colega suyo pegarle una patada a un soldado que está andando a cuatro patas, como un perro, sin fuerza siquiera para levantar la cabeza, con la mirada de una oveja degollada, tiene un pronto de indignación.

«Un ruso no se ceba con quien tiene dificultades, camarada coronel.»

«Así que, ¿según usted, yo no soy ruso?»

«Usted es un mierda [...] estoy dispuesto a repetir lo que he dicho ante el comandante del frente y la corte marcial.»

«Muy bien», le contestó con odio, «esto no va a quedar así».

Políticamente era imposible que el asunto fuera «a quedar así», en esos tiempos la acusación habría sido de colaboración con los alemanes; pero Darenski se había sentido satisfecho, porque «había dado salida a la dosis de bondad recibida al nacer»[40].

Esta insistencia de Grossman en la piedad respecto de los vencidos es la de quien fue uno de los primeros visitantes del campo de Treblinka, la de quien perdió a su madre por obra de los nazis, la de quien fue en Rusia el primero en editar un libro sobre la Shoah.

Grossman invita a distinguir entre las personas, a no ver en los enemigos alemanes una categoría abstracta a la que cargar con una culpa colectiva.

Tras la pesada derrota empieza para Grossman una transformación «en la cabeza y los corazones de los alemanes encadenados y embrujados por un gobierno inhumano»[41]; el colapso político y militar de un régimen totalitario puede crear las condiciones de la redención.

«En los tormentos del hambre, en los miedos de la noche, en la percepción de una catástrofe inminente, había comenzado —lenta y gradualmente— el rescate de la libertad del hombre, la humanización de los seres humanos, la victoria de la vida sobre la no vida.»[42]

Se trata de un pensamiento profético cuyo valor hoy podemos apreciar, mirando en la nueva dirección emprendida por Alemania durante los últimos cincuenta años.

A este propósito cuenta la historia de Lehnard, oficial de las SS que, frente a la matanza de sus hombres, toma distancia de Halb, el jefe de la *Feldgendarmerie* del Estado Mayor del VI Ejército. Este último trata de convencerle para que permanezca a toda costa fiel a la línea del partido, incluso cuando llegue el momento de un ajuste de cuentas con los «derrotistas» que ya no creen en Hitler. Le plantea la posibilidad de entrar en la lista de los fidelísimos que disponen de los paquetes de alimento enviados desde Berlín por el Estado Mayor. Pero Lehnard le contesta que prefiere comer lo mismo que comen sus soldados. Entonces Halb alza el tiro y le da una información reservada. Le ha incluido entre los elegidos que, en caso de derrota, dispondrán de una plaza en los aviones que abandonarán el territorio soviético. Es una propuesta fascinante para quien es consciente de que, después de Stalingrado, ya no hay esperanza para el ejército alemán en Rusia. Pero Lehnard vuelve a dejarle petrificado con su respuesta: «No subiré a ese avión, camarada Halb. Me avergonzaría de abandonar a los que yo mismo convencí para que pelearan hasta el final»[43].

El oficial de las SS no quiso permanecer en Rusia para combatir por encima de todo, sino solo para cuidar de sus soldados destinados a morir. Se *avergonzaría* porque ha comprendido que los hombres no pueden ser tratados como objetos. Es el primer paso de una metamorfosis.

Con el relato de estas pequeñas historias ejemplares, Grossman polemiza contra las campañas de odio hacia todo alemán que habite en Rusia. Es un odio que afecta a cualquiera que tenga un origen considerado sospechoso.

Así le sucedió a Jenny Heinrichovna, una alemana de corazón de oro que estuvo ocupándose de la madre enferma del médico para el que trabajaba como asistenta. Cuando un agente llegó para detenerla, los vecinos, a la entrada de su casa, expresan su satisfacción por la detención. «No se ha portado bien [...] con tal de poder quedarse con toda la casa seguro que se habría vendido a los alemanes.»[44] Era un enemigo potencial.

Tampoco se había comportado bien Vladimir Pruss, acusado de ser un espía de los alemanes. Desde ese momento, la vida de su hija Dora se convierte en un infierno. Es una historia real, una de las muchas que impulsaron a Grossman a contar los gestos de bondad insensata tenidos con los extranjeros. Pero Dora, como la mayoría de los sospechosos, nunca conoció esa bondad y permaneció sola.

La encuentro, poco antes de su desaparición, en el minúsculo apartamento de 25 metros cuadrados en un caserón a las afueras de Moscú.

La fotografía del lago de Ginebra

Dora Pruss es ciega. Pero quien raramente va a buscarla queda sorprendido delante de las grandes fotografías del lago de Ginebra y de las cimas nevadas de las montañas suizas colgadas en las paredes de su casa.

«Mírelas bien», me dice, alzando la mirada como si también ella pudiera verlas conmigo. «Cualquiera que venga a mi casa debe saber que soy de origen suizo y amo la cultura alemana. Y también soy judía. Mientras permanezca en esta tierra seguiré recordándolo con estos carteles.»[45] Se trata de una silenciosa protesta para no olvidar la persecución de su familia.

Dora Pruss ha pagado un alto precio por una culpa que no es suya; su padre y su hermano fueron fusilados, su madre enloqueció desesperada; ella y su hermana han vivido con una mancha deshonrosa: tenían un padre «suizo», culpable de entendimiento con el enemigo.

Al igual que su padre Vladimir, Dora Pruss ama los relojes.

«Y los sigo amando, a pesar de todo.»[46]

Ese excesivo amor es el origen del drama de toda su familia.

Vladimir, de origen ruso, vive en Ginebra desde principios del siglo XX, donde ejerce con pasión su oficio de relojero. Un día encuentra, en el círculo de los inmigrantes rusos al revolucionario Lenin, durante el período de su exilio en Suiza. Discuten juntos la posibilidad de construir en Rusia la primera fábrica de relojes. Llevado por el entusiasmo que le provocaba la revolución bolchevique, en 1925 Vladimir decide irse a vivir a Moscú. Y consigue lo que quería: con él nace la oficina Kirov, que será el origen de la relojería soviética.

Encuentra la maquinaria a bajo precio en los Estados Unidos, donde adquiere la instalación de una vieja fábrica de relojes. Los primeros obreros son muchachos de un orfanato a los que instruye con paciencia y dedicación en el minucioso trabajo de relojería; sin embargo, la mano de obra especializada, necesaria para poner en marcha la empresa, la recluta en Alemania: la base de la producción son cuarenta obreros alemanes. Ese es el origen de su desgracia. Durante los años del terror, todos sus obreros son detenidos y fusilados porque se les considera enemigos potenciales. Cualquier alemán es, sin más, etiquetado de fascista.

La misma suerte va a correr Vladimir Pruss. Se le acusa de haber organizado en la empresa un peligroso nido de espías.

«De golpe», recuerda Dora, «todo cambió en mi vida: destruyen mis pasiones de niña. El amor por el teatro, por la música, por el piano; me recuerdo llevando paquetes de víveres a la Butyrca, la gran cárcel de Moscú, con la esperanza de que lleguen a mi padre. Delante de la prisión siempre hay miles de parientes a la espera, es preciso hacer larguísimas colas que se dividen en función de la imputación: está la de los prisioneros políticos y, al lado, la de los criminales comunes, que se ríen de nosotros. Asisto a escenas terribles, como cuando no aceptan el dinero para un detenido: eso significa el final y los parientes entonces se desesperan y los delincuentes de la fila de al lado también les insultan»[47].

A Dora le confiscan el piano y sus objetos personales. Le requisan tres cuartos del apartamento y la obligan a vivir con su madre y su hermana en una sola habitación. Los agentes de la NKVD la aterrorizan con repetidos interrogatorios, mientras que, de un día para otro, ve cómo la abandonan sus amigos.

Jamás le comunicarán la suerte del padre ni del hermano, solo le llega un lacónico mensaje: durante diez años, han suprimido el derecho de correspondencia de los prisioneros. Es el código político para referirse al fusilamiento que ha tenido lugar. Lo descubrirá veinte años después.

Dora sigue así viviendo con la mancha de un padre «espía» de los alemanes.

«Trabajé primero en una sastrería, después en un banco y después en una oficina. Pero siempre era la misma historia porque, aunque mis compañeros no me decían nada, al cabo de uno o dos años estaba obligada a cambiar de trabajo. No era recomendable tratar con la hija de un enemigo del pueblo.»[48]

En su desgraciada vida solo hay una variante. En 1952, cuando da comienzo la campaña antisemita, la expulsan de la oficina donde trabaja como secretaria bajo la acusación inverosímil de haber robado en el registro. Esta vez es culpable de ser judía y la despiden con el resto de los judíos que trabajan en el almacén.

«¿Comprende ahora por qué quiero que se sepa que soy suiza, que amo la cultura alemana y que soy judía? Me quitaron a mi padre, pero no las ideas de mi padre.»[49]

Cuando estoy a punto de irme, me ruega que le envíe desde Suiza un álbum con las fotos de los nuevos relojes. Unos meses más tarde la llamo para anunciarle el envío. Su teléfono ya no da ninguna señal. Con ella desaparece para siempre el secreto de una resistencia aparentemente sin sentido.

IX
El sacrificio extremo frente al mal

La libertad en la muerte

En un régimen totalitario existen diversas maneras de resistir al mal.

El individuo puede verse obligado a tomar decisiones extremas que pueden implicar el sacrificio de la vida, pero sin modificar el curso de los acontecimientos. La única posibilidad es la de no entregar al verdugo la propia alma e introducir, en un espacio inhumano, un rasgo de humanidad.

Grossman nos presenta, a través de sus retratos literarios, algunos ejemplos límite que demuestran el carácter irreductible del ser humano.

Ikonnikov, cuando se da cuenta en el campo de concentración nazi de que le han obligado a excavar para los cimientos de la cámara de gas, declara a sus compañeros de prisión que va a negarse a continuar con ese horrible trabajo.

–Pero es inútil, te matarán –le contesta Chernekov.

–¿Crees que estás en Inglaterra? Incluso si fueran ocho mil los que se negaran a trabajar, los fusilarían del primero al último en menos de una hora[1].

–Yo no puedo seguir. No vuelvo –es su respuesta lapidaria.

Ikonnikov no desiste de sus propósitos, ni siquiera cuando el padre Guardi se apresura a confortarle.

–Nosotros somos esclavos, Dios nos perdonará.

–No me diga que la responsabilidad es de quien me obliga, que soy un esclavo y que no tengo culpas porque no soy libre. ¡Soy libre! Estoy construyendo un *Vernichtungslager*[2] y respondo de ello ante quien sea gaseado. ¡Porque puedo decir "no"! Y nadie puede impedírmelo si encuentro la fuerza suficiente para no tener miedo a morir. Yo diré "no"[3].

Ikonnikov no quiere el perdón de Dios para encontrar una justificación a su desistimiento. No se considera capaz de continuar con su vida de esa manera tan horrible. La conciencia no se lo permite; su mensaje es desesperado: incluso una víctima en las peores condiciones tiene siempre la posibilidad de no malvender su dignidad. Sin embargo, el precio es muy alto, porque para rebelarse debe poseer la fuerza interior de desafiar a su instinto de supervivencia. Vencer el miedo para elegir la muerte, aun sabiendo que un gesto de resistencia no va a servir para nada.

En idéntica situación de impotencia se encuentra Krimov, en Moscú, en la prisión de la Lubianka.

Está agotado por los golpes y las torturas, pero ha decidido no rendirse a los verdugos. Nunca va a firmar la confesión, aun cuando de ese modo su suerte esté echada. Un médico le controla las pulsaciones para asegurarse de que los carceleros no le maten antes de su rendición.

–Hay que hacer una pausa… y más alcanfor, el pulso disminuye cada cuatro pulsaciones.

Pero Krimov no quiere ceder y rechaza los cuidados del médico.

–No pasa nada, seguid, la medicina lo permite y yo, en cualquier caso, no voy a firmar nada.

¿Qué le empuja a resistir? La consciencia, madurada en la cárcel, de la mentira que se esconde detrás de las campañas contra los enemigos del pueblo. En ese punto se aferra a su dignidad. Inesperadamente, en la cárcel, ha recibido un paquete de Zenja, la amada que creía haber perdido para siempre. Para no desilusionarla ha decidido llevar a cabo un acto de resistencia «insensata». Como comunista de alto rango, que hasta hace bien poco estaba del otro lado de la barricada, es perfectamente consciente de su suerte: efectivamente, no hay piedad para los enemigos del pueblo y sobre todo para los que no colaboran.

El asunto de la resistencia extrema de Krimov nos recuerda al de Edmondo Peluso, uno de los fundadores del Partido Comunista Italiano, arrestado en Moscú en 1938, deportado a Siberia y fusilado el 31 de enero de 1942[4].

Sometido a tortura durante cinco meses, este valeroso militante político fue capaz de no implicar a nadie en sus declaraciones. Obligado a confesar culpas nunca cometidas, evita cuidadosamente delatar a ningún inocente y se niega a acusar, tal como quiere el poder, a sus amigos antifascistas que están en Moscú.

Con la fantasía típica de los napolitanos, cuando la policía política le obliga, bajo tortura, a decir nombres, cita a personas que se encuentran seguras en el extranjero o que ya murieron o desaparecidas en la nada de la Unión Soviética.

En el momento en que recupera las fuerzas, después de extenuantes interrogatorios, retira inmediatamente cualquier confesión que le ha sido arrancada.

Lo hace consciente de su suerte.

Cuando se sabe que uno tiene que morir en un contexto terrible, quizá puede concebirse algo humano para no sucumbir completamente frente al horror. Es lo que sugiere Grossman cuando cuenta el calvario de Sofía Osipovna, en el largo viaje en un vagón de mercancías desde Kiev hasta sus últimos instantes en la cámara de gas.

Había estudiado en Zúrich durante cinco años, durante treinta y dos había trabajado como médica, había sido una mujer serena. «En muy pocos días volvió a recorrer, pero en sentido inverso, el camino que el ser humano había transitado a lo largo de millones de años, desde el hombre a la bestia sucia, infeliz, sin nombre ni libertad.»[5]

Es testigo de la degeneración humana frente a la lucha por la supervivencia. Madres que asesinan a sus hijos, mujeres que se liberan de sus hermanas débiles y enfermas, personas que se comportan como bestias con respecto a sus semejantes. Es el mecanismo inducido por los nazis que crea una despiadada y cruel competencia por la vida.

Sin embargo, ella elige cuidar de David, un niño abandonado entre las decenas de personas amontonadas unas encima de otras en aquel tren infernal. En el momento de la selección en el campo de concentración, cuando los nazis deciden a quién mandar al trabajo y a quién al infierno, Sofía no responde a la llamada del oficial de las SS.

—Doctores y cirujanos, un paso adelante[6].

Ella es el único médico en aquel convoy, puede evitar lo peor, pero no se mueve ni un milímetro. Mirando a la mujer de un mecánico que tiene en brazos un niño asustado, se siente responsable del pequeño David. No es hijo suyo, pero es como si en esa circunstancia se hubiera convertido en su madre y no se siente capaz de abandonarle. Le abraza cuando le ve asustado frente a las SS que ordenan a los prisioneros desnudarse antes de entrar en la cámara de gas.

—Eh, pero ¿qué te pasa? ¡Si solo vamos a lavarnos![7]

Finalmente le envuelve en sus fuertes y cálidos brazos en el desesperado intento de protegerlo de la nube de gas que sumerge para siempre a todos los prisioneros.

Sofía sacrificó su vida para que la muerte del pequeño David fuera menos cruel.

Los dilemas morales frente a lo extremo

¿Tiene algún sentido confiar en que los hombres se comporten de manera humana en las inhumanas condiciones de los lager, de los gulag, de las cárceles, cuando lo que está en juego es su propia vida?

Varlam Shalamov y Gustav Herling, dos escritores que conocieron las vejaciones de los gulag, quizá fueran escépticos en relación con los heroicos y desesperados ejemplos de los protagonistas de *Vida y destino*.

El autor de los *Relatos de Kolymá*, internado durante diecisiete años, escribe que «el gulag es un gran examen moral para los hombres, pero es absurdo juzgar a un hombre obligado a actuar en condiciones inhumanas». De acuerdo con Shalamov el 90% de los prisioneros no superaría la prueba.

La prueba moral más difícil para un *zec*, para un interno del gulag, observa Shalamov, es la relación con el resto de los detenidos, que obliga al hombre a convertirse en enemigo de otro hombre para defender su propia supervivencia.

El prisionero tiene un pequeñísimo margen de maniobra: para prolongar su existencia dentro de una escuela refinada de la maldad, está obligado a robar la comida a su prójimo, a descargar en los demás los trabajos más pesados, a vender la vida de sus compañeros a los carceleros y a los delincuentes que le chantajean continuamente. No se trata de una decisión que hay que tomar de una vez por todas, sino de una opción que se presenta una y otra vez en el interminable tiempo de la prisión. El mecanismo del gulag crea una inversión radical de la ética kantiana. El hombre en cuanto fin es un lujo que nadie puede permitirse, porque el campo obliga a utilizar al otro como medio para prolongar la propia vida.

Gustav Herling, autor de *Un mundo aparte*[8], es de la misma opinión: «El lado atroz de la experiencia concentracionaria es la ausencia de opciones, algo de verdad horrible, que prejuzga cualquier posibilidad de vida moral [...] no se les puede pedir demasiado a los prisioneros del campo [...] en general yo pienso que es injusto pedir que siguen siendo humanos a personas que viven en situación inhumana»[9].

El escritor polaco es muy escéptico acerca de la posibilidad de actuar humanamente en el campo y parece que hasta comprende al que estando enjaulado devora al vecino para sobrevivir. Sin embargo, en el epílogo de su libro, Herling cuenta la historia de un arquitecto polaco que, después de la partición, fue arrestado en Polonia por haber rechazado el exilio voluntario a las zonas remotas de Rusia.

Aquel hombre acabará reuniéndose con él en Roma en junio de 1945, porque necesita quitarse de encima el peso que le roía la conciencia. Le cuenta que tuvo que denunciar a cuatro alemanes inocentes de su brigada de trabajo en el lager para no ser enviado de nuevo a trabajar al bosque. Los cuatro fueron fusilados a la mañana siguiente.

El arquitecto trata de encontrar comprensión para su acción en Herling; quiere que su compañero de prisión le absuelva de su fatal debilidad.

–Tú sabes hasta qué punto nos arrastraron, cuánto nos envilecieron. Dime solo que lo comprendes...

Pero Herling se niega y se siente incómodo:

–Podía haber pronunciado la palabra que me pedía, el día después de la liberación del campo. Quizá hubiera podido... Pero hacía tres años que había vuelto con la gente, con criterios y conceptos humanos; ¿tenía ahora que renunciar a ellos, abandonarlos, traicionarlos voluntariamente?[10]

Herling quizá hubiera deseado que el comportamiento de su amigo arquitecto fuese como el de Ikonnikov, que no había renunciado a su dignidad, eligiendo la muerte. En el fondo había razonado como Grossman.

Los hombres que en estas circunstancias renuncian conscientemente a la vida son muy raros, pero su ejemplo mantiene viva la esperanza. No hay que condenar a quien no lo haga, pero, en cualquier caso, suscita un sentimiento de frustración en aquellos que creen en la bondad humana.

Uno nunca quisiera la derrota del hombre, aun siendo conscientes de que en los campos hay pruebas imposibles de superar.

Sin embargo, Herling no da ninguna respuesta al interrogante que con toda probabilidad se planteaba en ese momento: ¿qué era mejor, reencontrarse vivo con aquel amigo tras los años de barbarie o, por el contrario, que alguien le contase la historia de su sacrificio para salvar la vida de otros prisioneros?; ¿qué habría hecho él en su lugar?

El sacrificio de Pavel Florenski

Sin embargo, en los años más duros del estalinismo no faltan historias de resistencia extrema llevadas a cabo por personas encaminadas al sacrificio, que actúan en nombre de su conciencia, sabiendo incluso que sus acciones apenas si provocarían ligeras cosquillas al dictador georgiano.

Si estas historias se salvan del olvido es porque tienen la fuerza de mostrarnos la irreductibilidad de los hombres frente al mal.

Uno de estos irreductibles es Pavel Florenski[11], el pope ruso, filósofo de la ciencia, físico, matemático, ingeniero electrónico, teólogo, estudioso de estética, de simbología, de semiótica. Por su extraordinario eclecticismo científico fue calificado como el «Leonardo da Vinci de Rusia».

Nacido en la aldea caucasiana de Evlach (hoy en Azerbaiyán) en enero de 1882 de madre armenia y padre ruso, realizó sus estudios primarios en Tiflis; a partir de 1900 estudia en la Universidad de Moscú y en 1904 se licencia en matemáticas y física. En 1910 se casa, y al año siguiente es ordenado sacerdote.

A diferencia de muchos intelectuales creyentes que, después de la revolución, emigran o son expulsados del territorio nacional, él decide permanecer en Rusia y anima a todos a «no abandonar la nave».

Cuando le preguntan cómo comportarse frente a un régimen que pretende eliminar las clases, las instituciones religiosas, los partidos y que persigue a los opositores, Pavel Florenski es tajante: «Aquellos de vosotros que se sientan con fuerza para resistir, deben quedarse, y los que, por el contrario, tienen miedo y no se sienten firmes y seguros deben marcharse. Es esta una época tan tremenda que cada uno debe responder por sí mismo […]. Yo he comprendido que solo debo escuchar la voz de Dios».

Efectivamente, no solo permanece en Rusia, sino que continúa impertérrito su trabajo científico y con gran dignidad muestra en público ser creyente convencido, a pesar de las campañas políticas contra las religiones en nombre del ateísmo.

Durante una reunión científica se encuentra casualmente con Lev Trotski, el cual le reprocha, asombrado, que siga vistiendo el traje talar.

«¿Cómo es posible en estos tiempos?» Su respuesta es desarmante: «Soy un sacerdote ortodoxo, nunca renuncié al hábito y no puedo ir por ahí de otra manera».

Trotski simpatiza con el genio del sacerdote, pero el contacto humano que tiene lugar le acabará procurando serios problemas, porque el viejo jefe del Ejército Rojo ya está en desgracia y va a convertirse en el enemigo número uno de Stalin.

Pavel Florenski no se rinde en esos años tan difíciles para la intelectualidad rusa diezmada por el poder totalitario. Escribe importantes obras teológicas, estudios sobre el arte y la filosofía del lenguaje y edita centenares de voces para la enorme enciclopedia técnica que forma a los nuevos científicos soviéticos.

En 1927 inventa un aceite industrial que no se congela, que se hace famosísimo en Rusia con el nombre de Dekanit, en homenaje a los diez años de la revolución rusa. Presenta en la oficina de patentes del Estado una treintena de inventos, entre ellos el carbolite, un plástico negro durísimo con el que se construyen en Rusia los teléfonos y las lámparas de mesa. Y, adelantándose en treinta años a la aparición del transistor, Florenski patenta materiales «semiconductores» que se revelan fundamentales en el desarrollo de la electrónica.

En 1928 es condenado por primera vez y deportado a Nizni Novgorod, por reaccionario y socialmente peligroso. Pero logra evitar la pena de muerte gracias a la ayuda que le ofrece Ekaterina Pavlova Peshkova, la mujer de Gorki, una mujer valiente e independiente, que creó una Cruz Roja política, una red de ayuda para socorrer a los prisioneros políticos.

La segunda vez, por el contrario, ya no tiene salida. En febrero de 1933 le arrestan y encarcelan en la Lubianka acusándole de pertenecer a una inexistente «organización contrarrevolucionaria nacionalista, fascista y monárquica».

Pavel decide sacrificarse: frente a los instructores, confiesa sus inexistentes culpas, no porque le asusten las torturas, sino para salvar la vida de un prisionero.

Yidulianov, un compañero suyo, profesor de derecho, le acusa para escapar de la prisión en la que ha estado encerrado durante cinco años. Presionado por los agentes de la policía secreta, declara que es el jefe de la organización subversiva y se inventa los nombres de todos sus colaboradores, todos ellos importantes académicos rusos. Entre ellos el científico al que señala como la cabeza intelectual del complot[12].

Cuando ambos se encuentran en la cárcel, Florenski, intuyendo probablemente que de todas maneras su suerte está echada, decide renunciar a su propia defensa y salvar la vida del profesor de derecho declarándose culpable[13]. Lleva así a cabo uno de esos actos de insensata bondad que tanto le gustan a Vasili Grossman.

Su gesto de inmolación acabará saliendo a la luz a través de los archivos de la NKVD entregados a la familia en 1991.

En un carta escrita unos años más tarde desde Kazajstán, donde había sido condenado a diez años de deportación, Yidulianov reconoce que el científico no tenía en principio intención de ceder, pero que luego decidió acudir en su ayuda: «En el curso del encuentro organizado por Radziviloski, convencí al profesor Florenski para que siguiera nuestro ejemplo y confesara sinceramente, porque con su obstinación estaba retrasando nuestra liberación. Florenski me entendió y también él aceptó el camino de la autoacusación».

Con ayuda de algunos apuntes del científico podemos comprender el motivo que le impulsó a aquel gesto.

«Hubo justos que advirtieron con particular perspicacia el mal y el pecado presentes en el mundo y que, al no separarse en su conciencia de esa corrupción, con gran dolor asumieron sobre sí la responsabilidad del pecado como si se tratara de su pecado personal, por la irresistible fuerza de la particular estructura de su personalidad.»[14]

Florenski se sacrifica por la suerte de un perseguido, para no convertirse él mismo en vehículo del mal que corrompe a la sociedad.

Durante los años de su encarcelamiento, primero en la Lubianka, luego en Skovorodino, en el Extremo Oriente ruso y, finalmente, en las islas Solovki, donde los comunistas construyen un inmenso lager para centenares de miles de prisioneros, el científico sacerdote, en medio de mil dificultades, mantiene la coherencia con su trabajo científico: elabora una técnica edilicia para construcciones en condiciones de hielo perenne, que todavía hoy se sigue utilizando en ingeniería; pone a punto un método de extracción del yodo de las algas, y estudia sus efectos benéficos en la prevención de la gripe y en el tratamiento de disfunciones tiroideas.

El poder utiliza sus capacidades en el interior de la organización del campo. A cambio él pide que le den la posibilidad de mantener correspondencia con su familia.

Consciente de que su final está cerca, intenta transmitir a sus hijos, en una serie de cartas apasionadas, los valores morales en los que cree, con el fin de que la Rusia herida pueda renacer a través de las nuevas generaciones.

A su hija Olga le escribe que la auténtica riqueza de un hombre es su nobleza de espíritu y la autenticidad de un pensamiento libre.

«Tú no puedes comprender lo que siente un padre cuando desea que sus hijos sean no solo irreprochables, sino que representen la imagen misma del valor. Es preciso ser así, no para los otros, sino para sí mismos, y poco importa lo que piensen los demás de vosotros: ser y no aparentar. Tener una clara y transparente disposición del espíritu, una percepción integral del mundo y llevar adelante una idea desinteresada: vivir de tal manera que en la vejez pueda decirse que has tomado lo mejor de la vida, que te has apropiado de las cosas más nobles y bellas del mundo y que no has ensuciado tu conciencia con la mugre con la que se ensucia la gente.»[15]

Pero en Rusia, la grandeza de espíritu de un hombre tiene un precio muy alto, escribe el 13 de febrero de 1937. Se padece el sufrimiento que viene del mundo exterior y el sufrimiento interior. No hay tregua si se quiere defender la dignidad humana.

«Así ha sido, es y será [...]. La vida está hecha de manera que solo puede darse algo al mundo pagando su precio en persecuciones y sufrimientos. Y cuanto más desinteresada sea la entrega, más crueles serán las persecuciones y duros los sufrimientos. Esa es la ley de la vida, su axioma de base [...]. Por la propia entrega, la grandeza, hay que pagar con sangre.»[16]

Pavel Florenski fue fusilado en un bosque de Levashovo, cerca de San Petersburgo, la noche del 8 de diciembre de 1937, junto con otros quinientos prisioneros de las islas Solovki, llevados a tierra firme para su último viaje.

La desesperada protesta de Anna Pavlova

El 8 de marzo de 1937, Anna Alekseievna Pavlova es protagonista de un acto de extrema resistencia[17].

En Rusia existe la costumbre de escribir a Stalin para demostrar la adhesión a la revolución soviética y solicitar su ayuda para corregir lo que no funciona en la propia vida. Lo hacen incluso centenares de prisioneros políticos de la Lubianka, los cuales se dirigen al «padrecito» porque piensan que las injusticias cometidas en el país no son expresión de su voluntad, sino resultado de equívocos que pueden aclararse con su intervención personal.

Muchos siguen con la ilusión de que las persecuciones no dependen del sistema político, sino de funcionarios que lo hacen sin que Stalin se entere.

¿Quién, entonces, mejor que «el padrecito», para salvar el espíritu de la revolución?

En cambio Anna Pavlova, medita sobre si escribir o no personalmente a Stalin, porque le considera no solo responsable de su situación personal, sino también del régimen de terror instaurado en la Unión Soviética. Quiere decirle que el país solo podrá cambiar cuando él caiga y se castiguen todas las afrentas.

Es un acto de rebelión desesperada. Sabe perfectamente que en las condiciones en las que vive no existe posibilidad ninguna de resistencia que pueda obtener el mínimo resultado.

De hecho, no existe ninguna organización libre a la que dirigirse. Ningún periódico publicaría lo que piensa. En ninguna parte puede conseguir amigos con los que compartir la batalla. Resistentes u hombres de valor no hay. En cualquier caso, ella nunca, en toda su vida, los ha visto. ¿Qué hacer entonces? No es ni una artista ni una escritora que pueda desahogarse creativamente y dejar testimonio de su resistencia.

Durante diecisiete años, desde 1919 a 1935, ha trabajado como secretaria en el tribunal popular de Leningrado y conoce perfectamente cómo funciona la justicia soviética. El que expresa un juicio crítico sobre la situación en Rusia corre el riesgo de enfrentarse a un destino amargo.

Pero ella no tiene miedo de las consecuencias, también porque es una mujer sola. Solo van a poder tomar represalias contra ella. No habrá nadie en la familia a quien acusar de ser marido o hijo de una enemiga del pueblo. «Esta es mi suerte. No podrán decir que cuento con la colaboración de la familia.»

Está preocupada por la lentitud y la distracción de la burocracia. No quiere que su carta se pierda por el camino. De modo que prepara copias para tres destinatarios diferentes: una para el dictador, la segunda para Volodarski, el secretario de la NKVD, y otra para el consulado general alemán que, como todas las representaciones diplomáticas, es un nido de espías y no dejarán de fijarse en la carta.

Anna Pavlova solo tiene un pensamiento en la cabeza. En Rusia no puede hacerse nada para cambiar, pero a ella le queda una posibilidad de libertad: la de gritarle la verdad a la cara al dictador soviético.

Es el 8 de marzo de 1937, día de la fiesta de la mujer. El poder acaba de aprobar la constitución más justa e innovadora del mundo, escriben los periódicos exaltando la figura de Stalin; se anuncian elecciones para el Consejo Supremo de la URSS, presentadas como las primeras con sufragio universal, secretas y justas; Anna empieza a escribir con la mente en las noticias de la campaña de terror orquestada por Stalin y la dirección de Yezhov, el jefe de la NKVD.

«¿De verdad no te has cansado todavía –tirano del pueblo ruso– de interpretar la comedia junto a tus parásitos comunistas? Vosotros (comunistas) escribís y gritáis a los cuatro vientos que es mejor vivir en la Unión Soviética que en cualquier otra parte del mundo, pues fuera de nuestras fronteras solo hay hambre, frío y miseria. Prueba entonces a salir de los santos muros del Kremlin y te darás cuenta de la miseria en la que vive tu pueblo. En eso que tú llamas «la vida feliz» la gente merodea como sombras de ultratumba: andrajosa, descalza, hambrienta y muerta de frío.

»Escribís que en Alemania se han reducido los salarios a los trabajadores, que su sueldo no basta para compensar la subida de los precios, pero ¿para qué bastan los sueldos que tú nos pagas a nosotros, miserables? Vuestros ojos solo ven el comportamiento de los demás, pero nunca observáis nada relacionado con vosotros mismos.

»¿No te has dado cuenta, maldita bestia, de que cualquier ruso vive peor que un siervo de la gleba?

»Presumís de haber elegido para el partido el mejor de los nombres, pero luego, en nombre del comunismo, engordáis con la sangre del pueblo y obligáis a los demás a seguiros en vuestras infamias.

»Escribís que en la Italia fascista consideran a las mujeres como seres de raza inferior, pero vosotros, comunistas parásitos, ¿cómo tratáis a las mujeres en vuestro país?

»Tú les has dado el poder de humillar a las mujeres.

»Mi hermana se casó con un pez gordo comunista que trabajaba en la industria militar. Cuando ese hombre decidió divorciarse le ofrecieron un nuevo alojamiento, pero mi hermana fue obligada a desalojar el suyo y fue abandonada en medio de la calle.

»Si una mujer busca casa tiene que ir con el sobre por delante o prostituirse con un comunista.

»Ahora mi hermana está gravemente enferma de los nervios y no tiene siquiera derecho a ingresar en un hospital.

»Tú, con ese movimiento criminal estajanovista, has hecho sufrir a todo el pueblo y has provocado una competencia animal; a tus órdenes, se comen vivos los unos a los otros, pero estate tranquilo: el castigo siempre llega.

»Serás maldito por la sangre del pueblo.

»Vosotros comunistas sostenéis que Piatakov[18] y los demás son enemigos del pueblo. Sin embargo, los enemigos del pueblo sois vosotros y los que habéis fusilado son los mártires de la verdad.

»No creas, Stalin, que la gente es tan estúpida como para no ver o estar satisfecha con el orden impuesto por vuestros delincuentes: la gente soporta todo esto para proteger a sus propios parientes: hay quien tiene padre o madre, marido o mujer, pero yo no tengo a nadie y puedo escribir con toda libertad.

»La gente calla por miedo a la bayoneta y al látigo caucásico sobre la espalda. Yo misma tuve esa sensación cuando trabajaba en Mytishi en el tribunal y vi los trenes que enviabas atiborrados de *kulaks*. En el calor sofocante del verano había mujeres, hombres, niños tratados como bestias hacinados en los vagones. Me sentí invadida por el terror, como todos los que tuvieron oportunidad de presenciar la escena. ¿Cuántos en este país no han visto personas torturadas por ti? En lo que se llama un país libre hay un dicho siniestro de todos conocido: "Hablarás en la cámara de tortura".

»Pero recuerda que algún día todos los que han sido torturados por ti, te rodearán y frente a Dios tendrás que responder por tu impiedad.

»Estabas en el Comité Central hasta la muerte de Lenin a la espera de hacerte con el poder. Luego apareciste como el diablo, maltrataste a todo el pueblo y mentiste con descaro al declarar que con la constitución les habías dado todo. El zar nos dio mucho más, mientras que tú, por el contrario, nos has quitado la patria, la ley justa de nuestros padres, la fe en la humanidad, el honor y la conciencia; transformaste a los hombres en ladrones, en criminales asesinos, siendo tú mismo un asesino.

»Necios serán los países en los que se combate por las revoluciones: ¿Es que todavía no han aprendido lo importante que es la libertad? André Gide se dio perfecta cuenta de que el pueblo no posee nada, que apenas si dice lo que se le ordena; la constitución es una verdadera forma de prostitución, ni más ni menos. Tú explotas al pueblo, pero a Dios le llegará su turno y os golpeará a vosotros, parásitos bastardos, llegará el día en que os hundiréis todos con el bandido.

»Habéis hecho asesinar a Kirov y, luego, en su nombre, habéis hecho correr ríos de sangre y destruido familias enteras. ¡Qué valor el vuestro declarando que esa violencia nace de la ira del pueblo y que el pueblo pide venganza!

»Mentís, delincuentes sanguinarios, estas son palabras vuestras, en absoluto pronunciadas por el pueblo. El pueblo no tiene necesidad de sangre, el pueblo necesita una vida sana, cómoda, culta, mientras que las vuestras son palabras para mantener el poder.

»De vosotros, bandidos, yo no pido ni quiero nada. Mandadme a uno de esos países que llamáis fascistas donde podré dedicar el resto de mi vida a alguno de esos hombres que vosotros llamáis "señores".

»Ya no quiero seguir trabajando para vosotros. Con vuestra maldita revolución me habéis quitado la salud y la juventud. Me habéis impedido vivir como un ser humano y me he cansado de vivir en este país.

»En tiempo del zar se estaba mejor, ganaba quince rublos, estaba vestida, tenía zapatos y comía bien; no tenía que pedir limosna entre paga y paga. Entonces íbamos al teatro casi todos los días, pero desde 1930 no he ido ni una sola vez: menuda paga por esta "vida feliz".

»Soy consciente de que no me enviaréis al extranjero con los "señores".

»En ese caso preferiría que me fusilaran y moriré contenta.

»Sabed que si me deportáis a uno de esos campos de trabajo a los que enviáis al pueblo (sin violencias, como decís vosotros), yo no trabajaré, no moveré un solo dedo por vosotros, bastardos. Os veréis obligados a fusilarme allí mismo, pero yo no cederé.

»El pueblo ruso no vive para sí, sino que está obligado a soportaros a vosotros, parásitos comunistas.

»Si Lenin estuviera vivo, es probable que no hubiera destrozado al pueblo ruso, quizá él mismo habría acabado en la oposición, o puede que hasta le hubieran ahorcado en el Kremlin.»

La carta, enviada a la secretaria de Stalin, jamás llegó a su destinatario. Un funcionario de la oficina postal, como de costumbre, la abrió, igual que otros miles de cartas enviadas al dictador y que son habitualmente tiradas a la basura. Cuando lee el texto queda estupefacto y decide inmediatamente mandar la carta a la NKVD con una nota: «Sobre dañado y contenido de carácter antipartido».

De esa manera, a la oficina de Leningrado de la NKVD, tal como Pavlova quería, llegan varias copias de la misma carta.

Los agentes, sorprendidos, piensan que el nombre de la autora y la dirección del sobre –Utiza Moika 10, Leningrado, apartamento 35– son falsos. ¿Quién va a atreverse a insultar a Stalin y, además, firmar con su nombre? Así que dejan pasar más de un mes antes de iniciar una investigación. Sin embargo, cuando se dan cuenta de que nombre y dirección se corresponden, proceden inmediatamente a su detención.

En el curso del interrogatorio, Anna Pavlova ratifica el contenido de su protesta:

«Durante el registro de tu apartamento declaraste haber enviado una carta al Consulado general para que la transmitiera al camarada Stalin. ¿Dónde y a qué consulado has enviado la carta?».

«En agosto de 1936, la carta fue enviada al Consulado general alemán por la abajo firmante Pavlova, con la petición de hacerle llegar a Stalin el documento de contenido "contrarrevolucionario" que yo misma adjunto.»

«¿Podrías exponer el contenido del documento contrarrevolucionario?»

«Ese documento consiste en una carta escrita por mí a la persona de Stalin, en la que me dirijo a él con algunos calificativos vulgares. He escrito que Stalin representa una comedia, se define a sí mismo como "jefe del pueblo", pero que ni siquiera sabe cómo vive su pueblo. Comparaba la vida en la Unión Soviética con la cárcel y sostenía (y sigo sosteniendo) que en la Alemania fascista el pueblo vive cien veces mejor y se siente más libre que aquí, en la Unión Soviética. En el extranjero, el trabajador tiene la posibilidad de vivir dignamente, dispone de una casa y es independiente del poder comunista, mientras que entre nosotros los trabajadores viven en condiciones inhumanas y bajo la opresión de los comunistas.

»He enviado una carta con idéntico contenido a la secretaria de Stalin y a la NKVD.»

Anna, encerrada en la celda número 28 en Sphalernaya, inicia una huelga de hambre, no para protestar por su inocencia y pedir su liberación, sino para acelerar el desarrollo del proceso. No se hace ninguna ilusión y pide que conste en acta una declaración suya: «Me declaro en huelga de hambre, desde el momento en que ya no hay motivo alguno para mantenerme en este lugar. Lo que me espera está bien claro, tan claro que yo misma os he firmado una declaración, por lo tanto, poned fin a mi interrogatorio, organizad vuestro proceso comunista y mandadme cuanto antes al otro mundo».

La petición deja literalmente boquiabiertos a sus verdugos.

Los prisioneros están dispuestos a todo para sobrevivir, pero nunca había sucedido que alguno pidiera un proceso que acabara con la pena máxima. Sin embargo, Anna Pavlova habla libremente y se declara preparada para enfrentarse a su destino.

En el curso de un segundo interrogatorio, el procurador Poliakov cambia de táctica y trata de arrancarle una confesión para acusarla de formar parte de un «complot político»:

–Usted sigue ocultando a sus cómplices. La investigación le ordena que nos diga sus nombres.

–No tengo ningún cómplice. No he dicho una sola palabra a nadie de las cartas enviadas a los consulados extranjeros.

Se inicia así un intento de demostrar que Pavlova es, en realidad, una espía que ha actuado de acuerdo con potencias extranjeras y que ha tejido una red terrorista. Pero Anna se resiste a las presiones y, confirmando incluso, punto por punto, su opinión sobre el dictador soviético, responde con una fuerza de espíritu increíble a las acusaciones de los instructores y confirma que ha actuado sola.

Su defensa desconcierta a los jueces a los que les gustaría elaborar una sentencia política, pero no encuentran la manera de llevar a cabo su propósito.

Así, el 17 de junio de 1937, la Corte especial del tribunal de Leningrado condena a Anna Pavlova a diez años de prisión, basándose en el artículo 58-10 del código penal, por «propaganda contrarrevolucionaria», una pena dura, pero no consiguen ir más allá porque el comportamiento de Anna les ha descolocado.

El tema procesal, sin embargo, no se agota. Estamos en plena campaña estalinista de 1937-1938 contra los llamados enemigos del pueblo y la dirección de la NKVD, con la disposición número 00447, ha dado orden de endurecer las operaciones de castigo en todo el país.

En este clima de terror generalizado, el 1 de agosto de 1937, la Corte especial del Tribunal Supremo de la República federal socialista soviética impugna la sentencia por «una equivocada calificación del jefe de instrucción y por la debilidad de los jefes de la fiscalía».

La motivación del procedimiento es un auténtico silogismo: si la misma Anna Pavlova admitía haber enviado las cartas a los consulados extranjeros, «de hecho, había ofrecido ayuda a los Estados fascistas extranjeros» y debía ser juzgada de acuerdo con el artículo 58-4 y no con el 58-10, que le había ahorrado la condena de muerte.

El 26 de agosto se reabre así un nuevo procedimiento judicial. Esta vez los métodos para arrancar la confesión son más duros. Bajo tortura, Anna Pavlova se ve obligada a reconocer falsedades. «Me dirigí a los consulados extranjeros porque sabía que entre ellos había personas que no reconocían el sistema comunista y combatían contra él. Pensé que uniéndome a personas contrarias al poder comunista habría podido causar más daño al gobierno soviético.»

Ya no es que haya mandado una carta con insultos al dictador soviético, sino que es la artífice de un complot con agentes extranjeros. Con estas declaraciones la sentencia del nuevo proceso ya está escrita.

Pero tampoco en esta ocasión Anna se rinde. Conociendo perfectamente desde dentro los mecanismos del sistema judicial soviético, encuentra el modo de obstruir, volviendo a sorprender a los instructores de la causa.

Cuando el 20 de noviembre recibe el acta de acusación para el nuevo proceso se niega a firmarla.

El jefe del cuerpo de investigación Smetani y el mayor Nadzitatelnich Shaliatin, a su pesar, se ven obligados a hacer constar en acta las declaraciones de Anna.

Esta vez se trata de un *j'accuse* acerca de los métodos empleados en el transcurso de su proceso y sobre la arbitrariedad de la justicia soviética.

«Considero irregular la investigación a la que he sido sometida y falsa la declaración que me ha sido atribuida. He informado al procurador de Leningrado de que no me presentaré al tribunal hasta que mis declaraciones no consten de manera precisa y sean, por lo tanto, registradas por otro instructor y no según su pensamiento distorsionado. Le expliqué que estaba en contra de que iniciase una segunda investigación, puesto que ya había llevado adelante la primera de manera muy irregular.

»Llegados a este punto me cerró la puerta de la oficina con llave y me informó de que había preparado un atestado, es decir, con sus mentiras, que yo debería firmar. Cuando me negué, me tuvo encerrada en su oficina durante veinticinco horas, obligándome a estar en pie y sin dejarme ir al lavabo. A pesar de sus presiones he vuelto a afirmar que solo firmaré el atestado si en él se incluyen mis verdaderas declaraciones. Me ha respondido que se trataba de una exigencia imposible porque entonces hubiera ido todo en menoscabo de su prestigio personal.

»"Si yo registrase tus declaraciones, de nada serviría yo como juez."

»Luego pasó a las maneras duras. Me golpeó salvajemente en partes inadmisibles y tras haberme retorcido una mano, me obligó por la fuerza a firmar el mismo atestado. No tenía ninguna posibilidad de resistir. Aunque no fuera más que por la cantidad de días transcurridos en la cárcel, estaba completamente agotada a causa de la alimentación insuficiente.»

Anna recuerda en su última declaración el uso arbitrario que se estaba haciendo de los testigos durante el proceso. Un compañero de trabajo del tribunal de Leningrado con el que había tenido un importante altercado, había mentido a los instructores sin más justificación que la venganza personal. Declaró que ella hacía propaganda antisoviética durante el ejercicio de su actividad profesional. Una acusación que permitía a los instructores acusarla de complot político. A ella no se le había dado oportunidad de replicar. «Si mis objeciones personales sobre las declaraciones falsas de los testigos no tienen ninguna importancia, entonces, pregunto yo, ¿para qué sirve una investigación?»

Todo estaba ya decidido de antemano.

Tampoco había servido para nada la carta que había mandado el 1 de noviembre de 1937 al procurador de la República Vishinski, en la que denunciaba las irregularidades del proceso. «Solicito que se abra una segunda investigación sobre mi caso por parte de otro instructor en la que se registren verdaderamente mis declaraciones, en lugar de las mentiras confeccionadas por el juez. Por favor, que se me vuelva a juzgar solo por el contenido de mi carta. Respecto de todo lo demás, me declaro inocente.»

Anna Pavlova había intuido que podía aprovechar cualquier mínimo espacio de maniobra en el marco de Leningrado para ejercer su resistencia, también porque su caso no había acabado en manos de las troikas, que juzgaban a las víctimas señaladas independientemente de cualquier procedimiento formal.

Si hubiese sido juzgada por la estructura extrajudicial que Stalin había montado, nada habríamos sabido de sus movimientos, porque nadie le hubiera dado la mínima posibilidad de expresar una protesta y habrían acabado borrando de los archivos todos los documentos que demostraban las irregularidades del proceso.

De todas maneras, Anna Pavlova no escapa a su destino.

Los jueces no tienen en consideración sus propuestas y la juzgan sobre la base de las nuevas imputaciones y de los atestados de los interrogatorios realizados a la fuerza.

El 28 de noviembre de 1937 es condenada a muerte por el Colegio especial del tribunal de Leningrado, sobre la base del artículo 58-4, acusada de haber escrito y difundido documentos de contenido contrarrevolucionario y subversivo contra el gobierno soviético y de haber enviado su carta de protesta a una potencia extranjera con el fin de proporcionar ayuda a los estados capitalistas en su lucha contra la Unión Soviética. El mensaje político del tribunal es muy claro: una persona que se atreve a expresar libremente su pensamiento al dictador es un agente del enemigo.

Anna fue más fuerte que ellos, demostró que una simple empleada de un tribunal puede encontrar la fuerza suficiente para decir la verdad y vencer el miedo. Lo hizo dos veces: con su carta a Stalin y con la denuncia en la cárcel de los métodos criminales de la justicia soviética.

La poesía de Mandelstam

La desesperada protesta de Anna Pavlova recuerda al sacrificio del poeta Ósip Mandelstam, que unos años antes se había atrevido a desafiar, con una poesía, al secretario general del Partido Comunista bolchevique. Nadie en Moscú podía imaginarse que Ósip tuviese la fuerza de enfrentarse al tirano.

Era de constitución frágil, pequeño, delgado, de barba descuidada, sin ninguna licenciatura, sin un preciso status profesional, sin dinero, que solía pedir prestado sin devolverlo nunca. Era bromista, carente de sentido práctico. Daba la sensación de estar ausente, distraído, despreocupado de la actualidad y daba siempre la impresión de estar pensando en otra cosa.

Pero, a pesar de su debilidad exterior y de su desorden, todos sus amigos observan que camina con la cabeza alta, dando a entender que más allá de las contingencias de la vida diaria se mostraba indómito en la defensa de sus propios valores morales y espirituales.

Como la mayor parte de los intelectuales rusos, había acogido con entusiasmo la revolución; había esperado mucho de Kerenski, aunque después aceptara el cambio de rumbo decretado por Lenin y había empezado a trabajar en el ministerio de Educación.

Asustado por la brutalidad de los acontecimientos y por un régimen que veía enemigos y traidores por todas partes, se retira a Crimea, aunque decide, como Florenski, no abandonar el país en ningún caso y comienza una larga resistencia moral, caracterizada por la escritura de sus poemas a contracorriente.

En la primavera de 1928, Mandelstam se entera de que han arrestado a cinco funcionarios de banca y corren el riesgo de ser condenados a la pena capital. Disgustado por tan enorme horror, se empeña a toda costa en denunciar la injusticia y tratar de salvarlos. Así que envía a Nicolai Bujarin, uno de los dirigentes más conocidos del partido, una copia de sus versos con una potente dedicatoria: «Cada verso de estos poemas está gritando contra todo lo que usted se propone hacer».

Difícilmente sus poemas se publican en los periódicos y revistas, pero Mandelstam no duda en recitarlos en público, aun en el caso de que cada uno de ellos pueda considerarse como un delito en relación con el poder.

Es el primer escritor que denuncia la catástrofe de la colectivización obligatoria, que está provocando millones de muertos. «La naturaleza no reconoce su propio rostro, dan miedo las sombras de Ucrania, del Kuban.»

Mientras que la élite de los intelectuales rusos glorifica con suntuosa obra «literaria» a Stalin y al chekista Yagoda por haber construido, gracias al trabajo forzado de centenares de miles de detenidos políticos, el canal de unión entre el mar Blanco y el mar Negro, Mandelstam se atreve a hacer lo que nadie ha tenido el valor de decir o escribir.

Compone una poesía en la que expresa su desprecio por el comportamiento del tirano.

> *Vivimos sin sentir el país a nuestros pies,*
> *nuestras palabras no se escuchan a diez pasos.*
> *La más breve de las pláticas*
> *gravita, quejosa, al montañés del Kremlin.*
> *Sus dedos gruesos como gusanos, grasientos,*
> *y sus palabras como pesados martillos, certeras.*
> *Sus bigotes de cucaracha parecen reír*
> *y relumbran las cañas de sus botas.*
> *Entre una chusma de caciques de cuello extrafino*
> *él juega con los favores de estas cuasipersonas.*
> *Uno silba, otro maúlla, aquel gime, el otro llora;*
> *solo él campea tonante y los tutea.*
> *Como herraduras forja un decreto tras otro:*
> *A uno al bajo vientre, al otro en la frente, al tercero en la ceja, al cuarto en el ojo.*
> *Toda ejecución es para él un festejo*
> *que alegra su amplio pecho de oseta.*[19]

El poeta es consciente de que con su atrevimiento está a punto de firmar su condena de muerte. Lo confiesa a su amiga Anna Ajmátova con una frase sibilina: «¡Estoy preparado para morir!».

No esconde el texto de su poema en un lugar secreto de su apartamento, sino que lo lee, tal como tiene por costumbre a los que considera amigos de su confianza. Entre ellos, posiblemente, hay algún delator, de modo que la noche del 13 al 14 de mayo de 1934, dos agentes se presentan en su casa de Moscú en el pasaje Nascokinski a donde había vuelto y le detienen, incautándose de sus manuscritos.

Mandelstam tampoco cede durante el interrogatorio y asume la responsabilidad de ese texto, en nombre de lo que él define como el valor de las antiguas culturas, que pretende proteger y transmitir a modo de misión humanitaria. Ha escrito esa poesía porque está plenamente convencido de todo cuanto allí se dice y rechaza renegar de ella.

Así comienza su calvario. Primero encerrado en la Lubianka, luego mandado al destierro a Voronez, una localidad perdida en los Urales. Liberado en el invierno de 1937, vuelve durante algunos meses a Moscú. Pero se trata de una breve ilusión. El 2 de mayo es arrestado otra vez y condenado sin proceso a cinco años de gulag en el Extremo Oriente siberiano, donde muere el 27 de diciembre de 1938.

No hay pruebas de que Anna Pavlova estuviera al corriente del calvario de Ósip Mandelstam, pero entre las dos historias hay muchos puntos en común, como si entre el intelectual y la empleada de Leningrado se hubiera creado una estafeta ideal. Ósip empezó primero, con una poesía, diciendo la verdad sobre el tirano, y ella, mujer del pueblo, le siguió unos años más tarde. Ambos son aparentemente protagonistas de un acto de resistencia desesperada que no lleva a ningún resultado y que a uno y otro les cuesta la vida.

Él con su creación artística, ella con una carta al dictador mostrando cómo incluso seres humanos frágiles y humildes son capaces de no inclinar la cabeza frente a un poder que se aparece gigantesco. Parecen completamente locos, pero dejan una sensación de estupor.

¿Por qué lo hicieron? El impulso interior que les lleva a inmolarse sigue siendo un enigma, pero en condiciones extremas hay hombres que prefieren renunciar a su vida antes que a su conciencia.

Quizá pensaron que su acto de coraje podría iluminar en el futuro la vida de otros hombres y ser así el primer eslabón de una cadena de resistencia más amplia. Les ha mantenido no la esperanza de poder torcer el curso de los acontecimientos, sino la imaginación: puede ser que un día lo que ahora es una locura individual llegue a convertirse en normal.

Si a Mandelstam le hubiera llegado la noticia de la determinación de Anna Pavlova, en la celda número 28 de una cárcel de Leningrado, y hubiese podido leer el texto de aquella valerosa carta al dictador, probablemente habría sonreído poco antes de morir en el gulag de Siberia.

Ya no estaba solo.

La red solidaria

Grossman localiza en la conciencia y en la vergüenza los presupuestos que pueden empujar a un hombre a asumir un acto de responsabilidad en la sociedad totalitaria.

No basta, sin embargo, con que la fuerza de resistencia sea la de un hombre solo, sino que se requiere que a su alrededor se forme una red de solidaridad y simpatía.

El hombre que se rebela enciende una chispa que puede poner en movimiento otras fuerzas de resistencia y, a partir de ese apoyo, puede encontrar no solo el valor de arriesgar, sino, además, el apoyo moral para continuar con su acción.

El esquema propuesto por Grossman es el siguiente: lleva a cabo una acción justa y quizá te seguirán y te ayudarán los demás. Si no la llevas a cabo, tendrás un sentimiento de vergüenza no solo dentro de ti, sino frente a las personas que están a tu lado.

Este es el mensaje moral que se desprende del asunto de Shtrum, el científico protagonista de la novela, enfrentado a las prescripciones del sistema. Cuando descubre una fórmula que podría revolucionar el mundo de la física nuclear, Shtrum se queda cada vez más aislado en su laboratorio, porque le acusan de seguir hipótesis científicas que no están en sintonía con los parámetros del marxismo leninismo. Detrás de estas acusaciones hay otro motivo. Es judío, y el poder soviético empieza a mirar a los judíos con recelo, los considera cosmopolitas y vehículo de comportamientos peligrosos para el sistema.

Para seguir trabajando en el laboratorio tiene que escribir una carta de arrepentimiento al Comité Central y hacer una intervención autocrítica en el Consejo académico convocado para discutir su caso.

Empieza así para Shtrum un largo calvario. Apenas si ha cumplido con los objetivos de su investigación y ya ve que se le viene el mundo encima. ¿Qué hacer? ¿Ceder para seguir con su trabajo o resistir, yendo contra un destino de resultado conocido en los años del estalinismo?

Prueba a escribir, titubeante, la carta que presentaría en aquella decisiva reunión, tal y como tantos soviéticos estaban obligados a hacer cuando se les invitaba a hacer una confesión pública. «Reconozco que la desconfianza que he demostrado respecto de la dirección del partido es incompatible con las normas de conducta de un buen soviético. Inconscientemente, en mis estudios, he dejado el camino de la ciencia soviética y me he alineado, muy a mi pesar, contra los que…»[20]

Piensa una y mil veces cómo pronunciar su autocrítica delante de los compañeros de trabajo, pero al final, en el último momento, se despoja de la chaqueta, se afloja el nudo de la corbata y se quita los zapatos. A pesar de la insistencia de su mujer que trata de convencerle para que desista, Shtrum ha decidido no atravesar la puerta de aquella reunión y enfrentarse a su destino.

Le explica a su cuñada Zenka el motivo que debería alentar a todos a la resistencia en la sociedad soviética: la vergüenza por el letargo moral de los años pasados y la alegría que puede proporcionar actuar de acuerdo con la conciencia. El error más grave es ignorarla.

«Nosotros no decimos lo que pensamos. Sentimos una cosa y hacemos otra. Recuerda lo que dice Tolstoi acerca de la pena de muerte: "No puedo callar". Sin embargo, nosotros callamos cuando en 1937 mandaron a la muerte a miles de inocentes. O peor: alguien incluso aplaudió fervorosamente. Callamos durante los horrores de la colectivización forzada… El socialismo, sobre todo, es el derecho a tener conciencia. Y cuando te quitan ese derecho, es un desastre. Si, por el contrario, encontramos la forma de actuar de acuerdo con nuestra conciencia, la alegría que se siente es tan grande… Estoy feliz por ti, por ti que has recurrido a tu conciencia.»[21]

La alegría a la que se refiere Grossman es la satisfacción que Shtrum experimenta en la defensa de su dignidad, es el alivio socrático del que hablaba Hannah Arendt, según el cual es preferible estar en desacuerdo con el mundo que con la propia conciencia. A lo que, además, se añade una inesperada alegría. En torno a él se crea una red solidaria que le apoya y le aprecia.

Es el afecto que recibe de su hija Nadia y de su novio, de María Ivanovna, una mujer que lo ama por su coraje; es la aprobación que recibe de algunos compañeros suyos que le incitan a resistir. De manera que puede contar con una pequeña zona gris del bien que le permite afrontar con más valor el aislamiento al que le han reducido.

La situación se invierte de manera paradójica cuando Stalin le telefonea y reconoce el gran valor científico de su trabajo. Rusia necesita investigadores capaces de fabricar la bomba atómica. De un día para otro, de señalada víctima pasa a ser un icono de la investigación soviética. Las mismas personas que le habían denigrado se convierten ahora en sus aduladores.

A partir de ahora Shtrum tiene a su disposición todos los investigadores que quiera, incluidos los de origen judío que el régimen quería depurar. Y parece, también de un día para otro, que olvida lo que le ha pasado. La inesperada fama le ciega.

Pero hay algo que no cambia. El régimen le invita por segunda vez a firmar un documento polémico de sumisión: tiene que avalar con su firma una campaña de persecución contra los científicos y escritores acusados de haber asesinado al escritor Máximo Gorki y se le invita a desmentir una campaña de solidaridad internacional a favor de estas personas y declarar, por el contrario, que se trata de enemigos del pueblo merecedores de una condena ejemplar.

Shtrum es perfectamente consciente de que se trata de falsedades, pero esta vez, temiendo perder su posición de prestigio, no tiene el valor de resistir. Sin embargo, también ahora sucede algo inesperado.

El científico, poco después de su acto de servil desistimiento, es presa de remordimientos. Se avergüenza no solo de haber vendido su propia dignidad de hombre, sino también de haber traicionado la confianza de todas las personas que habían creído en él. Ya no era digno de formar parte de esa red solidaria de familiares, amigos y compañeros de trabajo que, sosteniéndole, habían defendido principios morales fundamentales.

Estaba perplejo ante las palabras de María Ivanovna que, sin estar todavía al corriente de su rendición, le había recordado la esperanza que su resistencia a la autocrítica había suscitado entre tanta gente. «Viktor Pavlovich, pensaba que no podría expresarlo con palabras, y sin embargo tengo que hacerlo. ¿Se da cuenta de lo que ha hecho por mí y por los demás? Para nosotros, vale mucho más que cualquier descubrimiento. Me siento muchísimo mejor cuando pienso que usted existe. ¿Sabe lo que dicen de usted los montadores, las mujeres de la limpieza, los bedeles? Dicen de usted que es una buena persona. Muchas veces estuve tentado de ir a verle, pero tenía miedo. Cuando, en los días difíciles, pensaba en usted, me sentía mucho mejor. Gracias por existir, Viktor Pavlovich. Usted sí que es un hombre.»

¿Con qué cara iba ahora a presentarse ante ellos? Con su vileza había arruinado todo y había perdido su respetabilidad, incluyendo en esta red solidaria traicionada incluso el amor de su madre desaparecida en los pogromos nazis en Ucrania.

El que se rinde, nos hace entender Grossman, traiciona no solo a los vivos, sino a todos los que murieron defendiendo hasta el final la dignidad humana.

Abrumado por la situación, Shtrum decide retractarse[22]: «Porque nada cuenta frente a todo lo que había perdido. Porque nada cuenta frente a la verdad, frente a la honestidad del hombre. Ni un reino que se extiende del Pacífico al mar Negro, ni la ciencia»[23].

Desde ese momento buscará su rescate y luchará para conquistar el derecho a ser bueno y honesto. E incluso cuando alguna vez se encuentre en un callejón sin salida, habrá perdido el miedo a morir, no tendrá ningún miedo a ser hombre.

Con la narración de esta historia, Grossman se enfrenta al tema de la complejidad de un comportamiento moral en la sociedad totalitaria. Una persona está llamada a afrontar cada día nuevos desafíos. En algunas circunstancias puede resistir, ceder en otras, como había comprendido perfectamente Varlam Shalamov. Pero con Grossman somos testigos de una extraordinaria intuición literaria. El escritor ruso es quizá el primero que, en la sociedad soviética, entiende la importancia de la creación de una «sociedad paralela» que pueda apoyar las acciones de los hombres valientes. Es la anticipación de futuras experiencias, como el movimiento de los derechos del hombre en la Unión Soviética, el Kor en Polonia o Charta 77 en Checoslovaquia.

Esta red solidaria puede empezar por los familiares, las personas cercanas, los amigos, para luego extenderse hasta llegar a convertirse en una sociedad alternativa al poder totalitario. Crea valores morales diferentes a los que prevalecen que no solo alientan el valor de quien se niega a comportarse como delator y a expresar sus propias opiniones frente a la mentira del régimen, sino que estimulan a un número cada vez mayor de personas para que asuman sus responsabilidades.

La sociedad paralela provoca un cortocircuito en el Estado totalitario. La gente acostumbrada a seguir (bien sea por miedo, por convicción o por oportunismo) los hábitos morales del sistema encuentra nuevas referencias y se atreve a pensar por sí misma.

Cuando alguien ceda, como le ha sucedido a Shtrum, quizá tenga la posibilidad de arrepentirse al tener que responder a la sociedad paralela.

Así empezó en los países comunistas de Europa del Este la erosión del poder desde abajo. 1989 tiene su origen en esta experiencia.

Vivir sin mentira

En el plano político, el primero en hablar de una sociedad paralela es Alexander Solzhenitsyn que, en el verano de 1973, escribe un documento en el que invita a los ciudadanos rusos a adoptar un nuevo código de comportamiento: vivir sin mentira.

El llamamiento, que por voluntad del escritor circula a partir de su detención el 14 de febrero de 1974, gira alrededor de este principio: a pesar de que en Rusia no es posible expresarse libremente y gozar de las libertades democráticas, los individuos tienen, sin embargo, la posibilidad de hacer oír su propia voz, negándose a avalar con ella las mentiras del régimen.

«Esta es la clave de nuestra liberación, una clave a la que hemos prestado escasa atención y que, sin embargo, es tan sencilla y accesible: la negativa a participar personalmente en la mentira, incluso si se encubre con alguna otra cosa, incluso si domina por todas partes. En un punto somos inflexibles: que ese dominio no tenga *nada que ver conmigo*.»

Rechazar la mentira significa comprometerse a no hablar, no escribir, no firmar y no publicar cosas que tergiversen la realidad; acostumbrarse a no expresar falsedades en cualquier forma de creación artística, desde la fotografía a la pintura, a la música; no hacer referencia a directrices políticas sin estar convencido de ellas, solo para complacer a alguien o por motivos de carrera; no participar en manifestaciones y mítines contra la propia voluntad, ni alzar la mano a favor de mociones que no se comparten, ni participar en reuniones donde uno está obligado a aceptar una decisión preconfeccionada; no comprar periódicos ni revistas que dan información deformada y callan sobre asuntos esenciales.

El que actúe de esta manera recuperará su alma y el gusto de ser «una persona honesta, digna del respeto de sus hijos y de sus contemporáneos».

No es un simple «vivir la verdad», observa Solzhenitsyn, por los riesgos personales que comporta, sino que, en cualquier caso, es el más fácil entre los caminos posibles. De hecho, el escritor no pide a sus conciudadanos que salgan a la calle o que se arriesguen a ir a la cárcel en un acto de heroísmo político, sino, simplemente, que no avalen con su consenso la falsedad del régimen. Es un desafío al alcance de cualquiera, porque el coraje puede alimentarse de la solidaridad de los demás.

«No se trata, por lo tanto, de ser los primeros en iniciar el camino, sino de unirse a los otros. El camino nos parecerá así más cómodo y breve en la medida en que seamos más los que lo emprendamos. Cuando seamos decenas de miles, nuestro país habrá quedado irreconocible.»

El escritor ruso es consciente de esta oportunidad porque su misma actividad y su resistencia moral contra el régimen ha sido posible gracias a la red solidaria de personas que se ha creado a su alrededor.

Nunca hubiera podido escribir *Archipiélago Gulag* si doscientos veintisiete ex detenidos no le hubiesen proporcionado sus testimonios sobre la vida en los campos y si tantos amigos no hubiesen guardado en sus casas sus manuscritos.

«El apoyo a Solzhenitsyn y a su trabajo», recuerda su colaboradora Elena Cukovskaia, «se manifestó en todos los niveles de nuestra sociedad[24]. Le ayudaron empleados de las bibliotecas, historiadores, ex detenidos de los campos, muchos viejos amigos así como algunos más recientes sacados de entre los lectores de su obra, escritores y editores, periodistas rusos y periodistas de otros países».

Cuando, en febrero de 1974, se vio obligado a emprender el camino del exilio, contribuye a sostener económicamente la sociedad paralela que se construye en Rusia. Con el dinero del premio Nobel y el conseguido con sus publicaciones en el extranjero constituye el Fondo social ruso para la ayuda a los prisioneros de conciencia y a sus familias. La organización, dirigida por Aleksandr Ginzburg hasta su detención en 1977 y luego por su mujer Arina y por Sergei Chodorovic, proporciona asistencia a los detenidos en las cárceles y en los hospitales psiquiátricos, ayuda a los hijos y a las familias de los prisioneros con un subsidio mensual, contribuye a la reinserción de los prisioneros liberados ofreciéndoles bienes de primera necesidad.

La polis paralela de Václav Havel

En Praga, la idea de polis paralela encuentra su más completa elaboración a través de la experiencia de Charta 77.

Václav Havel propone una metáfora para explicar la posibilidad de que un hombre corriente secunde la mentira o, por el contrario, opte por el camino de la autenticidad.

Un frutero ha colocado en su escaparate, entre las cebollas y las zanahorias, el eslogan «Proletarios del mundo, uníos». Ha puesto ese cartel no porque esté convencido de la importancia de la cita, sino porque considera que con su gesto puede dar una señal de fidelidad al régimen y obtener a cambio una vida tranquila.

De no hacerlo podría tener problemas. Podrían acusarle de no colocar «la colgadura», incluso de falta de lealtad. Su acción se encuadra entre las normas de la supervivencia porque se trata de una de esas «minucias» que le garantizan una vida relativamente tranquila «en sintonía con la sociedad»[25]. Con ese comportamiento el frutero renuncia a su identidad y avala la interpretación de la realidad proporcionada por el partido, convirtiéndose así en un engranaje de la mentira del poder comunista.

Sin embargo, ese cartel en el escaparate no representa solo un acto de sumisión, sino también una admonición a los demás para que sigan el código de la ideología. El sistema totalitario se autoalimenta de miles de comportamientos similares: la comprensión de cada uno de los individuos, que el dramaturgo checo define como «autototalitarismo», condiciona el ambiente circundante y hace las delicias del poder.

Imaginemos, por el contrario, sostiene Havel, que un buen día el frutero retira el cartel expuesto en su tienda y, sabiendo que no se trata de auténticas elecciones, decide no ir a votar y decir siempre lo que piensa. Con esta rebelión el frutero sale de «la vida en la mentira» rechazando el ritual y violando «las reglas del juego». Recupera su propia identidad y su ahogada dignidad, sintiéndose hombre libre. Demuestra así a todos que es posible salir de las apariencias, que proporciona más alegría vivir en la verdad y que cada uno, en su pequeña parcela, puede contribuir a crear una realidad diferente.

Pero puede incluso hacer algo concreto como, por ejemplo, implicar a los compañeros de trabajo en una iniciativa común por la defensa de los derechos; escribir a las instituciones para reclamar su atención sobre las deficiencias y las injusticias; difundir textos clandestinos significativos para la causa a través de una red de amigos.

Su filosofía no se basa en el presupuesto de un vuelco del mundo ni en la búsqueda de una revolución a la que habría que acceder mediante el ejercicio de la violencia, a la espera de un futuro diferente, sino que está sólidamente anclada en la idea de una asunción de responsabilidad *aquí y ahora*, en el espacio y el tiempo que a cada uno le ha tocado vivir. Ha comprendido que solo a partir de una transformación moral de la sociedad y de la propia vida se puede construir un mundo mejor. Un cambio profundo de las estructuras como sostuvo Jan Patočka, debe partir del hombre, de la sustancial reconstrucción de su posición en el mundo, de su relación consigo mismo, con el resto de los hombres y con el universo.

Pero el precio que hay que pagar es alto, porque muy probablemente el frutero podrá perder su puesto de trabajo o ser convertido en albañil y su salario verse drásticamente reducido, comprometiendo la posibilidad de que sus hijos puedan estudiar.

Esa es la razón por la cual el valor del individuo en particular no puede dejarse solo, sino que debe encontrar apoyo en la *polis paralela* al poder oficial, que no solo secunde su iniciativa, sino que se convierta en un momento de comunión y de diálogo entre todos aquellos que desean vivir la verdad.

A través de ciertas experiencias, desde Charta 77 hasta las organizaciones autónomas, como las universidades volantes, el teatro clandestino, los grupos de reflexión, el ciudadano experimenta la alegría de su propia identidad, el placer de compararse de manera plural y de intercambiar opiniones sin la pretensión de ser depositario de una verdad absoluta; encuentra así los valores negados por el totalitarismo, tales como la confianza, la sinceridad, la responsabilidad, la solidaridad o el amor.

«¿Qué son, si no, «las estructuras paralelas» más que el espacio de *la otra vida*, esa vida que está en sintonía con las propias intenciones y que se estructura conforme a ellas? ¿Qué son esos intentos de autoorganización social sino el intento de una parte de la sociedad de vivir en la verdad, de rechazar el «autototalitarismo» y emanciparse de su propio «compromiso» con el sistema postotalitario? ¿Qué, si no, es el intento no violento de los hombres de negar *en sí mismos* este sistema y de fundamentar la propia vida sobre una nueva base: la propia identidad?»[26] Václav Havel se niega a considerar la sociedad paralela como un mundo aparte que se salva de la mentira, o como un antiestado contrapuesto al poder político; por el contrario, se trata de un lugar moral a través del cual es posible regenerar toda la sociedad.

No hay dos polis contrapuestas[27], la justa en contraposición a la corrupta, sino solo una única comunidad de hombres que con su compromiso con la verdad, con el respeto hacia el otro, con la defensa de la dignidad, con el gusto por la democracia modifican el curso de los acontecimientos.

Havel hace estas afirmaciones no solo porque en Praga, a mediados de 1970, todavía no puede hablarse abiertamente de una salida del comunismo, sino porque considera que la asunción de responsabilidad significa no estar *contra* algo, sino, en primer lugar, llegar a ser sujetos activos de la reconstrucción moral

El que cambia verdaderamente es el que reconstruye la polis y demuestra con los hechos las nuevas posibilidades: la sociedad paralela «solo tiene sentido como acto de profundización de la responsabilidad respecto del todo y para el todo, como descubrimiento del puesto más adecuado para esa profundización y no como huida de él»[28].

Post scriptum

¿Para qué nos sirve el ejemplo de los justos? Puede parecer que su memoria resulta funcional en situaciones extremas, cuando está en juego la vida de los hombres y la libertad de los individuos está pisoteada por los regímenes totalitarios.

Sería como afirmar que solo en excepcionales circunstancias estamos llamados a defender la dignidad del hombre, mientras que, en lo que es la normalidad de la vida, la cuestión no nos toca de cerca.

Primo Levi ya nos señaló otro camino cuando, después de haber pasado por la experiencia de Auschwitz, nos recomendó considerar que el desafío del mal jamás tiene lugar en una isla separada del resto del mundo, sino que nuestra responsabilidad se presenta siempre y en cualquier lugar. En nuestro ámbito siempre podemos dejar una huella en otra dirección o hacer como si no pasara nada y permanecer pasivos.

Más todavía: precisamente porque la fortuna nos ha permitido vivir en una situación más favorable, en la que están garantizados los derechos humanos y donde disfrutamos de un bienestar del que otros pueblos carecen, estamos llamados a observar un comportamiento moral, si no queremos perder cuanto se nos ha dejado en herencia, enriqueciendo nuestra vida y la sociedad en la que vivimos.

A los justos que desafiaron el horror y a los que Moshe Bejski amaba, sobre todo porque no eran hombres santos, sino imperfectos como todos, podemos considerarlos amigos que nos enseñan a vivir nuestra cotidianidad con el placer de acudir en ayuda del más débil, de tener el valor de pensar por nosotros mismos, de no mentirnos, de ser capaces de ponernos en el lugar de los otros, de saber perdonar, de no sentirse depositarios de la verdad.

Quizá entonces nos demos cuenta con ellos de que este comportamiento, desde luego muy fatigoso y plagado de insidias, puede hacernos, en definitiva, más felices y humanamente más ricos.

Frente a las desilusiones del mundo de la política, cuando constatamos que nuestros gobernantes no están a la altura de su tarea y que las instituciones están en manos de personas de escasa talla moral, podemos descubrir que todos poseemos una prerrogativa que nadie puede quitarnos: se trata del *poder* que cada uno tiene respecto de sí mismo, lo único que hasta el más impotente de nosotros posee y que es, al mismo tiempo, lo único que nadie podrá quitarnos nunca[1].

Con este poder, en lugar de dejarnos llevar por la comodidad de esperar inútilmente que un cambio nos llegue desde los demás y dejarnos tentar por la panacea del ajuste final de cuentas, como tanto les gusta a los fáciles profetas del justicialismo, todos tenemos, si mantenemos firme la voluntad y el deseo de verdad, la posibilidad de iniciar algo nuevo en nuestra vida y en los espacios de nuestra competencia.

La intuición de Havel y de Patočka en los años setenta, cuando empezó el recorrido, fue lo que llevó al inesperado final del totalitarismo en un país donde parecía ridículo pensar en cambio alguno.

Pero se trata de un principio que puede valer incluso para nuestro tiempo.

El poder de cambiarnos a nosotros mismos y el de asumir nuestras responsabilidades, a la larga, corrige los defectos de la democracia.

Es más, se trata de un infinito desafío que se plantea de generación en generación frente a las aporías de una polis siempre imperfecta.

Agradecimientos

Hubiera sido imposible desarrollar los temas contenidos en este libro de no haberse emprendido en los últimos quince años un itinerario de reflexión común con Ulianova Radice sobre la problemática de los justos y si junto con Anna Maria Samuelli y Pietro Kuciukian no hubiéramos constituido con gran esfuerzo y entusiasmo el Comité para el jardín de los justos (Gariwo) con el objetivo de proporcionar a los jóvenes de nuestro país ejemplos morales que sean para ellos puntos de referencia para moverse en un mundo basado en la responsabilidad individual y en el valor de pensar por uno mismo.

En particular debo dar las gracias a Santa Schinardi, que me ha ayudado en la trabajosa revisión del texto y ha contribuido pacientemente a la mejora del estilo.

Doy las gracias a mis amigos Francesco M. Cataluccio, Salvatore Natoli, Stefano Levi della Torre, Sante Maletta, que con sus libros siempre me estimularon a pensar en un mundo nuevo.

El que quiera seguir la actividad del comité puede consultar la página *www.gariwo.net* y el jardín virtual de los justos de Europa, un proyecto aprobado por la Comunidad Europea ideado y promovido por Ulianova Radice *(www.wefor.eu)*.

Para informaciones y sugerencias escribir a *nissim@tin.it* o a *segreteria@gariwo.net*.

Notas

I. La esperanza realista

[1] Conversación del autor con Moshe Bejski, Tel Aviv, octubre de 2006.

[2] Primo Levi parece haber intuido la posibilidad de una lucha decisiva contra el mal cuando comenta el suicidio de Jean Améry, pero no le basta para encontrar la serenidad. «Admiro el arrepentimiento de Améry, su valerosa decisión de salir de la torre de marfil y de bajar al campo, pero esa opción estaba y sigue estando fuera de mi alcance. La admiro, pero debo constatar que esa elección, proyectada a lo largo de todo su post-Auschwitz, le ha llevado a posturas de una severidad e intransigencia que le han impedido encontrar alegría en la vida, mejor dicho, alegría de vivir. Quien la emprende a puñetazos con el mundo encuentra su propia dignidad, pero la paga a un precio muy alto, porque es seguro que acabará derrotado.» Cfr. Primo Levi, *I sommersi e i salvati*, Einaudi, Turín 1994, pág. 110 [*Los hundidos y los salvados*, Muchnik, Madrid 1989].

[3] Marco Aurelio, *Los doce libros del Emperador Marco Aurelio*, IX, 29.5, pág. 397, trad. de Jacinto Díaz de Miranda, Imprenta de D. Antonio Sancha, Madrid 1785.

[4] «Marco Aurelio estaba tan en desacuerdo con el derramamiento de sangre que solo permitía la contemplación de los gladiadores combatiendo como si se tratase de atletas, sin riesgo de su vida. De hecho no permitía que nunca se les entregara armas afiladas, sino que todos luchaban con armas sin punta o con la punta redondeada.» Cfr. Casio Dión, *Dio's Roman History,* LXXII, edición de E. Cary y H. B. Foster, Loeb, Londres, pág. 50 [Dion Casio, *Historia romana*, 2 vols., trad. de Domingo Plácido (vol. I) y José M. Candau y María L. Puertas (vol II), Gredos, Madrid 2004].

[5] *Eclesiastés: Qohéleth*, Fax, Madrid 1971.

[6] Ibíd.

[7] Ibíd.

[8] Ibíd.

[9] «Sócrates no proporcionaba asientos a los oyentes, no se sentaba en una cátedra profesoral; carecía de horario fijo. Pero bromeando con ellos, bebiendo o yendo a la guerra o al *ágora* y, finalmente, yendo a la cárcel y bebiendo el veneno, ha filosofado. Ha sido el primero en demostrar que, en cualquier tiempo y lugar, en todo lo que nos sucede y en todo lo que hacemos, la vida cotidiana ofrece la posibilidad de filosofar» [Plutarco, *Si un anciano debe hacer política*, 26.796d, en *Obras morales y de costumbres (Moralia)*, 12 vols., Gredos, Madrid 1986/2004].

[10] También Erasmo de Rotterdam duda de los hombres que pretenden demasiado y desconfía de «esos mortales que, en lugar de la felicidad, buscan la sabiduría. Son doblemente insensatos, puesto que nacidos hombres olvidan su condición de hombres y aspiran a vivir como inmortales, y a modo de los gigantes hacen la guerra contra la naturaleza con las armas de la ciencia», en *Elogio della pazzia*, ed. de Tommaso Fiore, Einaudi, Turín 1964, pág. 57 [*Elogio de la locura*, trad. de Pedro Rodríguez Santidrián, Alianza, Madrid 2011].

[11] «Un hombre justo», se dice en el último capítulo de la ley, «es un no judío que ha arriesgado la vida por ayudar a los judíos».

[12] En 1953, en el Parlamento israelí tuvo lugar un importante debate por el que se llegó a la conclusión de que los justos no debían tener color político. Antes de la formulación del artículo 9 se enfrentaron diferentes posturas de las que informamos a continuación. Para el diputado Eliezer Peri era preciso privilegiar el reconocimiento de las fuerzas progresistas. «Si hay algo único que ha caracterizado el comportamiento del mundo no judío respecto de nosotros ha sido la ayuda de los cuerpos organizados en el interior de las naciones. Nosotros los judíos no nos hemos encontrado frente a un bloque único oscuro y hostil de todos los gentiles. Las fuerzas del progreso dentro de cada nación han venido en nuestra ayuda. La Unión Soviética ha tenido un papel principal en el socorro a los judíos supervivientes junto con todos los movimientos socialistas y comunistas que nunca dejaron de prestarnos fraternal ayuda [...]. Propongo, por lo tanto, una nueva versión del artículo 9: debemos recordar las fuerzas del progreso y a todas aquellas naciones que prestaron leal y fraterna ayuda al pueblo judío y que en general se comprometieron para ayudar a los combatientes del gueto y todos los movimientos de resistencia judíos.» Le respondió Yona Kesse, diputado del Mapai, el Partido Socialista Democrático: «Se intenta escribir la historia sosteniendo que solo los comunistas y la Unión Soviética salvaron a los judíos. No es cierto [...]. Si tenemos que hablar de salvadores, estos eran de muy diferente extracción, había personas muy católicas, reaccionarios de toda laya, hombres como De Gaulle, provenientes de la resistencia, pero también espontáneos del régimen de Franco que salvaron judíos posibilitando su paso de la frontera española».

Y, a su vez, Esther Raziel Nahor, una diputada liberal, sostiene que los justos no tenían color ni ideología, sino que eran excepciones que podían descubrirse en cualquier ambiente, tanto en la derecha como en la izquierda, así como en el ámbito de las diferentes confesiones religiosas. De manera que no puede decirse que exista un lugar privilegiado para el bien.

«Es nuestro deber mostrar agradecimiento a todos los que han ayudado a los judíos, en lugar de pretender asignarles a toda costa una adscripción política.»

[13] Aristóteles, *Ética nicomáquea*, VIII, 1155a 27-30, trad. de Julio Pallí Bonet, RBA, Barcelona 2007.

[14] «La regla áurea dice: "No hagas a los demás lo que no quisieras que te hiciesen a ti", pero el Evangelio proporciona una versión diferente: "Haz a los demás lo que quisieras que te hiciesen a ti". La variación parece mínima pero la diferencia es abismal, y no tanto por lo que se refiere a la relación del hombre con Dios, sino por lo que se refiere a la relación entre los hombres. Efectivamente, la regla áurea invita a los hombres a no hacerse daño, la positiva a socorrerse. "Haz a los demás...", ¿qué quiere decir? Esta instrucción lleva a preguntarse qué es lo que querría si estuviera hambriento, sediento, encarcelado. Quisiera ser saciado, que me dieran de beber y me apoyaran [...]. La culminación de la justicia es la misericordia, porque solo rescatando a los hombres de su miseria, socorriéndolos en su fragilidad, podemos hacer brillar sobre el mundo la "estrella de la redención".» Salvatore Natoli, *Sul male absoluto, Nichilismo e idoli del Novecento*, Morceliana, Brescia 2006, pág. 65.

II. Tipología de los justos

[1] Conversación del autor con Elena Bonner.

[2] Primo Levi, *I sommersi e i salvati*, Einaudi, Turín 1994, pág. 63.

[3] Jan Patočka, «Che cos'è e cosa non è Charta 77», en *Samizdat*, 2007 (V), 3, pág. 72. Cfr. Jakub Capek, «Le devoir de l'homme envers lui-même. Patočka, Kant et la Charte 77», *Tumultes*, 32-33, 2009.

[4] «Por lo demás, es importante que cada uno se dé cuenta de que para reivindicar

los derechos morales propios, es decir, las obligaciones con respecto a él mismo y a los demás no se necesita de una auténtica organización, porque no se está hablando de otra cosa que del respeto presente en cada individuo en relación con el hombre en cuanto tal y en relación con esa sensibilidad por el bien común que convierte al hombre en hombre. Por eso nadie en particular *realmente* oprimido tiene, en derecho, que sentirse aislado y sometido a la gracia o a la desgracia de las circunstancias, si él mismo está decidido a no renunciar a la obligación de defenderse a sí mismo; y esa obligación se extiende también a la sociedad de la que es efectivamente miembro.» Jan Patočka, «Che cos'è e cosa non è Charta 77», cit., pág. 72.

[5] Ibíd., pág. 71.

[6] En 1987 realicé en Praga un documental para la televisión de la Suiza italiana sobre la oposición clandestina con el título de *I giovani dell'antipolitica*.

[7] Tal como me contaron mis padres, lo mismo sucedió entre los judíos de Salónica durante la ocupación nazi de la ciudad en 1943. Eran conscientes del peligro que corrían, dadas las noticias que circulaban desde hacía meses acerca de los planes de deportación por parte de las SS, pero no querían creer en la peor de las informaciones, porque seguían haciéndose ilusiones de que los alemanes, en definitiva, se comportarían como seres humanos. Es lo mismo que, por lo demás, pensaban muchos prisioneros del gulag y de las cárceles estalinistas cuando escribían a Stalin solicitando su intervención para que les ayudara, como si el gran jefe se hubiera equivocado o estuviese mal informado.

[8] Vered Levy-Barzelai, «Interview with a suicide bomber», en *Ha'aretz Daily*, junio de 2002.

[9] Responsable de una organización terrorista en Cisjordania y actualmente detenido en las cárceles israelíes.

[10] A los judíos se les suprimió cualquier derecho político. No podían votar, inscribirse en ninguna asociación, ser elegidos para cargos institucionales, políticos, económicos, sociales, culturales y deportivos; tampoco podían trabajar en oficinas públicas ni servir en el ejército. Se les prohibió casarse con personas de origen búlgaro; estaban obligados a exhibir sobre sus ropas una estrella amarilla y a fijar en la puerta de sus casas el cartel de «residencia judía»; no podían cambiar de domicilio, ni frecuentar lugares de ocio, desde los teatros hasta los estadios, restaurantes o conciertos, ni hospedarse en hoteles.

[11] Gabriel Nissim, *L'uomo che fermò Hitler*, Mondadori, Milán 2000, pág. 84.

[12] Ibíd., pág. 78.

[13] Ibíd., pág. 120.

[14] Ibíd., pág. 307.

[15] Ibíd., págs. 261-262.

[16] Entrevista del autor a Jitka Frantová, noviembre de 2009.

[17] Francesco Caccamo reconstruyó el pasado comunista de Pelikan anterior a 1968 y sus adversidades de después de 1989 en el volumen *Jiří Pelikán. Un lungo viaggio nell'arcipelago socialista*, Marsilio, Venecia 2007.

[18] Entrevista del autor a Jitka Frantová, noviembre de 2009.

[19] Pelikan a Slansky, 20 de marzo de 1949, en Francisco Caccamo, *Un lungo viaggio nell'arcipelago socialista*, cit., pág. 17.

[20] Antes de la ocupación de la universidad, Pelikan había hecho entrega de una carta de tono perentorio al ilustre economista: «Queremos que las universidades sean las primeras en realizar el programa constructivo del nuevo gobierno Gottwald y que, particularmente, la Universidad Carlos abra el camino del progreso de nuestra vida nacional en coherencia con sus tradiciones. Con el fin de que puedan asumir estas funciones es necesario que al mando de las instituciones universitarias se encuentren personas inspiradas por este pensamiento y en completa armonía con el gobierno de Klement Gottwald. Somos responsables ante el pueblo trabajador, hermano de sangre, de que las universidades no sigan estando al servicio de la ideología de la reacción capitalista, de

que no dañen a nuestro pueblo y no lo separen de la joven intelectualidad». La carta a Englis fue encontrada en los archivos; se publicó en Praga, en el periódico *Lidové noviny*, el 1 de agosto de 1990.

[21] En una biografía redactada en 1950 para el Partido Comunista, Pelikan se enorgullece de sus éxitos: «Durante los acontecimientos de febrero tomé parte, como miembro del Comité provincial del PCC en una serie de acciones de significado local, y como secretario político del Comité provincial del PCC para la universidad dirigí la toma de las instituciones universitarias así como su limpieza de los elementos reaccionarios». Jiri Pelikan, *Autobiografía*, 1951, Archiv Ministerstva, legajo 325-41-1, ff. 133-144.

[22] Jiri Pelikan, *Io esule indigesto. Il Pci e la lezione del '68 di Praga*, ed. de Antonio Carioti, Reset, Milán 1968, pág. 15.

[23] Ibíd., pág. 16.

[24] Jiri Pelikan, *Il fuoco di Praga. Per un socialismo diverso*, Feltrinelli, Milán 1978, pág. 22.

[25] Ibíd.

[26] El intelectual comunista Lucio Lombardo Radice, que había apoyado la Primavera de Praga, se muestra, sin embargo, contrario a cualquier forma de resistencia contra las fuerzas de ocupación soviética. Le declara a Pelikan que, contra las tropas de los países socialistas, «incluso después del cruel atropello», no hay que usar la violencia y que «la muerte de un solo soldado soviético en esos días significaba hacerle el juego a los imperialistas». Esta era la opinión dominante en el grupo dirigente comunista que consideraba la resistencia en Checoslovaquia como el principal peligro que se debía evitar.

III. Para qué sirven los justos

[1] Se trata de Natalia Gorbanevskaia, Konstantin Babickij, Larisa Bogoraz Daniel', Vadim Delone, Vladimir Dremliuga, Victor Fainberg, Pavel Litvinov y Tatiana Baeva.

[2] Gabriele Nissim, *Il tribunale del bene. La storia di Moshe Bejski, l'uomo che creò il Giardino dei Giusti*, Mondadori, Milán 2003, pág. 268.

[3] Hannah Arendt nos invita a juzgar con la medida de Homero, que fue el primero en colocar al mismo nivel, en su narración de la guerra de Troya, los gestos de los vencedores y de los vencidos. «Es preciso rescatar nuestra dignidad humana, arrancándola, digamos, de las manos de esa pseudodivinidad de la época moderna llamada historia, sin negar la importancia de la historia, pero negando su derecho a erigirse en juez último. Catón el Viejo dijo una frase singular que resume de manera adecuada el principio político implícito en esa operación de rescate: la causa de los vencedores gustó a los dioses, pero la de los vencidos a Catón.» Hannah Arendt, *La vita della mente*, Il Mulino, Bolonia 1987, págs. 311-312 [*La vida del espíritu*, trad. de Carmen Corral Santos y Fina Birulés, Paidós Ibérica, Barcelona 2010³].

[4] El concepto de «bondad insensata» está perfectamente expresado por Vasili Grossman en *Vita e destino*, Adelphi, Milán 2008 [*Vida y destino*, trad. de Marta-Ingrid Rebón, Galaxia Gutenberg-Círculo de Lectores, Barcelona 2008].

[5] Como recordó Giovanni Reale, a Sócrates «en un emblemático párrafo de Cármides le presentaron a un bellísimo joven, diciéndole que, si se desnudara, su belleza resultaría todavía más sorprendente. Y Sócrates contestó que lo que verdaderamente le importaba no era desnudar el cuerpo del joven para ver sus bellas formas, sino desnudar su alma, porque solo en ella podría ver lo que el joven era de verdad:

–¿Qué te parece, Sócrates, ese jovencito? ¿Acaso no tiene un bello rostro?

–¡Extraordinario!

–¡Bien! Si aceptara desnudarse entonces te parecería que su rostro no es nada, tan bellas y perfectas son sus formas.

—Por Heracles, me estáis hablando de un ser extraordinario, si es que, además, tiene otra cosa, una pequeña cosa.

—¿Qué cosa?

—Si resulta ser también bella su alma.

—Desde luego, también su alma es bella y buena.

—Entonces, ¿por qué no desnudamos primero su alma y la observamos antes que su cuerpo?

Giovanni Reale, *La filosofia di Seneca come terapia dei mali dell'anima*, Bompiani, Milán 2004, págs, 130-131.

[6] Pierre Hadot, *La filosofia come modo di vivere*, Einaudi, Turín 2008, pág. 9 [*La filosofía como forma de vida*, trad. de María Cucurella, Alpha Decay, Barcelona 2009].

[7] «… estamos tratando con algo que puede no ser único, pero que es en extremo raro: el don de *pensar poéticamente*. Y este pensamiento, alimentado por el presente, trabaja con "los fragmentos de pensamiento" que puede arrebatar al pasado y reunir sobre sí mismo. Al igual que un pescador de perlas desciende hasta el fondo del mar, no para excavar el fondo y llevarlo a la luz, sino para descubrir todo cuanto tiene de rico y extraño, las perlas y el coral de las profundidades, y llevarlos a la superficie, este pensamiento sondea las profundidades del pasado, pero no para resucitarlo en la forma que era y contribuir a la renovación de las épocas extintas. Lo que guía este pensamiento es la convicción de que aunque vivir esté sujeto a la ruina del tiempo, el proceso de decadencia es al mismo tiempo un proceso de cristalización, que en las profundidades del mar, donde se hunde y se disuelve aquello que una vez tuvo vida, algunas cosas "sufren una transformación marina" y sobreviven en nuevas cristalizaciones que permanecen inmunes a los elementos, como si solo esperaran al pescador de perlas que un día vendrá y las llevará al mundo de los vivos, como "fragmentos de pensamiento", como algo "rico y extraño" y tal vez también como eternos *Urphänomene* (fenómenos originarios).» Hannah Arendt, *Il pescatore di perle, Walter Benjamin, 1892-1940*, Mondadori, Milán 1993, págs. 91-92 [«El pescador de perlas», en *Hombres en tiempos de oscuridad. Walter Benjamin 1892-1940,* trad. de Claudia Ferrari, págs. 212-213, Gedisa, Barcelona 1989].

[8] Primo Levi, *Se questo è un uomo – La tregua*, Einaudi, Turín 1999, pág. 109 [*Trilogía de Auschwitz. Si esto es un hombre – La tregua – Los hundidos y los salvados*, trad. de Pilar Gómez Bedate, El Aleph, Barcelona 2010].

[9] Ibíd.

[10] Varlam Shalamov, *I racconti di Kolyma*, Einaudi, Turín 1999, pág. 33 [*Relatos de Kolymá*, trad. de Ricardo San Vicente Urondo, Mondadori, Barcelona 1998].

[11] Entrevista con el autor. Véase también la intervención de Esther Mujawayo Keiner en el congreso *La memoria del Bene. Una memoria affidata alla Scuola*, Bolonia, 19 de abril de 2007 *(www.storiamemoria.it)*.

[12] Ibíd.

[13] Ibíd.

[14] Ibíd.

[15] Ibíd.

[16] Ibíd.

[17] Ibíd.

[18] Etty Hillesum, *Diario 1941-1943*, Adelphi, Milán 1985, pág. 29 [*Una vida conmocionada. Diario 1941-1943*, ed. de J. G. Gaarlandt, trad. de Manuel Sánchez Romero, Anthropos, Barcelona 2007].

[19] Ibíd., pág. 30.

[20] En 1956, el presidente de la República Italiana, entonces influyente miembro del Comité Central del PCI, efectivamente, había elogiado la invasión soviética de Hungría, sin comprender las demandas de libertad de los sublevados húngaros. Sus palabras no dejan lugar a dudas: «La intervención soviética no solo ha contribuido a impedir que

Hungría se hundiera en el caos y en la contrarrevolución, sino también a la paz en el mundo». Y todavía en febrero de 1974 escribe en un artículo publicado en *Rinascita* que Alexander Solzhenitsyn, el gran disidente soviético, encarcelado por sus ideas, «tras la publicación de *Archipiélago Gulag* en el extranjero, había acumulado importantes sumas de dinero en Suiza, gracias a los derechos de autor» y que se había distanciado «a causa de su desafiante actitud respecto del Estado soviético y sus leyes». Cfr. Giorgio Napolitano, «Ancora sul "caso Solženicyn"», *Rinascita*, febrero de 1974.

[21] Lazar Manojlovic, «Vivere in pace oppure brucciare», en Svetlana Broz, *Having What It Takes: Essays on Civil Courage*, Gariwo Sarajevo, Sarajevo 2006.

[22] La orden impartida por el Partido Democrático Serbio es taxativa: solo puede quedarse en la ciudad el 2% de la población no serbia y hay que expulsar de la escuela a todos los empleados y estudiantes que no lo sean.

[23] Entrevista con el autor, mayo de 2008.

[24] «Existe una historia completamente distinta, invisible, la historia de la libertad en la Rusia de la época soviética. En su tiempo era invisible. Y hoy todavía sigue siéndolo», Olga Sedakova, «I nostri maestri. Per una storia della libertà in Russia», en *La Nuova Europa*, 1, 2008, pág. 67.

[25] Ibíd.

[26] Ibíd., pág. 66.

[27] Ibíd., pág. 67.

IV. Moshe Bejski, el pescador de perlas

[1] La era de Yezhov, jefe de la NKVD entre 1936 y 1938; fue el período más sangriento del terror estalinista, durante el cual toda forma de oposición a la cúpula del Partido Comunista y del ejército fue aniquilada por la policía de Yezhov. El terror fue intenso y capilar y se ejerció sobre todo el país y todos los estratos de la población. Millones de prisioneros, tras juicios sumarísimos, se enfrentaron a los horrores de los campos de trabajo siberianos, mientras que unas ochocientas mil personas fueron condenadas y asesinadas con una bala en la nuca. La vieja guardia bolchevique fue eliminada, así como los miembros de los diferentes partidos comunistas nacionales que se habían refugiado en la URSS.

[2] Anna Ajmátova, *Poema senza eroe e altre poesie*, ed. de Carlo Riccio, Einaudi, Turín 1966 [*Réquiem y otros escritos*, prólogo de Vladimir Leonóvich, epílogo de Joseph Brodsky, trad. de José Manuel Prieto, Galaxia Gutenberg-Círculo de Lectores, Barcelona 2000, pág. 33].

[3] Ibíd.

[4] Anatolij Razumov, historiador y bibliógrafo en la Biblioteca Nacional rusa de San Petersburgo, lleva treinta años recogiendo datos y testimonios sobre la represión política en la URSS. Dirige el proyecto «Nombres restituidos» que documenta en un banco de datos electrónico los nombres y las biografías de las víctimas; todos los años publica un volumen sobre la historia de las víctimas de San Petersburgo (*Leningradskij Martirolog*).

[5] Cfr. David Rousset, *Les jours de notre mort*, Ramsay, París 1988, y David Rousset, *L'universo concentracionario 1943-45*, Baldini & Castoldi, Milán 2002 [*El universo concentracionario 1943-45*, trad. de Michel Mújica, Anthropos, Barcelona 2004].

[6] Gabriele Nissim, *Il tribunale del bene. La storia di Moshe Bejski, l'uomo che creò il Giardino dei giusti*, Mondadori, Milán 2003, pág. 47 [*El jardín de los justos; vida de Moshe Bejski, descubridor de Schindler y forjador de la memoria del bien*, trad. de Nuria Martínez Deaño, Kailas, Aravaca (Madrid) 2004].

[7] Ezer Weizmann, piloto de la Raf durante la Segunda Guerra Mundial, participó luego en la guerra de independencia de Israel. Fue comandante de la aviación militar israelí y uno de los protagonistas de la guerra de los seis días. Entró en política y en 1993 se convirtió en el séptimo presidente del Estado judío.

⁸ Moshe Bejski, «I giusti tra le nazioni nei tempi bui dell'eclisse della raggione», en Antonia Grasselli y Sante Maletta (eds.), *I giusti e la memoria del bene. Chi salva una vita salva il mondo intero*, Cooperativa Universitaria Studio e Lavoro, Milán 2006, pág. 35.

⁹ Entrevista del autor a Moshe Bejski en el curso de la preparación del libro *Il tribunale del bene*, cit., Tel Aviv 2000.

¹⁰ Pierre Hadot, *Ricordati di vivere*, Raffaello Cortina Editore, Milán 2008, pág. 58 [ed. original: *N'oublie pas de vivre*, Albin Michel, París 2002].

¹¹ Filón, por ejemplo, escribe: «Tenía constantemente la impresión de estar levantado por el aire, empujado por una inspiración divina que se adueñaba de mi alma y de circular en compañía del Sol y de la Luna, acompañado también del cielo y de todo el universo. Entonces si me asomaba desde lo alto de ese éter y dirigía la mirada desde mi espíritu como si estuviera en lo alto de un observatorio (*Skopia*), podía contemplar los innumerables espectáculos que me ofrecían todas las cosas de la Tierra y me alegraba de haber escapado, a base de fuerza, de las calamidades inherentes a la vida mortal», ibíd., pág. 60.

Por el contrario, Séneca escribe: «El alma humana alcanza la perfección y la plenitud del bien propia de su condición desde el momento en que, aplastado todo mal, se dirige hacia lo alto y penetra con fuerza en el seno de la naturaleza. Entonces, cuando asciende libre allí en medio de los astros, disfruta...», ibíd., pág. 62.

Y Marco Aurelio observa: «Al hablar de los hombres es preciso observar también las cosas terrenales, como se mira hacia abajo desde un lugar elevado: multitudes, ejércitos, trabajos del campo, bodas, divorcios, nacimientos, muerte, líos en los tribunales, tierras desiertas, diferentes poblaciones bárbaras, fiestas, lutos, mercados, gran confusión y armonía de los contrarios [...]. Observa, desde arriba, rebaños, innumerables, infinitas ceremonias, todo tipo de navegación entre tormentas y bonanzas, múltiples diversidades de seres que nacen, viven, desaparecen [...]. Si, transportado de pronto hacia lo alto, mirases las cosas humanas y considerases su verdad, las despreciarías, al ver igualmente cómo está habitado el espacio de los seres celestes», ibíd., pág. 63.

¹² «Permanecí en Auschwitz unos dos años, pero allí el tiempo no transcurre con la misma unidad de medida del tiempo que sobre la tierra. Cada fracción de segundo pertenece a una escala diferente. Los habitantes de ese planeta no tenían nombre, ni familia; no habían nacido allí y no generaban hijos. Respiraban de acuerdo con leyes diferentes de las leyes de la naturaleza. No vivían y morían como se hace en la tierra. Su nombre era Ka-Tzenik [...] pensé en conservar el nombre.»

¹³ Liliana Segre, «La testimonianza di eroi quotidiani», en Antonia Grasselli y Sante Maletta (eds.), *I giusti e la memoria del bene. Chi salva una vita salva il mondo intero*, cit., pág. 10.

¹⁴ Ibíd.
¹⁵ Ibíd.
¹⁶ Ibíd.
¹⁷ Ibíd.

¹⁸ Hans Jonas, *Il concetto di Dio dopo Auschwitz. Una voce ebraica*, Il melangolo, Génova 2004, pág. 45 [ed. original: *Der Gottesbegriff nach Auschwitz: eine jüdische Stimme*, Suhrkamp, Fráncfort del Meno 1987].

¹⁹ Ibíd.
²⁰ Ibíd., pág. 39.

²¹ Etty Hillesum, *Diario 1941-1943*, Adelphi, Milán 1985, pág. 30 [*Una vida conmocionada. Diario 1941-1943*, edición de J. G. Garlaandt, trad. de Manuel Sánchez Romero, Anthropos, Barcelona 2007].

²² En el discurso de despedida de los funerales de Marek Edelman, publicado por la *Gazeta Wyborcza*, Konstanty Gebert subraya que «Dios podía creer en el doctor Marek Edelman durante la insurrección del gueto y la insurrección de Varsovia, en marzo de

1968 y en el estado de guerra, en el convoy hacia Sarajevo y en el cabecero de un paciente. Dios sabía que no iba a resultar desilusionado».

[23] Hans Jonas, *Il concetto di Dio dopo Auschwitz*, cit., pág. 35.

[24] Ibíd., pág. 39.

[25] En el año 70 comenzó en la fortaleza de Masada la defensa desesperada de un millar de zelotes que, capitaneados por Eleazar Ben Yair, prefirieron el suicidio colectivo a rendirse a los romanos o encontrar un acomodo con los ocupantes.

[26] Su libro ha sido publicado en España con el título de *Buena gente en tiempos del mal: participantes y testigos*, trad. de Visnja Mandic, Kailas, Aravaca (Madrid) 2006.

[27] Cfr. Pietro Kuciukian, *Voci nel deserto. Giusti e testimoni per gli armeni*, Guerini e associati, Milán 2000; Raymond Kevorkian, *Le Génocide des Arméniens*, Odile Jacob, París 2006; Raymond Kevorkian, «L'Extermination des déportés arméniens ottomans dans les camps de concentration de Syrie. Mésopotamie (1915-1916)», en *Revue d'Histoire Arménienne Contemporaine*, II Bibliothèque Nubar de l'Ugag, 1998.

[28] Hassan Amdja bey, súbdito otomano, después de junio de 1919 publicó en el periódico de Estambul *Alemdar* una serie de cuatro artículos relacionados con su experiencia y sus recuerdos de la deportación de los armenios, suscitando la violenta reacción de la opinión pública. Los artículos fueron inmediatamente bloqueados. Una traducción de los textos fue publicada por la revista francófona *La Rénaissance*, con el título de «Faits et Documents». En agosto de 1916, recorriendo los caminos de Siria por orden de Ahmed Djemal Pascia, se dio cuenta de la tragedia vivida por el pueblo armenio y recuerda las palabras de su hermana en Alepo: «No dejes pasar la oportunidad de hacer el bien, aunque sea a una sola persona». Desgraciadamente, su intento de impedir que continuasen los crímenes no tuvo éxito, con lo cual se quedó con gran dolor y remordimiento por no haber podido hacer algo más. Los artículos son un lúcido e impactante resumen de lo que vio con sus propios ojos. Cfr. Pietro Kuciukian, *Voci nel deserto*, cit., págs. 224-225.

V. Justos no excesivamente heroicos

[1] El ministro de Educación Benzion Dinur, en el curso de la primera sesión de la discusión sobre la ley, explicó así el valor moral de aquella propuesta: «Nosotros tenemos que recoger y valorar todos los testimonios de quien, corriendo riesgos personales, vino en ayuda de los perseguidos, de los acosados, de los combatientes. Estos han sido capaces de conservar un rasgo de humanidad en un tiempo tan oscuro. Durante generaciones enteras, Israel tendrá que recordar sus nombres. Merecen una gratitud especial porque han salvado en nuestros corazones *la esperanza del hombre* en cuanto tal y han sabido escuchar dentro de sí esa esencia humana universal que es un elemento crucial para la seguridad tanto de todos los pueblos como de todas las personas. Esta es para nosotros la memoria del heroísmo».

[2] Moshe Bejski, «I giusti tra le nazioni nei tempi bui dell'eclisse della raggione», en Antonia Grasselli y Sante Maletta (eds.), *I Giusti e la memoria del bene. Chi salva una vita salva il mondo intero*, Cooperativa Universitaria Studio e Lavoro, Milán 2006, págs. 24-25.

[3] Gabriele Nissim, *Il tribunale del bene. La storia di Moshe Bejski, l'uomo che creò il Giardino dei giusti*, Mondadori, Milán 2003, págs. 29-33.

[4] Ibíd., págs. 159-161.

[5] Daniel Carpi, «A New Approach to Some Episodes in the History of the Jews in Salonica during the Holocaust. Memory, Myth, Documentation», en *The Last Ottoman Century and Beyond: The Jews in Turkey and the Balcans*, ed. de Minna Rozen, Tel Aviv University, Tel Aviv 2005.

[6] «Será bueno recordar», escribe Carpi, «que la protección fue garantizada no solo a los judíos de nacionalidad italiana, sino también a todos aquellos que reivindicaron

el derecho a ser considerados italianos, a los que sostuvieron haber tenido relaciones familiares, verdaderas o presuntas, con judíos italianos o a cuantos habían hecho una evidente contribución, de acuerdo con el cónsul, a los intereses culturales y económicos italianos en la ciudad o en la región».

⁷ «Zamboni, il Perlasca di Salonicco. La burocrazia al servizio del Bene», en *Corriere della Sera*, 4 de febrero de 2008. Estas revelaciones tuvieron un eco internacional inmediato. En el teatro más grande de Atenas, el Megaro Musiki, en presencia del jefe del Estado Kaeolos Papulias y del ministro de Asuntos Exteriores, Dora Bakoyanni, las comunidades judías griegas entregan una condecoración especial a los representantes de Italia y de España, en recuerdo de la actividad de los funcionarios que se esforzaron en la salvación de sus compatriotas. A partir de estos documentos se elaboró una pieza teatral de la que se encargó el mismo Ferrari, junto con el director Ferdinando Ceriani y el embajador Gian Paolo Cavarai, representada con gran éxito en Tel Aviv en agosto de 2008 y luego, posteriormente, en el Festival de Venecia y en diferentes ciudades italianas.

⁸ Jannis Chrisafis, Alessandra Coppola y Antonio Ferrari, *Ebrei di Salonicco, 1943. I documenti dell'umanità italiana*, Embajada italiana, Atenas.

⁹ Robert Satloff, *Tra i Giusti. Storie perdute dell'Olocausto nei paesi arabi*, Marsilio, Venecia 2008.

¹⁰ Irena Steinfeld, *Paying the Ultimate Price* (el texto puede consultarse en http://www1.yadvashem.org/righthous_new/resources.html).

¹¹ Ibíd.

¹² En 2003, sobre el Monte Stela de Milán, nació el Jardín de los justos de todo el mundo, promovido por el Comité del Jardín de los justos, por el Ayuntamiento de Milán y por la Unión de comunidades judías *(www.gariwo.net)*. Es la primera institución internacional que ha ampliado el concepto de justo a todos los genocidios y crímenes contra la humanidad.

VI. Hannah Arendt en busca del secreto de los justos

¹ Los *Judenräte* (término alemán para *Consejo judío*) fueron cuerpos administrativos que Alemania impuso a los judíos recluidos en los guetos.

² Sionista alemán. Fue secretario de la organización sionista mundial de 1911 a 1914 y presidente de la Federación Sionista Alemana hasta la llegada de Hitler.

³ Entrevista del autor a Moshe Landau, Tel Aviv, diciembre de 1999.

⁴ Hannah Arendt y Gershom Scholem, *Due lettere sulla banalità del male*, Nottetempo, Roma 2007, pág. 30 [*Eichmann en Jerusalén: un estudio sobre la banalidad del mal*, trad. de Carlos Ribalta, Lumen, Barcelona 2001].

⁵ Ibíd.

⁶ Ibíd.

⁷ Entrevista del autor a Niko Alvo, Salónica, mayo de 2010.

⁸ Cfr. Gabriele Nissim, *Il tribunale del bene. La storia di Moshe Bejski, l'uomo che creò il Giardino dei Giusti*, Mondadori, Milán 2003, pág. 77.

⁹ Hannah Arendt y Gershom Scholem, *Due lettere...*, cit., pág. 9.

¹⁰ Ibíd.

¹¹ Hannah Arendt, *La vita della mente*, Il Mulino, Bolonia 1987, pág. 85 [*La vida del espíritu*, trad. de Fina Burulés y Carmen Corral, Paidós Ibérica, Barcelona 2010].

¹² Ibíd., págs. 85-86.

¹³ Hannah Arendt, *Alcune questioni di filosofia morale*, Einaudi, Turín 2006, pág. 58.

¹⁴ Nechama Tec, *En recuerdo de las víctimas del Holocausto*, discurso pronunciado en la sede de Naciones Unidas, 27 de enero de 2010, en el Día Internacional de la memoria de la Shoah.

¹⁵ Ibíd.
¹⁶ Nechama Tec, *Reflections on Rescuers*, intervención en el congreso internacional *Pratiques de sauvatages en situation génocidaires. Perspectives comparatives*, Centre d'Histoire des Sciences Po, París, 11-13 de diciembre de 2006.
¹⁷ Para los acontecimientos del antisemitismo en Polonia y sobre el nacimiento del mito de la *judeocomune*, cfr. Gabriele Eschenazi y Gabriel Nissim, *Ebrei invisibili. I sopravissuti dell'Europa orientale dal comunismo a oggi*, Mondadori, Milán 1995, págs. 195-206.
¹⁸ Gustav Herling, *Variazioni sulle tenebre. Conversazioni sul male*, L'Ancora del Mediterraneo, Nápoles, pág. 49.
¹⁹ Lev Razgon, *La nuda verità*, L'Ancora del Mediterraneo, Nápoles 2000, pág. 271 [*Sin inventar nada: el polvo anónimo del Gulag*, trad. de Víctor Gallego, Alba, Barcelona 2006].
²⁰ Hannah Arendt, *La vita della mente*, cit., pág. 266.
²¹ Hannah Arendt, *Alcune questioni di filosofia morale*, cit., pág. 18.
²² Hannah Arendt, «La responsabilità sotto la dittadura», en *Responsabilità e giudizio*, edición de Jerome Kohn, Einaudi, Turín 2004, pág. 37.
²³ A pesar de que en más de una ocasión sus amigos «arios» le habían ofrecido sacarle del gueto y protegerle, Korczak siempre se negó a abandonar a sus niños. El 5 de agosto de 1942, los nazis rodearon el orfanato en cuyo interior estaban Korczak y doscientos niños. El historiador del gueto de Varsovia, Emanuel Ringelblum, testigo ocular de aquellos acontecimientos, escribió a propósito de aquellos niños que junto a Korczak caminaron hacia el tren que les llevaría a Treblinka: «... era una marcha organizada, una muda protesta contra los asesinos [...] los niños iban en fila de cuatro con Korczak a la cabeza». El anciano pedagogo y sus niños murieron todos en Treblinka.
²⁴ Armin T. Wegner, *Brief an Karl Liebknecht vom 13.1.1919*, en Johanna Wernicke-Rothmayer, *Armin T. Wegner – Gesellschaftserfahrung und literarisches Werk*, Peter Lang, Fráncfort del Meno y Berna 1982, pág. 42.
²⁵ Armin T. Wegner, «Lettera aperta al Presidente degli Stati Uniti d'America Woodrow Wilson», en *Armin T. Wegner e gli armeni in Anatolia, 1915. Imagini e testimonianze*, Guerini & Associati, Milán 1996, pág. 137.
²⁶ Ibíd., pág. 145.
²⁷ Armin T. Wegner, *Fünf Finger Über Dir*, Deutsche Verlags-Anstalt, Stuttgart, Berlín-Leipzig 1930, pág. 15.
²⁸ Ibíd., pág. 89.
²⁹ Ibíd., págs. 105-107.
³⁰ Ibíd., pág. 42.
³¹ Su compañero de viaje Agop Sorian le reprochará que sus juicios no estén a la altura de los nuevos tiempos: sigue siendo «burgués» y «místico».
³² Armin T. Wegner, «Lettera a Maksim Gorkij», 23 de diciembre de 1927, *en Fünf Finger Über Dir*, cit., pág. 218.
³³ Ibíd., pág. 272.
³⁴ Ibíd.
³⁵ Ibíd.
³⁶ Ibíd., pág. 273.
³⁷ Ibíd.
³⁸ Ibíd., pág. 274.
³⁹ Ibíd., pág. 275.
⁴⁰ Armin T. Wegner, «Lettera aperta al cancelliere del Reich Adolf Hitler», en *Armin T. Wegner e gli armeni in Anatolia. Imagini e testimonianze*, Guerrini & Associati, Milán 1996, págs. 156-157 [texto completo en alemán en www.exil-archiv.de].
⁴¹ Ibíd., pág. 157.
⁴² Ibíd.
⁴³ Ibíd., pág. 158.

⁴⁴ Ibíd., pág. 159.

⁴⁵ Armin T. Wegner, «Lettera a Irene Kowaliska, 21 de abril de 1944», en Johanna Wernicke-Rothmayer, *Armin T. Wegner – Gesellschaftserfahrung und literarisches Werk*, cit., pág. 78.

⁴⁶ Armin T. Wegner, «Lettera a Gabriele Tergit, 8 de marzo de 1956», en Johanna Wernicke-Rothmayer, *Armin T. Wegner – Gesellschaftserfahrung und literarisches Werk*, cit., pág. 80.

⁴⁷ Dimitar Peshev, «Sulla cuestione ebraica», en Gabriele Nissim, *L'uomo che fermò Hitler*, Mondadori, Milán, pág. 144.

⁴⁸ Ibíd., págs. 307-308.

⁴⁹ Ibíd., pág. 148.

⁵⁰ No es ninguna casualidad el hecho de que, en el otoño de 2000, una delegación del Parlamento búlgaro fuese invitada por primera vez en su historia a participar en una reunión de la asamblea europea, precisamente para recordar los acontecimientos de 1943 y honrar así la figura de Peshev.

⁵¹ Carla Tonini escribió una magnífica biografía histórica de Zofia Kossak; cfr. Carla Tonini, *Il tempo del odio e il tempo della cura. Storia di Zofia Kossak, la polacca antisemita che salvò migliaia di ebrei*, Silvio Zamorani, Turín 2005.

⁵² Zofia Kossak, «Protest», en Nechama Tec, *When Light Pierced the Darkness*, Oxford University Press, Nueva York 1986, pág. 111.

⁵³ El mito antisemita de la *judeocomune* continuará teniendo seguidores en Polonia incluso durante la posguerra, después de la destrucción de la comunidad judía. La presencia en la cúpula del Partido Comunista de algunos dirigentes de origen judío bastará para afirmar que los judíos dominaban el país y descargar sobre ellos la responsabilidad del régimen totalitario.

⁵⁴ Zofia Kossak Szczucka, «Najpilniejsza Sprawa», *Prosto z mostu*, n.º 42, 1936, en Gabriele Nissim, *Il tribunale del bene*, cit., pág. 148.

⁵⁵ Carla Tonini, *Il tempo dell'odio e il tempo della cura...*, cit.

⁵⁶ Zofia Kossak Szczucka, «Komu Pomagamy?», *Prawda, Pismo Frontu Odrodzenia*, agosto-septiembre de 1943, pág. 8, en Gabriele Nissim, *El tribunale del bene*, cit., pág. 184.

⁵⁷ El mensajero de la resistencia polaca que trata sin éxito de alertar al mundo acerca de la deportación de los judíos.

⁵⁸ Elisabeth Young-Bruhel, *Hannah Arendt: perché ci riguarda*, Einaudi, Turín 2009, pág. 160.

⁵⁹ Hannah Arendt, *Verità e politica*, Bollati Boringhieri, Turín 1995, pág. 48 [*Entre el pasado y el futuro. Ocho ejercicios sobre la reflexión política*, trad. de Ana Poljak, Península, Barcelona 2003].

⁶⁰ Hasta entonces el dispositivo se basaba en dos fundamentos: la defensa del país en las fronteras era competencia del ejército yugoslavo, mientras que la defensa territorial le correspondía a los respectivos gobiernos de las repúblicas de la Federación. Sin embargo, Belgrado ordena la transferencia de las armas de la defensa territorial desde las repúblicas a los cuarteles del ejército (JNA) con el objetivo de hacerse con el control de todo el país.

⁶¹ Jovan Divjak acaba de trasladar el Estado Mayor al monte Igman, fuera de Sarajevo y organiza nuevas brigadas de defensa, pero alguien pone en circulación algunas falsedades sobre él y es arrestado y encarcelado durante 27 días, del 2 al 29 de diciembre de 1992. El presidente Alija Izetbegovich, al que unos meses antes Jovan, en una acción diplomática, había conseguido poner a salvo tras un intento de secuestro por parte de los serbios, se desentendió de su suerte a pesar de que, en esos mismos días, está en una reunión en Konjic, en el mismo edificio en el que Jovan está arrestado.

⁶² Jovan Divjak, *Sarajevo, mon amour*, Infinito, Avellino 2007, pág. 246.

⁶³ «Hermanos y hermanas: no temáis en acoger a Cristo y aceptar su potestad. Ayudad al Papa y a todos aquellos que quieren servir a Cristo y, con la potestad de Cristo, servir al hombre y a toda la humanidad. ¡No tengáis miedo! ¡Más bien abrid de par en par las puertas a Cristo! Abrid las fronteras de los Estados a su potestad, los sistemas económicos y los políticos, los vastos campos de la cultura, de civilización, de desarrollo. ¡No temáis! Cristo sabe «lo que hay dentro del hombre». ¡Solo él lo sabe! Hoy, muy frecuentemente, el hombre no sabe lo que lleva dentro de su alma, de su corazón. Muy frecuentemente se muestra inseguro sobre el sentido de su vida en esta tierra. Le asalta una duda que se transmuta en desesperación. Permitid, por lo tanto –os lo ruego, os lo imploro con humildad y confianza–, permitid que Cristo hable al hombre. Solo él tiene palabras de vida, sí, de vida eterna.» Cfr. *Homilía de Juan Pablo II con motivo del comienzo de su pontificado*, 22 de octubre de 1978.

⁶⁴ Elisabeth Young-Bruhel, *Hannah Arendt: perché ci riguarda*, cit., pág. 183.

⁶⁵ Según la tradición judía yasídica, los justos, los *Tsaddikim*, son capaces de hablar con Dios hasta el punto de transformar su naturaleza.

VII. El arte del perdón

¹ Hannah Arendt, *Vita activa*, Bompiani, Milán 1989, pág. 174 [«Vita activa», en *La condición humana*, trad. de R. Gil Novales, Paidós Ibérica, Barcelona 1993].

² Gabriele Nissim, *Una bambina contro Stalin*, Mondadori, Milán 2007, pág. 169.

³ Avishai Margalit, *L'etica della memoria*, Il Mulino, Bolonia 2006, pág. 161 [*Ética del recuerdo*, trad. de Roberto H. Bernet, Herder, Barcelona 2002].

⁴ Martin Luther King, «Amate i vostre nemici», en *La forza di amare*, Sei, Turín 1967, págs. 75-88 [«Amad a vuestros enemigos», en *La fuerza de amar*, trad. de Concha Aguirre, Argos Vergara, Barcelona 1978].

⁵ Hannah Arendt, *Vita activa*, cit., pág. 78.

⁶ Ibíd., pág. 273.

⁷ Elisabeth Young-Bruhel, *Hannah Arendt: perché ci reguarda*, cit., pág. 97.

⁸ Etty Hillesum, *Diario 1941-1943*, Adelphi, Milán 1985, pág. 212 [*Una vida conmocionada. Diario 1941-1943*, trad. Manuel Sánchez Romero, Anthropos, Barcelona 2007].

⁹ Lucia Bellaspiga y Carlo Castagna, *Il perdono di Erba*, Ancora, Milán, pág. 32.

¹⁰ Ibíd.

¹¹ Ibíd., pág. 120.

¹² Ibíd., pág. 75

¹³ Gabriele Eschenazi y Gabriele Nissim, *Ebrei invisibili. I sopravvissuti dell'Europa orientale dal comunismo a oggi*, Mondadori, Milán 1995, págs. 24-29.

¹⁴ Herman Zichy (ed.), *Magyar Zsidók a Milléniumon* («Judíos húngaros en el milenario»), Miljkovic Dragutin, Budapest 1986, pág. 12.

¹⁵ Entrevista del autor a Judith Bibó, Milán 2000.

¹⁶ István Bibó, «La question juive en Hongrie après 1944», en István Bibó, *Misère des petits États d'Europe de l'Est*, L'Harmattan, París 1986, pág. 247.

¹⁷ Ibíd., pág. 250.

¹⁸ Ibíd., págs. 250-251.

¹⁹ «Ser adultos y libres», subraya Bibó, «significa percibir la mediocridad de nuestros actos únicamente determinados por nuestro condicionamiento, pero también empezar a sentirse responsables y actuar libremente como responsables», ibíd., pág. 254.

²⁰ Entrevista del autor a György Litván, Budapest 1995.

²¹ Ibíd.

²² Ibíd.

²³ Entrevista del autor a Judith Bibó, Milán 2000.

²⁴ Jan Blonski, «Poor Poles Look at the Ghetto», *Yad Vashem Studies*, XIX, Jerusalén 1988, pág. 342.
²⁵ Desmond Tutú, *Non c'è futuro senza perdono*, Feltrinelli, Milán 1999, pág. 201.

VIII. La bondad insensata de Vasili Grossman

¹ Vasili Grossman, *Vita e destino*, Adelphi, Milán 2008, pág. 195 [*Vida y destino*, trad. de Marta-Ingrid Rebón, Galaxia Gutenberg-Círculo de lectores, Barcelona 2007].
² Ibíd.
³ Ibíd.
⁴ Ibíd.
⁵ Gabriele Nissim, *Il tribunale del bene. La storia di Moshe Bejski, l'uomo che creò il Giardino dei giusti*, Mondadori, Milán 2003, pág. 266.
⁶ Vasili Grossman, *Vita e destino*, cit., pág. 387.
⁷ Ibíd., pág. 23.
⁸ Ibíd., pág. 386.
⁹ Ibíd.
¹⁰ Ibíd., pág. 211.
¹¹ Se trata de la misma concepción del poder que expresa Hannah Arendt, cuando observa el potencial de estar juntos: «El poder siempre es, digamos, un poder potencial y no una entidad inmutable, mensurable e indudable, como la fuerza o la potencia material. Mientras la fuerza es la cualidad natural de un individuo tomado por separado, el poder surge de entre los hombres cuando actúan en conjunto, y desaparece en cuanto se dispersan», en Hannah Arendt, *Vita activa*, cit., pág. 147.
¹² Ibíd.
¹³ Vasili Grossman, *Vita e destino*, cit., pág. 92.
¹⁴ Ibíd., pág. 93.
¹⁵ Ibíd.
¹⁶ Ibíd.
¹⁷ Vasili Grossman, *Tutto scorre*, Adelphi, Milán 1987, pág. 73 [*Todo fluye*, trad. de Marta Rebón, Galaxia Gutenberg-Círculo de Lectores, Barcelona 2008].
¹⁸ Ibíd., pág. 74.
¹⁹ Ibíd., pág. 75.
²⁰ Ibíd., pág. 70.
²¹ Ibíd., pág. 69.
²² A los jóvenes rusos se les propone como ejemplo moral la figura de Pavlik Morozov, el muchacho de catorce años que denuncia a su padre como si fuera un enemigo, por no haber entregado el trigo a las autoridades durante las terribles campañas de la colectivización de la tierra.
²³ Julia Piatnizkaya, *Diario della moglie di un bolscevico*, Liberal libri, Florencia 2000.
²⁴ Eso hizo, por miedo, Vera Kornilova, la mujer de Dino De Marchi, que, tras las presiones a las que le había sometido la NKVD, decidió inmediatamente divorciarse para no ser arrastrada con él a un proceso; mientras que su hija Luciana, a pesar de todas las presiones ejercidas sobre ella por el Komsomol para que renegase de su padre, logró resistir y resistir defendiendo, a lo largo de los años, la memoria del padre. Cfr. Gabriele Nissim, *Una bambina contro Stalin*, Mondadori, Milán 2007, págs. 28-35.
²⁵ Vasili Grossman, *Tutto scorre*, cit., pág. 81.
²⁶ Véase capítulo I, apartado «El Qohéleth y el ciclo perenne de la vida».
²⁷ Vasili Grossman, *Vita e destino*, cit., pág. 739.
²⁸ Ibíd., pág. 800.
²⁹ Ibíd.

³⁰ Ibíd., pág. 740.
³¹ Ibíd., pág. 749.
³² Varlam Shalamov, *I racconti di Kolyma*, Einaudi, Turín 1999, pág. 719 [*Relatos de Kolimá*, trad. de Ricardo San Vicente Urondo, Mondadori, Barcelona 1998].
³³ Gabriele Nissim, *Il tribunale del bene*, cit., pág. 40.
³⁴ Martin Milan Shimechka, *Lezioni per il ristabilimento dell'ordine*, E/O, Roma 1982.
³⁵ Vasili Grossman, *Vita e destino*, cit., pág. 23.
³⁶ Ibíd., pág. 388.
³⁷ Ibíd., págs. 388-389.
³⁸ Ibíd., pág. 766.
³⁹ Ibíd., pág. 767.
⁴⁰ Ibíd., págs. 680-682.
⁴¹ Ibíd., pág. 698.
⁴² Ibíd.
⁴³ Ibíd., pág. 701.
⁴⁴ Ibíd., pág. 108.
⁴⁵ Entrevista del autor a Dora Pruss, Moscú 2005.
⁴⁶ Ibíd.
⁴⁷ Ibíd.
⁴⁸ Ibíd.
⁴⁹ Ibíd.

IX. El sacrificio extremo frente al mal

¹ Vasili Grossman, *Vita e destino*, cit., pág. 287.
² Campo de exterminio.
³ Vasili Grossman, *Vita e destino*, cit., pág. 288.
⁴ Didi Gnocchi, *Odissea rossa. La Storia dimenticata di uno dei fondatori del Pci*, Einaudi, Turín 2001.
⁵ Vasili Grossman, *Vita e destino*, cit., pág. 181.
⁶ Ibíd., pág. 515.
⁷ Ibíd., pág. 519.
⁸ Sobre la reflexión de Herling en torno a las posibilidades de resistencia en el gulag, cfr. Francesco M. Cataluccio, «Contro la rimozione nel gulag», en VV. AA., *Storie di uomini giusti nel gulag*, Bruno Mondadori, Milán 2004, pág. 82.
⁹ Gustav Herling y Titti Marroni, *Controluce*, Tullio Pironti, Nápoles 1995, pág. 48.
¹⁰ Gustav Herling, *Un mondo a parte*, Feltrinelli, Milán 1994, pág. 273 [*Un mundo aparte*, trad. de José Manuel López, Amaranto, Pozuelo de Alarcón (Madrid) 2000].
¹¹ Sobre la resistencia moral de Pavel Florenski durante su prisión en el gulag, un óptimo texto es el de Marina Argenziano, *Pavel Florenskij. Fino alla fine*, Irradiazioni, Roma 2007.
¹² «El ala derecha de nuestra organización estaba representada por el profesor Florenski que, como filósofo y teólogo de relieve, se convirtió en el ideólogo del nacionalismo en el espíritu de la ortodoxia, del Estado y de los valores populares de la antigua Rusia [...]. En nuestros planes entraba que Florenski debía ser, por una parte, el jefe espiritual de nuestra "Unión" y, por otra, el organizador de la troika entre sacerdotes del clero moscovita y del clero provincial jerárquicamente subordinados a él, además de los monjes de los monasterios que todavía sobrevivían en aquel lugar», en Vitali Shentalinski, *I manoscritti non bruciano. Gli archivi letterari del Kgb*, Garzanti, Milán 1994 [*Esclavos de la libertad. Los archivos literarios del KGB*, trad. de Ricard Atlés, Galaxia Gutenberg-Círculo de Lectores, Barcelona 2006].

[13] El texto de la autoacusación, firmada en la cárcel: «Reconociendo mis delitos contra el poder soviético y el partido, por la presente expreso mi profundo arrepentimiento por mi criminal adhesión al centro nacionalfascista».

[14] En Vitali Shentalinski, *I manoscritti non bruciano*, cit., pág. 174.

[15] Pavel Florenski, *Non dimenticatemi*, Mondadori, Milán 2006, pág. 400.

[16] Ibíd., págs. 374-375.

[17] El asunto de Anna Pavlova se ha descubierto muy recientemente en San Petersburgo. Agradezco a Anatoli Razumov, el director de «Nombres restituidos», que haya puesto a mi disposición las cartas que Pavlova escribió a Stalin así como los documentos de su proceso; agradezco también a Anna Agliati y Silvia Golfera por la traducción y por haberme ayudado a interpretar su pensamiento.

[18] Grigori Leonidovich Piatakov, jefe del grupo de los «comunistas de izquierda» junto a Bujarin, fue acusado de traición y ajusticiado el 30 de mayo de 1937.

[19] Ósip Mandelstam, *50 poesie*, a cargo de Remo Faccani, Einaudi, Turín 1998, pág. 69. [La traducción del poema es de José Manuel Prieto. Tomado de *www.letraslibres.com/revista/convivio/sobre-un-poema-de-ossip-mandelstam*. Esta página contiene, además de la traducción transcrita, un minucioso comentario, verso por verso, del poema, así como una buena descripción del marco histórico de su publicación. *(N. del T.)*]

[20] Vasili Grossman, *Vita e destino*, cit., pág. 663.

[21] Ibíd., pág. 667.

[22] El asunto de Shtrum no es solo la metáfora de quienes venden su alma por miedo o por oportunismo, sino una clara y evidente autocrítica del escritor que, tras haberse batido en vano para contar la Shoah en territorio soviético, cedió a las presiones del partido y firmó un documento que avalaba la campaña antisemita de Stalin contra el «complot» de los médicos judíos.

[23] Vasili Grossman, *Vita e destino*, cit., pág. 799.

[24] Elena Cucovskaia, «Aleksandr Solženicyn. Dalla denuncia della censura alla testimonianza sull'Arcipelago Gulag», en *Storie di uomini giusti nel Gulag*, cit., pág. 157.

[25] Václav Havel, *Il potere dei senza potere*, Cseo, Bolonia 1979, pág. 13 [*El poder de los sin poder*, trad. de Víctor Martín Pindado, Encuentro, Madrid 1990].

[26] Ibíd., págs. 75-76.

[27] Silvia Camilleri ha desarrollado esta problemática en su tesis de licenciatura, *Politica e coscienza. Il dissenso in Charta 77*, Universidad de Milán, curso académico 2009-2010.

[28] Václav Havel, *Il potere dei senza potere*, cit., pág. 77.

Post scriptum

[1] «Cada uno tiene que empezar por sí mismo. Si cada uno esperara el cambio de otro, nadie obtendría nada. No es cierto que esto sea imposible: el poder sobre sí mismo, aunque limitado por el carácter, por el origen, por el grado de cultura y de autoconciencia de cada uno, es lo único que incluso el más impotente de nosotros posee y es, al mismo tiempo, lo único que nadie podrá quitarnos nunca. Quien haga valer este poder, quizá pueda obtener algo. Pero, con toda seguridad, el que ni siquiera lo intenta, no obtendrá nada», en Václav Havel, «Elogio della follia», *L'altra Europa*, n.º 2, 1987, pág. 29.

Índice onomástico

Ajmátova, Anna, 53, 181
Agustín de Hipona, 208
Ahmed, Arin, 26-29
Ali Souad bey, 68
Alvo, Niko, 80
Amdja Hassan bey, 68
Améry, Jean, 14
Arendt, Hannah, 15, 17, 39, 44, 79-84, 86,
    91-92, 94, 105, 107, 109-111, 114-116, 123-
    129, 133, 138, 142, 145, 150, 183
Aristóteles, 20-21, 51
Averincev, Sergei, 51
Azizoglu, Mustafa agha, 68

Bach, Johann Sebastian, 142
Badir, Issam, 26-28
Ballin, Albert, 100
Barghouti, Marwan, 26
Baruch, Fidel, 31
Baruk, Jako, 30
Barzilai, Elyahu, 81
Bauman, Zygmunt, 144
Bazzi, Angela Rosa, 130
Bejski, Moshe, 13-15, 17-18, 37, 52, 54-58,
    60, 65, 69-72, 74, 77-80, 86, 93, 115, 142,
    157, 190
Benjamin, Walter, 39
Berlinguer, Enrico, 35
Bibó, István, 132-138, 154
Bibó, Judith, 137
Blonski, Jan, 138
Blumenfeld, Kurt, 79-80
Bonner, Elena, 22,
Boris III (Boris Clemente Roberto
Maria Pio Luigi Stanislao Saverio di
    Sassonia-Coburgo-Gotha), 31, 103
Boukris, Anna, 75-76
Boukris, Jakob, 75-76
Boukris, Odette, 75
Brandt, Willy, 45, 129
Breznev, Leonid, 33, 50
Broz, Svetlana, 66-67

Bujarin, Nikolai, 140, 148, 150-151, 155-156,
    180
Bujarin, Olga Mijailovna, 140
Bystrican, Hubert, 45

Carpi, Daniel, 73,
Castagna, Carlo, 130-132
Castagna, Raffaella, 130
Char, René, 31
Chirac, Jacques, 78
Chodorovic, Sergei, 187
Civelli, Paolo, 59
Clinton, Bill, 41
Conquest, Robert, 156
Costa, Pierantonio, 49-50
Cukovskaia, Elena, 187

Dallaire, Romeo, 41
De Marchi, Gino, 126
De Marchi, Luciana, 47
Dinur, Yehiel, 59
Divjak, Jovan, 116-121, 123
Dmowski, Roman, 86
Dostoievski, Fiódor M., 92, 96
Dubcek, Alexander, 33, 35

Edelman, Marek, 63-64
Eden, Anthony, 113
Efendic, Hasan, 119
Eichmann, Adolf, 44, 52, 59, 79-83, 116
Einstein, Albert, 100
Englis, Karel, 34
Erlich, Paul, 100

Falcone, Giovanni, 48
Ferrari, Antonio, 73
Filov, Bogdan Dimitrov, 31, 103
Florenski, Olga, 171
Florenski, Pavel, 169-172, 180
Franco, Francisco, 49
Frank, Anna, 52
Frankfurter, Felix, 113

Frantová, Jitka, 32-33, 36

Gabrovski, Petar, 30, 103
Gandhi, 93
Gebert, Konstanty, 64
Gide, André, 175
Gigov, Alexandar Simon, 105
Ginzburg, Aleksandr, 187
Ginzburg, Arina, 187
Glucksmann, André, 121
Gógol, Nikolai V., 96
Gorbachov, Mijail, 25
Gorki, Máximo, 97, 99, 170, 184
Grossman, Vasili, 15, 18, 140-143, 145-146, 149-152, 154, 158-162, 165-166, 169, 171, 182-183, 185
Grüninger, Paul, 69-70

Hadot, Pierre, 58
Hausner, Gideon, 80
Havel, Vaclav, 33, 187-189, 191
Heráclito, 124
Herling, Gustav, 87, 167-169
Herzl, Theodor, 133
Hilberg, Raul, 56, 80
Hillel el Viejo, 21
Hillesum, Etty, 43-44, 63, 128, 131-132
Hitler, Adolf, 30-31, 35, 45, 62, 75, 83, 94, 99-100, 102-103, 105, 142, 144, 157-158, 162
Homero, 39
Horáková, Milada, 34
Husein Nesimi bey, 68

Ilich, Stojan, 119
Izetbegovich, Alija, 121-122

Jaruzelski, W., 36
Jesús de Nazaret, 21, 125-126
Jonas, Hans, 60-64
Juan Pablo II (Karol Wojtyla), papa, 124, 138

Kalandra, Zavis, 34
Kamenev, Lev, 155-156
Kant, Immanuel, 24, 84, 87, 97, 101, 111, 115, 151, 168
Karadzic|, Radovan, 48-49, 122
Karski, Jan, 109, 112-115, 125, 134
Kerenski, Aleksandr F., 180
Kevorkian, Raymond, 67
King, Martin Luther, 127

Kirov, Sergei M., 163, 175
Koestler, Arthur, 153-154
Korczak, Janusz, 93
Koretz, Zvi, 80-81
Kossak, Zofia, 94, 105, 107, 109, 112-115, 123
Kovner, Abba, 44
Kuciukian, Pietro, 67-68
Kuron, Jacek, 36

Landau, Lola, 99
Landau, Moshe, 79-82
Lazarov, Buko, 29
Lekic, Radojka, 49
Lenin (Vladimir Ilich Ulianov), 96, 98, 163, 175-176, 180
Lennon, John, 24
Levi, Primo, 14, 23, 40, 58, 87, 190
Lévy, Bernard-Henri, 121
Liebknecht, Karl, 94-95, 97
Litván, György, 136-137
Lombardo Radice, Lucio, 36
London, Artur, 34
London, Vladimir, 35
Luxemburg, Rosa, 95

Madre Teresa de Calcuta, 93
Mandelstam, Ósip, 180-182
Manojlovic, Lazar, 48-49
Marco Aurelio, 13-14, 111
Margalit, Avishai, 126
Merci, Lucillo, 72-74, 99
Merkel, Angela, 129
Merten, Max, 73
Michnik, Adam, 36
Milosevic, Slobodan, 66, 116, 118-119
Morozov, Pavlik, 47
Mujawayo Keiner, Esther, 41-42

Nagy, Imre, 47, 136
Naim Sefa bey, 68
Napolitano, Giorgio, 46-47, 78
Natoli, Salvatore, 21, 192
Nehru, Jawaharlal, 136
Neri, Emilio, 72
Novikov, Pĕtr Pavlovic, 145

Pajic, Nedeljko, 49
Palach, Jan, 45-46
Pablo de Tarso, 124
Pascal, Blaise, 51
Patočka, Jan, 20, 24, 188, 191

Pavlova, Anna Alekseievna, 172-173, 176-182
Peshev, Dimitar, 29-32, 94, 103, 105
Peshkova, Ekaterina Pavlova, 170
Pelikan, Jiri, 32-36
Peres, Simon, 56, 110
Perlasca, Giorgio, 25, 49-50, 70, 73
Perrone, Lorenzo, 40
Pío XII (Eugenio Maria Giuseppe Giovanni Pacelli), 114
Plutarco, 18, 51
Politkovskaia, Anna S., 19
Pruss, Dora, 162-163
Pruss, Vladimir, 162-163
Pushkin, Aleksandr, 50

Rachis bey, 68
Rathenau, Emil, 100
Rauff, Walter, 75
Razgon, Lev, 87-89
Razumov, Anatoli, 53
Rolland, Romain, 39
Romano, Olindo, 130
Roosevelt, Franklin Delano, 113
Rosenberg, Riccardo, 72
Rousset, David, 53-54
Rüdel, Günther, 45
Rykov, Aleksei Ivanovic, 155-156

Sajarov, Andrei, 23
Shalamov, Varlam, 23, 40, 87, 157, 167-168, 185
Salem, Jad, 26
Sarahne, Ibrahim, 26
Satloff, Robert, 75-76
Scharping, Rudolf, 45
Schindler, Oskar, 14, 20, 45, 55
Schmidt, Anton, 44-45
Scholem, Gershom, 81-82
Sedakova, 50
Segre, Liliana, 58-60
Selim agha, 68
Seneca, Lucio Anneo, 111
Shaliatin, Nadzitatelnich, 178
Shiber, Stjepan, 119
Silberbauer, Karl, 52
Shimechka, Martin Milan, 158
Slansky, Rudolf, 33-34
Smirnova, Nadesha, 153
Sócrates, 17-18, 39, 51, 91, 93-94, 111
Solzhenitsyn, Alexander, 186-187
Sousa Mendes, Arístides de, 70

Spier, Julius, 43
Spinola, Luigi, 59
Stalin, Iósif, 47, 117, 140, 147, 153, 157, 170, 172-174, 176, 179-180, 184
Steinfeld, Irena, 76-77
Sugihara, Sempo, 70

Tarantino, Quentin, 72
Tec, Nechama, 85
Tito (Josip Broz), 66, 117-118
Tolstói, Lev, 96, 183
Trotski, Lev D. B., 98, 140, 155, 170
Tutú, Desmond, 139

Vishinski, Andrei, 179
Volodarski, Vladimir, 173

Wahab, Faiza, 76
Wahab, Khaled Abdul, 74-77
Walesa, Lech, 36
Wegner, Armin T., 94-95, 97-103, 105, 123
Wegner, Sybille, 99
Weizmann, Ezer, 56
Wiesenthal, Simon, 52, 132
Wilson, Woodrow, 95
Wisliceny, Dieter, 73
Wlodarczyk, Marian, 71, 86

Yagoda, G. G., 180
Yezhov, Nikolai, 173
Yidulianov, profesor, 170-171

Zamboni, Guelfo, 72-74, 134
Zazzeri, Gigi, 73
Zinoviev, Grigori E., 155-156
Zola, Émile, 94